THE II
WORLD
WAR

"十二五"国家重点出版物出版规划项目

第二次世界大战战场丛书

钱乘旦　庞绍堂／主编

张生 王明生 ◎著

中国敌后战场

华夏出版社

图书在版编目（CIP）数据

中国敌后战场 / 张生，王明生著. —北京：华夏出版社，2015.1
（第二次世界大战战场丛书）
ISBN 978-7-5080-8220-2

Ⅰ.①中… Ⅱ.①张… ②王… Ⅲ.①抗日战争－史料－中国　Ⅳ.①K265.06

中国版本图书馆 CIP 数据核字(2014)第 214453 号

中国敌后战场

作　　者	张　生　王明生
责任编辑	罗　庆
出版发行	华夏出版社
经　　销	新华书店
印　　刷	三河市少明印务有限公司
装　　订	三河市少明印务有限公司
版　　次	2015 年 1 月北京第 1 版 2015 年 1 月北京第 1 次印刷
开　　本	670×970　1/16 开
印　　张	18.75
字　　数	208 字
定　　价	38.00 元

华夏出版社　地址：北京市东直门外香河园北里 4 号　邮编：100028
网址：www.hxph.com.cn　电话：(010)64663331(转)
若发现本版图书有印装质量问题，请与我社营销中心联系调换。

总　　序

钱乘旦

二十年之前，《第二次世界大战战场丛书》全套八册在当时任职中国青年出版社的潘平先生的支持下撰写完成，并收入由中国青少年基金会发起的公益项目希望书库中，由中国青年出版社和中国少年儿童出版社出版印行，由中国青少年发展基金会作为希望小学的课外阅读书籍与贫困地区的小学生们见面了。二十年之后的今天，原稿经过修改和补充即将由华夏出版社出版，作为对第二次世界大战结束七十周年的一束纪念。

二十年前我为这套书写了一篇序，时至今日再看此文，其中的基本判断居然都没有过时。首先，世界又维持了二十年的和平，而这二十年确确实实是以和平与发展为主题的；但人们未曾料到，战后的发展主要是新兴国家的发展，世界力量的平衡由此发生变化，五百年的西方优势正一点点消退，非西方国家经历着群体的复兴。如何面对新的世界格局，关系到战争与和平的重大问题；只有对各国的发展都"乐见其成"，将其视为全人类的共同福音，才能对世界变化有正确的认识，而不致将人性中阴暗的一面付之于行动。

其次，苏联解体、两极世界瓦解后，这个世界不是更太平、而是更危险了，一个超级大国恣意妄为、随便改变现状的做法只使得这个世界狼烟四起，比任何时候都更接近于战争的边缘。和平维持了太长的时间,战争的记忆似乎已经遥远,年轻人只是在电脑游戏中接触战争场面,而那些游戏又确实把战争当成儿戏。这种时尚的"现代文化"隐藏着太多的隐患,人们需要尽早反思,不要让它泛滥成灾,而能够给人们带来真实的战争记忆、回想起第二次世界大战的巨大伤痛的,恰恰是真实地写出战争的历史,并永远记住它留下的历史教训。

第三,第二次世界大战是一场用正义战争打败非正义战争的大战,为打赢这场战争,世界人民付出了五千万人牺牲的代价,财产的损失不计其数。正气本应该长存,但出于偏见或意识形态,现在有些人却有意无意地抹杀二战的正义性质,混淆是非,把正义者说成邪恶,为邪恶者涂脂抹粉。人们对这场战争的记忆本来就在冲淡,而有意的歪曲和故意掩盖事实,无论出自何种动机,都只会助长邪恶。

作为"世界"大战,第二次世界大战在大半个地球激烈进行,其中一个主战场在中国。但长期以来英美话语控制了战争的诠释权,中国战场成了陪衬甚至消失在记忆中。我们这套书有意识地纠正了这种偏见,八册中有两册是专写中国战场的,一册写中国正面战场,另一册写中国敌后战场,两册合在一起,全面表现了波澜壮阔的中国抗日战争。二十年前还有人故意回避正面战场,今天我们都知道抗日战争是全中国人民的共同战争,是中华民族走向复兴的伟大胜利。中国抗日战争为世界反法西斯战争做出了重要贡献,这是永远不可忘记的。

所以说,二十年前的这些说法仍然有意义,因此在丛书正式出版时我将它全文刊出,作为全书的总序。

"希望书库"版序言

钱乘旦 庞绍堂

第二次世界大战硝烟弥散，到现在已经五十年了。五十年前出生的那些人，如今也已经"知天命"，要年逾半百了。五十年来，尽管世界上狼烟未止，大大小小的战争始终不断，但全球性的大战总算没有打起来，出现了五十年难得的和平时期。五十年中，世界发展很快，物质生产的能力成倍增加，财富之增长居然破天荒第一次使居住在这个世界上的人不仅少数特殊人物可以享受优裕的生活，而且数量相当可观的普通人也能够分享其富裕了。许多地区已经习惯于和平与安宁，几代人都不知道战争是什么样；即使曾亲身经历过战争的人，战争也已成为遥远的过去。和平与发展是当代世界的主题，人们祈望着和平能世世代代维持下去，永无止境。

人们渴望和平，因为和平与幸福总是连在一起；人们痛恨战争，因为战争与苦难是同义语。很少有人不希望和平，而想要战争的；然而，战争又似乎是人类永远摆脱不掉的命运之阴云，笼罩着由希望之火点燃的历史之光。战争陪伴着人类的历史，乃至在官修的史书上，没有战争似乎就显示不出君王的伟大，没有征伐似乎就表现不了统治的英明。可悲的是，历史似乎也果真如此，还在我们的先民与巨野洪荒作斗争的时代，人类就被战争的梦魇时时纠缠，尽管豺狼虎豹凶狠地威胁着人类的生存，但人的不同族群之间却免不了要彼此厮杀，人的同类相斗充满了血腥气。文明降临之后，战争与历史一起进入文明，而且越来越自觉地利用文明的进步所造成的结果，从古希腊的青铜剑，到20世纪的激光导弹，哪一个历史阶段，不见证着武器的发展与完善，人类的多少智慧，被消耗在战争这门艺术上！当后人歌颂帝王的宏业、将军的伟绩时，似乎已经忘记了战争的残酷；有些人说，战争是文明发展的杠杆，没有战争，社会也就停止不前了。对此我们虽然不敢苟同，但同时又不得不承认：社会的发展有时的确需要战争来推动，比如：当新社会需要诞生、旧社会又不肯退去时，战争会帮助消灭旧社会；当邪恶势力张牙舞爪、剥夺千百万无辜人的生命与自由时，战争会帮助伸张正义，消灭邪恶；即使在并无正义与非正义之分、战争只是不开化人群的相互残杀或贪婪帝王们的争疆夺土时，它也会起到沟通文明、交流文化的作用，因为在工业化以前的时代里，地区间的联系极稀少，人们生活在封闭的地域里，很少有交流的机会，于是，战争作为一种残酷的沟通手段，居然也可以成为文明的载体！

但战争无论如何都是人性中丑陋一面的暴露。不管存在不存在正义的一方，战争都是由邪恶势力造成的。非正义的战争自不消说，它体现着统治者的贪婪、权欲和凶狠残暴；即使是正义的战争，也必然是在邪恶势力登峰造极、正义的力量不用战争作手段便不可铲除恶势力的前提下发生的。一场战争要么无正义与非正义可言，实际上双方都是非正义；要么一方是正义，另一方是非正义，于是战争首先由非正义一方挑起，正义一方为反抗、为生存，不得不奋起反击，拿起武器，向邪恶势力开战。

第二次世界大战就是一场典型的用正义战争打败非正义战争的大战，为打赢这场战争，全世界人民付出了五千万人牺牲的代价，战争的财产损失，估计达到四万亿美元。人类作出如此巨大的牺牲，仅仅是为了消灭人类历史上最邪恶的势力之一——法西斯主义。痛定思痛，人们不禁会默然深思：难道一定要在热血和泪水中才能伸张永恒的正义吗？为什么不能在邪恶势力毒苗初露的时候就将它铲除，而一定要等它作恶多端、危害匪浅时才动员更大的人力和物力，去和它作本来可以轻易得多的斗争？第二次世界大战留给后人去深思的最深沉的，也许就是这个问题。

人类是不是还需要不断地经受战争的苦难？是不是只有用鲜血和生命才能捍卫真理和正义？也许正是带着这种迷茫，世界才走完了五十年艰难的和平历程。在纪念世界反法西斯战争胜利五十周年之际，我们却不可忘记：当上一次大战奠定的世界体系瓦解之后，我们这个世界又变得动荡不安了，两极控制世界的平衡状态已经被打破，新的战争根源有可能在混乱中产生。我们能否阻止新的战争？我们能否化解各种冲突？能不能在邪恶势力刚刚抬头的时候就遏止它、消灭它？这是摆在全世界人民面前的严峻考验。我们渴望和平，我们希望永远不再有战争，至少不再有全球性的世界大战。我们希望人类的理智已经成熟到这个程度，即人们将永远清醒地认识到：现代科学已经使人类具备了消灭自己的能力，世界的核武库可以把地球炸翻好几次。然而我们却不得不痛心地承认：战争曾一直与历史同在，我们不能保证人类的私欲永远不再助长邪恶势力的抬头，使之再次成为引发世界战争的根源。但即使如此，我们仍然深信：

正义会在战争中凯旋，因为人类在其本性中，天生就追求真理与正义！

第二次世界大战是波澜壮阔的，它高奏着振人心弦的英雄乐章，它为作家艺术家储藏了取之不尽的创作灵感，它为一代代后世人留下了长久永存的崇敬与深思，它为历史家提供了永不磨灭的史绩。然而，我们仍然希望它是人类历史上最后一次大战，铺设在人类脚下的，应该是永远的绿色和平之路。

让我们真诚地祝福和平永存。

1994 年 10 月于南京

目 录

一 号角响起 / 1

二 挥师敌后 / 23

三 晋冀烽火 / 43

四 逐鹿太行 / 59

五 转战千里 / 77

六 挺进齐鲁 / 97

七 百团大战 / 115

八 铁军雄风 / 131

九 峥嵘岁月 / 163

十　反攻前夜 / 189

十一　苦战华南 / 213

十二　走向胜利 / 231

十三　历史作证 / 255

结语 / 265
中国敌后战场大事记 / 269
主要参考书目 / 285

一

号角响起

1931年9月18日夜，距东北军北大营约800米处的柳条湖。

黑沉沉的夜色中，一行8人佝偻着身体悄悄来到铁路边伏下。为首一人掏出一小包方型炸药，小心地放在铁轨接轨处。

22时20分，导火线嗞地燃着了，几秒钟后，一声闷响，爆炸的火光映照下，日军独立守备队第2大队第3中队干事河本末守中尉得意地狞笑着。

负责监督的今田新太郎大尉见状，立即与日军独立守备队2大队3中队队长川岛联系，又报告了这次行动的指挥者关东军参谋板垣和奉天特务机关花谷正以及第2大队长岛本中佐。

花谷接到报告，于23时18分以奉天特务机关长土肥原名义给日本陆军大臣南次郎和关东军参谋长发出急电："18日晚10时30分左右，暴戾的中国军队，于奉天北面的北大营西侧，破坏南满铁路，袭击我守备队，双方发生冲突。据报告，奉天独立守备步兵第2大队正向现场出动。"不久，关东军参谋板垣做出如下布置：一、独立守备步兵第2大队进攻北大营；二、步兵第29联队进攻奉天城；

三、独立守备步兵第 5 大队由北面进攻北大营，并受独立守备步兵第 2 大队指挥；四、要求第 2 师团主力增援。

日军蓄谋已久的"九一八事变"终于爆发。

"九一八事变"是日本军国主义阴谋分子和各种法西斯侵略力量共同策划的。在这当中，不能不提到石原莞尔和板垣征四郎这两个骨干分子。

早在 1928 年 10 月，石原就与皇姑屯炸车案的主谋河本大作共同制定了《攻取奉天城计划》，经讨论，决定："不论在任何情况下，都要在奉天集中兵力，攻取奉天城。……闪电般地消灭奉天附近军队，推翻其政权。"

1929 年 5 月，板垣刚到东北，就下结论说："要根本解决满蒙问题，除非加以占领，使之成为日本的领土，别无他途。"

1929 年，石原在其《战争史大观》中喧嚣：第一次世界大战从严格意义上讲不能称为"世界大战"，因为它只是欧洲民族间的决战，而将来日美间的决战，是统一东西方文明的决战，但日本的物资十分贫乏，"唯一出路是断然开发满蒙"。

板垣征四郎也不甘落后，他在《关于满蒙问题》的报告中宣称："帝国的国土狭小，资源匮乏，每年人口增长 60 万，仅能将 2 万移民运往海外，而且产业立国的基础不巩固，处于难以维持现状的状态。如不将原料的补给地及产品的销路确实置于本国势力之下，就不能与世界大国为伍，而确保国民经济的生存。"

很快，他们俩的周围麇集了一群军国主义的极端分子，他们积极活动，准备武力、金钱，争取军部及其国内舆论的支持。1931 年春，在柳条湖附近爆破、尔后进攻沈阳和北大营的具体计划已经形成。

日军紧锣密鼓的准备行动，当然引起东北军将士和张学良等人的警觉。"中村事件"后，张学良曾致电蒋介石："东北之安全，非武力无以确保，日本即一意对外，我方亦应有所自省。"又云："日本开始其大陆政策，有急侵满蒙之意，已无疑问；无论对手为中国抑或苏联，事即关系满蒙存亡，吾人自应早为之计。"并指示留驻东北的部队："对于日人，无论其如何寻衅，我方务须万万容忍，不可与之反抗，致酿事端。"在这种方针下，驻北大营东北军从9月13日起，就开始演习向东大营转移。

现在，让我们把历史的镜头推回1931年9月18日夜的北大营：

22时20分过后，日军早已准备好的重炮开始轰击北大营，参谋长赵镇藩请示东北边防司令长官公署军事厅长荣臻，荣臻指示："不准抵抗，不准动，把枪放到库房里，挺着死，大家成仁，为国牺牲。"于是，只有100多人的川岛部队冲进了北大营。板垣的命令下达后，陆续又有400多人的日军窜入北大营。此时，驻北大营的东北军第7旅王以哲部有7000多人，但王以哲指示："对进入营房的日军，任何人不准开枪还击，谁惹事，谁负责！"军纪严明的第7旅官兵眼含热泪，遵命牺牲。9月19日5时30分，第7旅官兵按演习路线撤出北大营。东北军伤亡335人，日军死亡2人。

北大营遭受进攻的时候，张学良正在北平，他接电后令荣臻分别征询各国领事意见，但各国领事均以未得本国政府指示不便表态为由推托，于是他命令："遵照鱼电，令其不事抵抗。谨遵守国际联合会基本原则，无论如何情形，不以武力相报复。"接着，张学良向南京迭电请示应对方案。

9月18日上午，蒋介石登"永绥"军舰，视察南京下关水情，并前往南昌，筹划对中共根据地的"围剿"及对广东用兵方案。9月19日，其日记记述，18日晚收到日军进攻沈阳兵工厂和东北军营房的消息。而19日，日军已占沈阳、长春、牛庄等地。20日，蒋在日记中表示："日本侵略东省，是已成之事，无法补救。"21日，蒋从南昌回南京后召开干部会议，主张"先提国际联盟与非战公约国，以求公理之战胜"，并谋与粤方平息内争，"共赴国难"。

日军进攻北大营的时候，关东军司令本庄繁、参谋长三宅召开了紧急会议，在石原等死硬分子的要求下，本庄繁下达了扩大战争的命令：一、第2师团向奉天集中，攻击该地之敌；二、步兵第3旅团指挥步兵第4联队和骑兵第2联队秘密准备攻击长春附近中国军队；三、独立守备队司令官，率第1、5大队向奉天进发；四、独立守备步兵第3大队占领营口，第4大队占领安东，第6大队集中奉天，接受第二师团长指挥；五、电请朝鲜军司令官林铣十郎，迅速增派援兵。

就这样，板垣、石原等一伙挑起战争的阴谋得以全面地实施。在此后5个月中，日本侵略军的铁蹄踏遍了全东北。

国民政府实行不抵抗政策，自有其所谓的"策略考量"，但中国共产党和全中国人民，尤其是东北的人民不理会这一"策略"，他们掀起了轰轰烈烈的民众抗日运动。

9月19日，中共满洲省委召开紧急会议，号召"全满洲工农劳苦民众积极行动起来罢工、罢市、罢课，反对日本帝国主义占领满洲，打倒日本帝国主义，打倒投降卖国的国民党"。

9月20日，中国共产党与日本共产党发表了联合宣言："日本帝国主义者，这次用暴力占据东三省，足想把东三省完全变成它的殖民地的直接行动……中国与日本的工农民众，坚决地相信只有大家联合起来，共同打倒日本帝国主义、反动的中国国民党，……才能得到最后的解放！"

9月28日，东北民众抗日救国会发表通电："……日人占据辽吉后，即实行其吞并朝鲜之故伎，先使东北各省独立，然后进而保护以达其鲸吞之目的，切望国人勿堕其狡计，甘为傀儡，以自弃国人，而同招灭之。……望我同胞其速起自救，本会甚愿追随全国民众之后，共效驰驱。"

在全国舆论鼓舞下，具有爱国心的东北军驻各地部队先后行动起来，广大的民众也揭竿而起。特别是马占山将军嫩江桥重挫日军以后，东北各地的民众义勇军风起云涌，高文彬、李纯华、耿继周、郑桂林、王显廷、邓铁梅、苗可秀、李子荣、唐聚五、王凤阁、方春生、孙鸿猷、冯占海、王德林、田霖、薛茂山、于百川、李杜、丁超、赵毅、宫长海、邢占清、姚秉乾、周保中、李延禄、谢阿、徐宝珍、朴炳珊、李海青、苏炳文等义勇军将领相继涌现。据不完全统计，到伪"满洲国"成立前，东北各地有义勇军200余支，15万人左右。义勇军的成分比较复杂，农民约占50%，曾干过"胡匪"的约20%，曾当过东北军警官兵的约25%，知识分子、工人和商人占5%，但是，他们在抗日的大旗下走到一起，留下了一个个可歌可泣的动人故事：

1931年11月22日，邓铁梅率义勇军攻打凤城县城，他们分为两路，一路由南门直穿而入，消灭了伪警队，打开监狱，放出100多爱国志士；另一路从西门攻入，消灭了日军独立守备队。义勇军胜利出城后，日军增援部队尾随而至，追至二龙山，遭义勇军伏击，大败而归。这次战斗，歼伪警400多人，日军30余人，缴枪300余支，炮2门。

1932年3月10日，金山好、赵亚洲、刘海泉、耿继周等部合谋光复沈阳。当日清晨，金山好部佩戴伪警备第1旅臂章，混进沈阳城内，占领了伪警备第十一分局，所有警队全被缴械，夺取各种枪械150余支。随后，金山好、赵亚洲与日伪军在交通银行胡同和太清宫附近展开激战，但耿继周久攻小西门、大北门不下，刘海泉失掉联络，吴三胜、老北风不战而退，进城义勇军只好撤退。

1932年1月底2月初，丁超、李杜、冯占海等部进行了哈尔滨保卫战。1月27日，义勇军首先与伪军于琛徵部激战，将其击退。日军闻讯后，派出多门师团，并调第4旅团增援。2月4日，日军第3、15旅团在飞机、装甲车的掩护下进攻南郊，李杜、丁超沿着应战，击毁日军装甲车2辆。2月5日，日军发起总攻，由于其空军的助战，义勇军骑兵蒙受重大损失，各部也先后被日军分割，只好退出战斗。此战"日军亦受相当之损失"。

1932年7月，日军平贺师团为打通齐克路，向马占山部发起猛攻。7月9日，日军首先进攻大荒台，并以炮8门、飞机4架助战，马占山部毫不畏惧，用迫击炮击中其中一架飞机，接着义勇军援军由呼海线赶来，抄日军后路，日军仓皇而退。10日，日军乘江轮而来，但刚登岸即遭义勇军痛击，死伤300余，溺死者无算。11日，日军2000余、伪军1000余来援，马占山利用日、伪军在娼馆争风冲突之机，突出包围。

据不完全统计，在1934年之前，东北各地义勇军与日军战计

2000余次，先后毙伪军30000余名，日军10000余名。他们艰苦的浴血奋战沉重地打击了日本的殖民统治，牵制了日本向关内侵略的步伐，显示了中华民族宁死不屈的崇高品格和勇敢精神，在中国人民的抗日斗争史上留下了光辉的一页。但是，由于蒋介石始终没有积极地给予实质性支持，由于没有一个组织严密、战略对头的领导核心，由于没有坚强的内部团结和统一指挥，由于严重脱离群众，由于国际社会对日本侵略的纵容、绥靖，由于恶劣的自然环境，义勇军逐渐被日伪军各个击破，到1933年底、1934年初，东北境内大规模、有组织的义勇军逐渐销声匿迹，中国共产党领导的东北抗日联军开始登上历史舞台。

早在东北义勇军全盛时期，中国共产党就开始组建自己的游击队，从1932年春起，延吉游击队、汪清游击队、安图游击队、珲春游击队、和龙游击队、巴彦游击队、磐石游击队、海龙游击队、宁安工农义务队、东北抗日救国游击军、饶河工农反日游击队、珠河游击队、密山游击队等相继成立。1933年1月26日，中共中央为了扭转东北抗日斗争渐趋消沉的局势，发出《一·二六指示信》，信中指出：要以党领导的游击队作为一切民众抗日武装的中心和骨干力量，在斗争中，要保持党对统一战线的领导。信中还特别指出，党在政治上组织上的巩固和发展是东北群众斗争的保障。《一·二六指示信》为东北人民的抗日斗争指明了方向，在满洲省委的统一部署下，从1933年夏到1936年初，中国共产党领导的各支游击队先后改组为一至六军，东北人民革命军成长为东北人民抗日斗争的坚定的中心力量：

1933年9月18日，在原南满游击队的基础上，东北人民革命军第 1 军独立第 1 师正式成立，杨靖宇任师长兼政委，李红光任参谋长，全师千余人。1934 年 2 月，南满 17 支游击队公推杨靖宇为江南抗日联合军总指挥。1934 年 11 月 7 日，东北人民革命军第 1 军正式成立，杨靖宇任军长兼政治委员，下辖两个师。第 1 军成立后，奇袭朝鲜境内界河城之日军，缴枪 50 余支，又奇袭东兴城，夺得不少枪弹物资。1935 年 5 月，第 1 军第 1 师在新宾东老岭与敌激战，李红光光荣牺牲，而后代师长韩浩亦在战斗中牺牲。与此同时，第 2 师活动于濛江、抚松、桦甸一带，袭击了老金场和万良镇，后转战磐石、双阳、永吉一带。1935 年秋冬，第 1 军发展到 5000 余人，游击区达 20 余县。

1934 年春，以东满游击队为基础，东北人民革命军第 2 军独立师成立，朱镇任师长，王德泰任政治委员。1935 年 5 月，东北人民革命军第 2 军正式成立，军长王德泰，政委魏拯民，参谋长刘汉兴，政治部主任李学忠，全军千余人。第 2 军成立后，分三路扩展，第 1 路 1935 年 8 月与第 1 军会师于濛江；第 2 路向第 5 军靠拢，途中在老黑山、太平沟与敌接战，歼伪军一连；第 3 路向第 3 军靠拢，途中进行了沙河掌、青沟子等战斗，毙敌 150 余。第 2 军的不断胜利，引起日军恐慌，1935 年 9 月，他们对游击区发起大规模"讨伐"，并辅以政治上的诱降、分化，煽动民族情绪，使第 2 军活动日益困难。1935 年 12 月，第 2 军与第 5 军成立临时联合指挥部，周保中任总指挥，两军进行联合作战。1936 年 1 月，第 2 军因形势需要进行扩编，编为两师六团。

1934 年 6 月 29 日，以赵尚志等领导的珠河游击队为基础，成立了东北反日游击队哈东支队。1935 年 1 月，以哈东支队为基础，正式成立东北人民革命军第3军，赵尚志为军长，冯仲云任政治部主任。3月，第3军与其他抗日武装共同成立东北反日联合军总指挥部，赵尚志为总指挥。不久，联合军一度攻克方正县城，并在夹板站、道河子挫敌锋芒。1935年9至10月，第3军除1部留守原地外，其余与第4军会合，后又协助汤原游击队成立第6军。此后，第3军主力发起西征，在东兴、铁力、通河一带开辟了游击区，日军闻讯"围剿"，赵尚志巧妙地率军突破封锁线，回汤原休整，第3军留守部队第2、3团也击破了敌军多次围攻，但王惠同、赵一曼等不幸牺牲。

1934年10月，密山游击队与东北人民反日革命军合并组成东北抗日同盟军第4军，全军200余人，李延禄为军长，胡伦任参谋长，何忠国任政治部主任。1935年春以后，第4军连续作战，勃利方家沟毙敌20余人，青山河口获马200余匹，阁凤楼镇毙伤敌30余人，滴道火车站缴枪10余支。一系列的胜利，使第4军声威大振，全军发展到2000余人。1935年9月，第4军与第3军的1部联合，攻占南刁翔，毙伤敌70余人，后又克林口，获马100余匹。1935年10月，第4、3两军联合奇袭通河六方屯、二道河子，毙日伪军多人，缴机枪2挺、步枪100余支。1936年1月，第4军与第3军1部一起抵达汤原，与游击队会师。

1935年2月，绥宁反日同盟军、宁安游击队以及其他抗日队伍合并组成东北反日联合军第5军。军长周保中，副军长柴世荣，参谋长张建东，政治部主任胡仁，下辖二师六团，全军千余人。第5军成立后，立即展开反"讨伐"斗争，3月16日山石门一战，毙敌20余人。此后，第5军与第2军第2师联合，由周保中指挥，在宁安等地与敌周旋。11月下旬,联军攻击官地街东口、河北口联防所,当增援日军途经通沟岗子附近时,第2军、第5军联军给予猛烈狙击,日军四面被围,数十人被歼,伪军40余人投降。1936年1月,第5军、第2军联军再次获胜,毙敌200余人。1936年1月,第5军与第2军召开了联合会议后,第5军进行全面整顿,面貌焕然一新。

东北人民革命军第6军是在汤原游击队的基础上建成的,该游击队正式成立于1933年底,戴洪宾任中队长,张兴德任政治部主任。1936年1月,在第3军、第4军的帮助、支援下,汤原游击队改编为东北人民革命军第6军,夏云杰为军长,冯治纲任参谋长,张寿篯为政治部代主任,全军千余人。第6军成立后,奇袭岔巴气、老钱柜等处伪军,毙敌数十人,缴枪100余支。1936年5月,第6军又奔袭鹤岗,击毙伪警及日本官吏多人。

东北人民革命军和中共领导下的其他抗日武装力量的兴起和发展,使东北人民的抗日斗争有了中流砥柱,但这当中长期存在着指挥不统一、党的领导薄弱等问题。为了解决上述问题,适应形势的发展,开创东北抗日斗争的新局面,1935年10月,中共满洲省委发表了《东北抗日联合军组织条例》,1936年初,发表了《为建立东北抗日联军总司令部的决议草案》和《东北抗日联军编制系统暂行条例草案》,2月,又发表《东北抗日联军统一军队建制宣言》,为东北抗日联军的组成奠定了基础。

1936年春,东北人民革命军第1军首先改为东北抗日联军第1军,军长兼政委杨靖宇,政治部主任宋铁岩,参谋长安光勋。

1936年3月,东北人民革命军第2军改编为抗联第2军,军长王德泰，政委魏拯民，参谋长刘汉兴。

1936年6月，抗联第1、2军在金川河里会议后，合编为抗联第1路军。两军合组后，声威大振，1936年6月，在四道江伏击战中，重创伪满东边道"讨伐"军司令邵本良部。接着，第1师在摩天岭之役，击毙"九一八事变"祸首之一今田新太郎大尉以下80余名日军，但宋铁岩在转战途中病亡。1936年10月，杨靖宇率部伏击大错草沟，毙敌30余人，烧毁汽车10余辆。1937年4、5月间，魏拯民率军伏击松庙岭，缴枪100余支。后1路军一部与朝鲜抗日游击队一起，两次渡鸭绿江，奇袭炮台围和普天堡，回师后，又与其他各部配合，在三间峰埋伏，毙敌19师团74联队1000余人，震惊了日本侵略军。

1936年初，魏拯民出席共产国际第七次代表大会归国后途经宁安地区，当地东北反日联合军根据他传达的会议精神改组为东北抗联第5军，军长周保中，副军长柴世荣，参谋长张建东。5军成立后，1936年3月，在莲花泡突围战中，毙日军中佐以下90余人。1937年1月，在大盘道附近设伏，攻击敌辎重队，日军300余人悉数就歼。3月，周保中率军突袭依兰，占领县城大部，后又于撤退途中设伏，共歼日军300余人。此后，5军不断出击，扩大了队伍和游击区。

1936年8月1日，东北人民革命军第3军改编为抗联第3军，军长赵尚志，政治部主任冯仲云。3军成立后，加强了党的领导，战斗力有很大的提高。1936年11月，在八道岗、孙灵阁山毙敌80余人，12月，在冰淌子歼日伪军300余人，后在龙门附近毙日军丘井大尉以下20余人，并一度攻占佛兰县城。

日军占领中国东北

1936年1月，东北抗日同盟军第4军改名为抗联第4军，军长李延平，政治部主任罗英。1936年，4军与3军合攻石头河子，毙伤敌60余人。此后，在北大四站遭日军围攻，4军勇敢突围，到富锦、宝清开辟了游击区。4军一部还参加3军的远征，歼敌300余人。

抗联第7军是在4军第2师的基础上扩建成的，1936年7月成立于饶河，军长陈荣久，参谋长崔石泉，全军700余人。7军成立后，与抗联其他各军配合作战。1937年1月，在小南河与敌遭遇，毙日伪军30余人，但陈荣久壮烈牺牲。随后，7军整顿了队伍，增强了战斗力。5月，军长李学福率部北进过程中，与日伪军遭遇，毙敌200余人，突出重围。

1936年6月，东北人民革命军第6军正式改编为抗联第6军，军长夏云杰，政治部主任李兆麟，参谋长冯治纲。6军成立后，四处扩大游击区，1936年12月，夏云杰不幸中伏牺牲。1937年2月，6军进行扩编，扩编过程中，日伪军数千人来攻，6军除一部坚持在汤原外，其余转移作战，在葫芦信子、夹信子、暖泉子等地先后挫败敌军。1937年5月，6军在抗日救国会成员的接应下，夜袭汤原县城，将日本官吏十数人悉数击毙，并解除了伪军的武装，释放了监狱中的人犯，给东北抗日军民很大的鼓舞。

另外，抗联第8军1936年8月成立，第9军成立于1937年1月，第10军成立于1936年冬，第11军成立于1937年10月。

东北抗日联军及其前身在白山黑水间艰苦卓绝的斗争，是中国共产党开辟最早的抗日战场的斗争，也是中国共产党领导的武装斗争中最艰苦的一页，堪与二万五千里长征、南方三年游击战媲美其光荣与悲壮。它沉重地打击了日本帝国主义在东北的殖民统治，日本关东军和伪满军队把大量的兵力投放于"讨伐"之中，每年耗费数亿日元。朱德指出："东北同胞，组织了数万人民革命军和义勇军，不让日本强盗在那里安然开发资源和利用市场。相反地，日本强盗为了维持东北的'治安'，却要派极大的军队，耗费了许多有生力量和每月数万万的军费。"它牵制了日本侵略军侵略全中国的步伐，日本视东北为其侵略中国的基地和后方，而抗联的存在，使日本的这一企图屡屡遭受重创。抗联的斗争还牵制了日军北上的步伐，为保障苏联远东地区的安全做出了贡献。东北抗联的斗争是在东北共产党的领导下进行的，他们在与党中央极难联系的情况下，发挥了高度的组织能力、应变能力和负责精神，与国民党惊慌失措、涣散无力形成强烈的对比，中共六届六中全会曾特别地给东北抗日军民发去致敬电。东北抗联及其前身的伟大历史功绩不可磨灭。

在东北抗联坚持开展斗争的同时，日本军国主义逐步加快了它对全中国的侵略步伐。中国共产党面对山雨欲来的形势，为即将到来的全民族抗战做了大量的思想、组织、军事等各方面的准备。

早在1931年9月20日，中共中央就发表了《中国共产党为日本帝国主义强暴占领东三省事件宣言》，宣言指出：日本的目的"显然是掠夺中国，压迫中国工农革命，使中国完全变成它的殖民地"。宣言号召："一致动员武装起来，给日本强盗与一切帝国主义以严重的回答。"

9月22日，中共中央在《中央关于日本帝国主义强占满洲事变的决议》中号召："进行广大的反对日本帝国主义暴行的运动。丝毫地不要害怕群众的民族主义热忱，相反的必须加紧警醒群众的民族自觉而引导到反帝的斗争上去，同时坚决地反对一切国民党的武断宣传。向广大的群众指出：只有群众自己的力量能够战胜帝国主义的侵略和求得民族的解放。"

1932年4月15日，毛泽东以中华苏维埃共和国临时中央政府名义发布《对日战争宣言》。同日，毛泽东、项英、张国焘签署了《关于动员对日宣战的训令》，号召"全国工农兵及一切劳苦群众在苏维埃的旗帜之下，一致起来积极参加和进行革命战争，在白色统治各地要自动武装起来，组织民众抗日义勇军，……驱逐日本帝国主义出中国，……彻底争得中华民族的独立与解放"。

1935年8月1日，中国共产党发表了著名的《八一宣言》，宣言指出，中华民族已处于生死存亡关头，一切不甘当亡国奴的中国人和海外侨胞应团结御侮，建立抗日民族统一战线。宣言还提出抗日救国的十大纲领。宣言克服了过去"左"倾关门主义的错误，切合国内、国际形势提出实事求是的方针、路线、政策，得到了全国各界的热烈支持。

红军长征到达陕北后，中国共产党根据日本加快侵略步伐的危急形势，也加快了抗战的准备工作。

首先是理论上的准备。1935年12月，中共中央做出了《中央关于军事战略问题的决议》和《关于目前政治形势与党的任务决议》，指出："我们的任务，是在不但要团结一切可能的、反日的基本力量，而且要团结一切可能的反日同盟者，是在使全国人民有力出力，有钱出钱，有枪出枪，有知识出知识，不使一个爱国的中国人不参加到反日的战线上去。这就是党的最广泛的民族统一战线策略的总路线。"12月17日，毛泽东作了《论反对日本帝国主义的策略》的报告，他指出，在亡国灭种的威胁下，包括地主买办阶级集团在内，都有可能参加一个广泛的抗日民族统一战线，而要取得对日胜利，这一统一战线是必须的；他指出，对民族资产阶级，应当团结他们进行反日斗争，同时反对其动摇性；他还指出，全党不要犯关门主义的错误。1936年7月16日，毛泽东还在与美国记者爱德加·斯诺的谈话中对抗日策略和路线作了许多精辟的分析，他指出，中国人民的抗日统一战线、世界人民的反日统一战线、被压迫人民的革命行动可以保证中国的抗日战争取得彻底胜利；他指出，对日作战战略应是一种很长的、流动的、不定的战线上进行运动战的战略，而不是单纯的阵地战，另外，应组建大量的游击队；毛泽东最后指出，日本帝国主义是一定会失败的。另外，中国共产党还在多种场合，以多种方式宣传自己的抗战策略和理论，为全国人民指明了方向。

其次，中国共产党进行了大量的组织准备工作。当时，华北是抗日斗争的前哨，中共中央派刘少奇到北方局主持工作，在他的领导下，工作很快地打开了局面：北方局发动、组织群众抵制日货，反对日军武装保护走私，并通过游行、示威、罢课、罢工宣传抗日主张，组建群众抗日团体和救国会，使被压制的民众抗日运动迅速高涨；他们发动学生，组织学生，举行抗日的游行示威。1935年12月9日，北平大中学校学生6000余人走上街头，举行游行示威，向国民党政府提出"反对华北自治及其类似组织"、"反对一切中日间的秘密交涉，立即公布应付目前危机的外交政策"等6项抗日主张。此后，学生们组织了"平津学生联合会"、"南下扩大宣传团"、"中华民族解放先锋队"等，深入农村，参加抗日救亡运动；他们还通过与张学良等地方实力派的统战关系，争取释放了大批在押的共产党员，为抗战准备了不少干部，像北平草岚子监狱就一次释放了薄一波等数百名共产党员。华北的工作打开局面的同时，上海等其他各地的抗日救亡活动也很有起色，无数热血的中国人投入到救亡的洪流中，成千上万的有志青年冲破封锁，走向陕甘宁边区，成为抗日救亡的生力军。中国共产党还在陕北和其他地区开办抗日红军大学等各种形式的学校、培训班，为抗战培养了大量军事和各方面的人才。

第三，中国共产党和各地方实力派及爱国将领建立广泛的统战关系。统战的对象首先是对陕甘宁边区形成威胁的张学良、杨虎城。1936年1月25日，毛泽东等21人致书东北军将士，痛陈蒋介石逼东北军打红军的阴险用心。接着，红军释放了东北军被俘团长高福源，由其向张学良转达了联合抗日的意愿。1936年2月，红军与东北军代表王以哲达成了互不侵犯等口头协定。4月9日，周恩来和张学良亲自会谈，双方就联合抗日的前景等多项问题坦诚地交换了意见。此后，叶剑英为首的中共军事代表团进驻西安，双方关系日益密切。对杨虎城的工作稍早一些，1935年11月，毛泽东即致信杨虎城，提出西北大联合；1936年5月，双方就互不侵犯、互派代表等问题达成了协议；1936年8月，毛泽东又致信杨虎城，向他表示"务使先生及贵军全部立于无损有益之地位"，消除了他的顾虑。中共还在张、杨之间做了大量的工作，使二人之间消除了误会，从而使"西北大联合"更加巩固。

中国共产党大力争取当时平津防务主力国民党29军宋哲元部走向抗日，提出"拥护宋委员长抗日"等口号。1936年8月14日，毛泽东还致信宋哲元，表示如宋抗日，共产党将"全力以为后援"。

抗日救亡运动

中国共产党十分注意做山西实力派阎锡山的统战工作，红军东征后迅速撤回，还将俘虏之晋军官兵、弹药全部送回。1936年5月25日，毛泽东致信阎锡山，表示晋军如抗日反蒋，"则敝党同志甚愿与晋军立于共同战线"。此后，山西"牺牲救国同盟会"成立后，阎锡山吸收了不少共产党员。共产党还在山西成立了中共山西省公开工作委员会，大力加强对上层人士的统战工作。

1936年8月14日，毛泽东致信绥远抗日名将傅作义。1936年9月22日，毛泽东分别致信李济深、李宗仁、白崇禧和原十九路军将领、抗日名将蒋光鼐、蔡廷锴。1936年12月5日，毛泽东致信冯玉祥，向他们介绍了共产党抗日的主张和联合抗日的愿望。此外，共产党还与龙云、韩复榘、刘文辉、朱绍良等国民党将领进行了接触，做了不少统战工作。

第四，中国共产党在军事上做了大量的准备工作。1936年2月，红一方面军第2、4、1、81、75、78各师按彭德怀、毛泽东的作战命令东渡黄河，准备经山西转向抗日前线，与苏蒙取得联系，受到阎锡山、蒋山石重兵的围堵，红军在扩充新兵8000余人后，主动撤回黄河西岸。1936年5月，红一方面军发动西征，占领陕甘宁三省边境大片地区，并发展了不少新战士，补充了给养。通过西征，红军三大主力日益接近。

1936年10月9日，红四方面军与红一方面军合师于会宁；10月22日，红二方面军与红一方面军会师于将台堡。三大主力红军会师以后，红军实力大增，1936年11月21日，在山城堡痛击蒋介石嫡系胡宗南部78师，这是十年内战的最后一战。

内战基本平息以后，红军在陕甘宁边区进行了休整、补充和训练，共产党还抓住戎马倥偬的难得间隙，对红军将士进行时事、政策和理论教育，激发将士的抗战意识，全军士气高昂，面貌一新，随时准备走上抗日前线。

第五，中国共产党为即将到来的抗战灵活转变对蒋策略，与国民党进行接触和谈判。

在中共中央确立抗日民族统一战线策略以后的一段时间内，共产党对蒋介石的基本态度是"反蒋抗日"，但随着形势的发展，共产党认识到没有蒋介石集团参加的抗日民族统一战线是有严重缺陷的。1936年1月29日，毛泽东、王稼祥即表示，红军愿意在抗日的战线上与蒋介石携手。1936年8月25日，中共中央致信中国国民党："假如你们真正这样干的时候，我们坚决地赞助你们，我们愿意同你们结成一个坚固的革命的统一战线，如像一九二五至一九二七年第一次中国大革命时两党结成反对民族压迫与封建压迫的伟大的统一战线一样，因为这是今日救亡图存的唯一正确的道路。"1936年9月1日，中共中央发出《关于逼蒋抗日问题的指示》，指出在日本继续进攻的条件下，国民党中央军全部或大部都有参加抗日的可能，我们的总方针是逼蒋抗日，为此我们将与蒋介石的代表进行谈判。

随着指导思想的转变，中国共产党通过各种渠道与国民党进行接触，并展开谈判。在"西安事变"之前，有过这么几个渠道的接触：

首先，1935年底，随着中苏关系的改善，蒋介石心腹邓文仪去了苏联，邓与中共驻共产国际代表团进行了接触，王明派潘汉年回国，促进国共谈判，邓、潘商谈了回国后联系的办法。潘回香港后，陈果夫派张冲前去相邀，潘在南京与国民党中央委员曾养甫见了面。

其次，1935年底，谌小岑受曾养甫委托寻找共产党，经谌奔走，吕振羽同曾见了面，曾表示系受宋子文之托，希望吕找到与共产党谈判的渠道。后周小舟三下南京，传达了党的指示，并与曾养甫直接会谈，双方就组织国防政府、改编红军等问题进行了详细的讨论。

第三，1935年底，宋子文、宋庆龄挑选了董健吾，要他到陕北和中共中央取得联系，孔祥熙委任董为"西北经济专员"加以掩护。1936年2月，董到达瓦窑堡，将密信交给中央，张闻天、毛泽东等提出停止内战、组织抗日联军、允许红军集中河北等五项条件交董带回南京。

第四，1936年初，中共地下党员张子华以双重身份和董健吾一起进入陕北。4月，张回到南京，见到曾养甫，曾向张子华口头传达约中共负责人见面。5月，张回到瓦窑堡。6月，张带了周恩来写给各界人士的亲笔信返回南京。7月，曾请张再回陕北，送信给周恩来，表示"如兄能屏除政务来豫一叙至所盼祷"。8月，张回到保安。9月，张携周恩来给曾的复信和周致陈立夫、陈果夫的信到达广州。曾接见张子华后，邀周恩来来港或穗，张做了汇报。10月，张子华携国民党答应的四个条件回了西安。

第五，1936年9月1日，中共中央任命潘汉年为中央谈判代表，直接与陈立夫谈判。10月10日，潘与陈在上海会面，张冲在座，潘面交了周恩来致蒋介石、陈氏兄弟的信，并阐述了中央意见；陈则转达蒋介石的意见：中共军队保留三千，中共领导师级以上解职出洋，按才适当分配在南京各机关工作等。11月19日，潘与陈在南京第二次会谈，陈表示蒋坚持原意见，潘则将《国共两党救日救国草案》交给陈。此后双方还进行了一些接触。

"西安事变"和平解决以后，国共双方加快了谈判的步伐。1937年2月10日，中共中央提出"五项要求、四项保证"，要求在此基础上与国民党立即就联合抗日进行谈判。1937年2月12日至3月15日，周恩来、叶剑英与顾祝同、贺衷寒、张冲在西安谈判，双方在很多问题上达成一致意见，但在红军改编问题上争论激烈。1937年3月下旬到4月初，周恩来在党中央否决贺衷寒提案后，在杭州与蒋介石直接谈判，周恩来代表中共声明了六点，关键在于红军人数须达4万余人，国民党不得向红军中派出副官和政训人员等，蒋介石则承认中共有革命精神，同意商量永久合作办法等。1937年6月，周恩来与蒋介石在庐山举行谈判，周提出红军三师以上须设总司令部，总司令朱德、副司令彭德怀；蒋则提出三师以上设政治训练处，朱德、毛泽东出洋，双方未达成协议。周回延安后，中共中央致电蒋介石，坚持原提案，蒋复电固执己见，并要朱德出洋，否则从7月断绝从3月开始的军饷接济。国共双方正僵持间，1937年7月7日，"卢沟桥事变"发生，中国的历史翻开了新的一页。

二

挥师敌后

1937年9月6日,陕西三原石桥镇。

天气阴沉,狂风裹着倾盆大雨,笼罩了渭河沿岸的原野,村庄、树木在雨雾中模糊了身影。一块宽阔的平地上,13000多战士肃然挺立,冷雨抽打着他们衣着单薄的身体,他们的脸上还留着长征后的憔悴,但他们双目炯炯,涌动着战斗的豪情与渴望。

前面的主席台上,几个腰板挺直的军官无遮无挡地立在雨中。当中一位中年汉子走到台前,声若洪钟地说道:"现在大敌当前,国家民族危在旦夕,我们要把斗争的矛头指向日本帝国主义。为了抗日救国,挽救国家民族的危亡,我们要把阶级的仇恨埋在心里,和国民党合作抗日。从今天起,我们就是国民革命军第129师。同志们!改变番号,只是个形式,我们人民军队的本质是不会改变的。"他拿出一顶军帽,帽子上是青天白日的帽徽,他满怀深情地说:"这顶军帽上的帽徽是白的,可我们的心永远是红的。同志们!为了救国,暂时和红军帽告别吧!"说完,他率先戴上了帽子。

13000多铁血男儿缓缓地摘下头上的红星帽,裹在包里,揣到怀里，然后，眼含热泪、极不情愿地戴上青天白日帽，人群中，响起轻轻的啜泣声。

中年汉子就是国民革命军第八路军129师师长刘伯承将军，他一跃上马，和政训处主任张浩一起检阅了部队。随后，他带领全体指战员庄严宣誓：

> 日本帝国主义，是中华民族的死敌。它要亡我国家，灭我种族，杀害我们父母兄弟，奸淫我们母妻姊妹，烧我们的庄稼房屋，毁我们的耕具牲口。为了民族，为了国家，为了同胞，为了子孙，我们只有抗战到底……

这是八路军出发抗日前誓师的一幕。此前，115师在云阳誓师，八路军总部在云阳誓师，120师在庄里镇誓师，3万多红色健儿先后走上了抗日战场。

回想起来，这一两个月的变化真快：

1937年7月8日，中共中央发表了《中国共产党为日军进攻卢沟桥通电》。同一天，毛泽东、朱德率红军高级将领彭德怀、林彪、贺龙、刘伯承、徐向前等致电蒋介石，吁请"实行全国总动员，保卫平津，保卫华北，规复失地"。并表示，红军将士愿意"为国效命，与敌周旋，以达保土卫国之目的"。

7月15日，中国共产党向国民党提交了《中国共产党为公布国共合作宣言》，郑重宣布，三民主义是现今中国唯一需要的主义，中共愿意为之而奋斗；中共放弃旨在推翻国民党政权的武装斗争，停止没收土地；取消苏维埃政府，接受国民政府领导，以形成全国统一的局面；取消"红军"名义，将其改编为受蒋介石指挥的"国民革命军"，待机出动，参加抗战。

7月下旬，周恩来、博古、林伯渠二上庐山，和蒋介石、邵力子、张冲进行谈判。会上，蒋介石表示，中日全面开战后，国共合作宣言即可发表，但3个师以上设政训处，不设某路军总司令部，3个师的参谋长由国民政府委派。周恩来当即严正表示，中共绝不接受上述意见。

8月中旬，周恩来、朱德、叶剑英到南京与蒋介石、康泽进行谈判。8月19日，蒋介石答应，红军改编为国民革命第八路军，设总指挥部，以朱、彭二人为正副总指挥，下设3师，国民政府不派参谋长和政治部主任，师以下各级职务由中共自行支配。

国共达成协议后，中共中央政治局在洛川召开了扩大会议，出席会议的有张闻天、毛泽东、周恩来、朱德、任弼时、博古、关向应、凯丰、张国焘、彭德怀、刘伯承、贺龙、徐向前、张浩、林彪、聂荣臻、萧劲光、罗瑞卿、李富春、林伯渠、徐海东、周建屏，共22人。会议通过了《中央关于目前形势与党的任务的决定》和《抗日救国十大纲领》。《决定》指出：中国革命已经开始了一个新的阶段，这一阶段的中心任务是动员一切力量争取抗战的胜利，而夺取胜利的关键在于使已经发动的抗战发展为全民族的全面抗战，由于国民党抗战路线的错误，抗战还存在着重大弱点，共产党及其领导的武装力量应最积极地走到前线，发展抗日的群众运动。《纲领》则规定了"全国军事的总动员"、"全国人民的总动员"、"改革政治机构"等10条保证抗战取得最后胜利的重要措施。

洛川会议对中共中央的军事路线作了战略性的规定：中共军队

的基本任务是创建根据地，牵制、消灭敌人，配合友军作战，进行战略支援，保存和扩大中共军队，争取民族革命战争的领导权。会议还规定，中共军队的战略方针是开展独立自主的山地游击战，包括在有利条件下消灭敌人兵团以及在平原地区开展游击战。对于这一路线和方针，毛泽东后来概括为："今日红军在决战问题上不起任何决定作用，而有一种自己的拿手好戏，在这种拿手戏中一定能起决定作用，这就是真正独立自主的山地游击战（不是运动战）。要实行这样的方针，就要战略上有有力部队处于敌人之侧翼，就要以创造根据地发动群众为主，就要分散兵力，而不是以集中打仗为主。集中打仗则不能做群众工作，做群众工作则不能集中打仗，二者不能并举。只有分散做群众工作，才是决定地制胜敌人、援助友军的唯一无二的办法。"

洛川会议闭会的当天，中央革命军事委员会发布命令，红军正式改编为八路军，朱德为总指挥，彭德怀为副总指挥，参谋长叶剑英，副参谋长左权，总政治部主任任弼时，副主任邓小平，下辖115、120、129共3个师。

115师由原一、十五军团及陕南红军第74师编成，师长林彪，副师长聂荣臻，参谋长周昆，政训处主任罗荣桓。师辖2旅：343旅，旅长陈光，副旅长周建屏；344旅，旅长徐海东。

120师由原红二方面军、红九军团及陕北红军一部组成，师长贺龙，副师长萧克，参谋长周士第，政训处主任关向应。师辖2旅：358旅，旅长张宗逊，副旅长李井泉；359旅，旅长陈伯钧，副旅长王震。

129师由红四方面军第4、31军及陕北红军一部编成，师长刘伯

聂荣臻在平型关战场

承，副师长徐向前，参谋长倪志亮，政训处主任张浩。师辖 2 旅：385 旅，旅长王宏坤，副旅长王维舟；386 旅，旅长陈赓，副旅长陈再道。

现在，让我们把历史的镜头推回到誓师抗日之后的八路军各部：

当时，日军第 5 师团等正在进攻忻口、娘子关、平型关等战略隘口，企图推向太原，捕捉国民党第二战区部队而消灭之，八路军各部迅速开往山西前线，配合国民党军队作战。

八路军各部渡河前后，毛泽东和中央军委根据形势变化，适时地调整战略计划。9 月 17 日，毛泽东向八路军总部指出，八路军应处于机动地位，在敌军翼侧，攻击敌军，掩护友军，要求八路军 3 师分别进至以管涔山为依托的晋西北、以吕梁山为依托的晋西南和恒山山脉南段至太行、太岳一带。9 月 20 日，毛泽东再次明确指出，八路军应处于日军翼侧及后方，将山西分为晋东北、晋西北、晋东南、晋西南 4 个游击战略区，对中心城市及铁路、公路要道取四面包围的姿态。9 月 25 日，中共中央指出，整个华北地区的工作，要以游击战争为唯一方向，华北正规战失败，我们不负责，但游击战争失败，我们要负严重责任。根据毛泽东和中央的指示，八路军适时地调整了战略姿态。平型关大捷就发生在这样的背景之下。

拨开历史的灰尘，我们把镜头从太原摇向东北：一条东北—西南走向的山沟呈现在我们的视野里，其中，关沟到东河南镇之间的山沟尤其险峻。1937 年 9 月 23 日，林彪等率 115 师在这里布置了战斗计划：343 旅担任主要突击任务，其中，685 团配置在关沟地区，切断辛庄与东跑池之敌的联系；686 团配置在白崖台以北公路两侧，向老爷庙突出。344 旅 687 团配置在小寨村至东河南镇地区，并以主力一部控制韩家湾北侧高地；688团为师预备队，配置在东长城村附近。

9月23日16时，115师派出猛将杨成武部独立团和骑兵营，向涞源、灵丘方向进发，以掩护主力，向敌侦察，并负阻敌后援之责。24日上午，在驿马岭，与敌先头部队发生接触，毙敌2人。下午，杨成武发布战斗命令：一营在山上警戒，二营连夜进抵三山镇，切断广灵至灵丘公路；三营作预备队，撤白羊堡宿营。杨成武这样记述了此后的情形：

刚刚入夜，天就下起毛毛细雨，打起闪来。不一会，风声、雨声、雷声，一起在山间轰鸣，震人心魄。山水渐渐汇积，越蓄越多，越淌越急。忽听山上呼哗一阵响，不知哪里破了口子，滚滚山水卷着泥沙从我们身下冲过。借着闪雷的光亮，可以看见小岗里的战士们怀搂着步枪、手榴弹，静静地坐在一块块岩石上，任凭雨打水冲……

如此雨夜，115师主力部队在做什么呢？

1937年9月25日零时，115师主力冒着暴雨，向阵地运动。天将微明时，为不暴露战机，部队在公路东侧伏下，未去西侧。

拂晓，日军第5师团21旅团两个联队，由灵丘公路向平型关方向进发，日军乘汽车100余辆，后有大车200余辆，再后为骑兵部队。由于未遇异常，警戒疏忽。

8时30分，日军主力已进至老爷庙，处于险狭山沟的中段，115师指挥所发出冲击信号，八路军立即居高临下，投出一排排手榴弹，突遭打击的日军混乱起来。686团李天佑部1营、3营从右、左两翼冲上公路,战士们高喊"老乡,缴枪啊!"(当时八路军不会用日语喊话,口号也不是后来的"缴枪不杀!")指望日军像国民党兵一样会立即投降,但日军负隅顽抗,迫使八路军逐个加以消灭。当日军被毙过半后,第2营投入战斗,越过公路,占领公路西侧高地。公路两侧八路军以密集火力,夹击沟底中之日军,日军无处躲藏,死伤惨重。在飞机的掩护下,日军以集团冲锋猛攻老爷庙八路军阵地,企图向北突围,八路军勇猛阻击,敌之企图未得逞。

主力痛歼顽敌之际,独立团方向的战斗也异常激烈:"望远镜中,闪出一个矮墩墩的身影,那不是二连一排的'麻排长'吗?只见他率领十几个战士,攀上连山羊也难以立足的一壁悬崖,消失在乱蓬蓬的灌木丛中。……山洼里……几百个日本兵正在隘口后面一边吃干粮一边喝水,准备出去。……随着'麻排长'一声令下,大家一身不吭地跳进隘口,扑入敌群。……'麻排长'腹部、腿部多处中弹,仍然死战不退。他不退,战士们也不退,……结果,大部分同志,包括在云阳改编时擅自离队的三班长都战死在隘口上了,只有几个战士带着伤撤了回来。"

镜头回到主力战场:9月25日13时至15时,由灵丘增援之敌汇合当面之敌一部,在6架飞机掩护下,对344旅687团2营据守的小寨村以北隘口地带反复冲击,该营死守不退。同时,该团1营对东河南镇以西公路之日军进行侧背攻击,使日军无法前进。日军见增援不成,怕被围歼,黄昏后撤退。与此同时,685团杨得志部将辛庄及以东一带日军分割歼灭,686团协同685团一部将老爷庙附近残敌300余人全部歼灭。

343旅初步完成歼敌计划后，留686团第3营在老爷庙以北高地警戒，主力攻向东跑池。傍晚时分，685团攻占东跑池东北1900高地，686团也作钳形逼近。按9月24日国民党第6集团军送至115师的《平型关五路出击计划》，此时，应有国民党军8个团参与攻击，两军东西夹攻，可望有更大斩获。但国民党按兵不动，心怀险恶。343旅遂与敌军对峙，344旅687团则在黄土嘴子附近待机。

此时，独立团方向如何呢？杨成武记述道：

下午四时，师部拍来电报，歼灭日军板垣师团第二十一旅团一千多人。你们独立团已胜利完成打援任务。

我们得讯，……立即派出团预备队五个连和一营的一个连，插到隘口东面，从敌人后路打上去……

打扫战场了。大路上、山野里、草棵中遗弃着各种姿态的敌尸三百多具，机枪、步枪、手榴弹、折断的刺刀、击穿的钢盔满山遍野到处都是。可惜的是由于日军顽抗，我们没有抓到一个活的，仅俘虏一批伪军。

9月26日晨，东跑池一带日军向西北团城口方向突围，国民党第6集团军部队后撤，敌遂与浑源南下的援军汇合；与此同时，日军车30余辆、骑兵600余由灵丘来援。115师首长判定继续作战不利，除一部打扫战场、监视敌人外，决定主力撤出战斗。

平型关战斗，八路军歼灭日军1000余人，缴获步枪100余支、机枪20余挺、掷弹筒20余个、野炮1门，击毁汽车、大车200余辆，八路军亦伤亡不少。

平型关大捷，达到了中央"慎重初战"的战略意图，极大地鼓舞了一直被国民党军失败的消息困扰的中国民众，打破了日军"不可战胜"的神话，打乱了日军部署，有力地支援了正面战场的国民党军队。平型关大捷的消息立即传遍全国，祝捷贺电雪片般飞来。

115师首战告捷，也鼓舞了120师和129师的将士，他们在各条战线上展开了杀敌竞赛：

120师前进至山西神池县时，贺龙师长发现，日军每天从大同经雁门关向忻口前线输送弹药，但日军自以为雁门关一带已是后方，警戒疏忽。于是，他命令，358旅716团寻找机会，发动群众，予敌打击。

贺炳炎等奉命后，立即率部出发，经3天急行军，抵达雁门关西南六七公里处的老窝村。老窝村民与八路军相处融洽，主动打听日军动向，使八路军很快掌握了日军活动规律。

1937年10月16日，群众送来情报，大同敌人集结了一个车队，有开拔模样，716团立即决定在雁门关予敌伏击。第2天，贺炳炎、廖汉生察看了雁门关的地形后决定：1、3两营分别埋伏在陡坡南北，由3营主攻，1营派1个连向阳明堡方向警戒；3营11连埋伏石拱桥西，断敌后路；全团一起动作，将日军消灭在黑石沟中。

10月18日上午10时许，日军汽车300余辆逶迤进入伏击圈。一声令下，八路军火力齐发，立于车上的日军官兵像庄稼一样齐齐倒下，一些运弹车爆炸，车上日军四分五裂。

经过一阵混乱，日军整顿队伍，端枪反扑。八路军11连官兵旋风般冲上公路，与敌展开白刃战，有的战士索性用长征时使用的"鬼头刀"与敌拼杀，刀光闪烁，杀声震天，8连指导员胡觉三身先士卒，不幸牺牲。工夫不大，日军悉数就歼。八路军打扫战场后，将日军汽车付之一炬，然后迅速脱离战场。

129师769团奇袭阳明堡飞机场则上演了一出"陆军打空军"的奇剧。

1937年10月，769团进至山西代县苏郎口村一带，发现日军飞机不断掠过，经了解，在阳明堡附近有一个飞机场。陈锡联立即派人侦察，并向附近老乡打听情况。原来，机场上有飞机24架，分3列排放，白天轮番去太原、忻口轰炸，晚上都停在这里；日军1个联队大部驻在阳明堡街，机场只有小股部队防守。陈锡联决定，以3营袭击机场，1、2营各一部破坏崞县至阳明堡公路，阻敌来援；团机枪连和迫击炮连在滹沱河东岸占领阵地，支援3营。

10月19日夜，阳明堡机场十分热闹，11连2排的战士们最先看到飞机，它们果然整整齐齐分3排停在那里。多少天来大家日夜盼望着打日军，现在猛然看到飞机就摆在眼前，真是又惊喜又愤恨。不知谁悄声骂道："龟儿子！在天上你耍威风，现在该我们来收拾你啦！"说着就要接近飞机。突然，西北方有个敌兵哇啦哇啦地呼叫起来，紧接着响起一连串清脆的枪声。原来，10连与敌哨兵遭遇了。就在这一瞬间，10连和11连在两个方向同时发起了攻击。战士们高喊着，勇敢地扑了上去。机枪子弹、手榴弹一齐倾泻，一团团的火光照亮了夜空。正在机群周围巡逻的敌哨兵慌忙赶来，和冲在前面的战士绕着飞机互相角逐。机舱里值勤的驾驶员被惊醒了，他们惊慌之中盲目开火，后边飞机上的机枪子弹接连打进了前面的机身。

战士们越打劲头越大，有的边打边喊："这架算我的！"有的七手八脚地往飞机上爬，有的猛砸飞机部件，要带回去当纪念。3营营长赵崇德忙前忙后，指挥战士往机身里扔手榴弹，不幸中弹牺牲。

几十分钟后，日军机场守卫队大部就歼，20余架飞机或毁或伤，当日军大部队赶到时，八路军已撤出战斗，机场日军误以为是八路军，又自相残杀了一会儿。

平型关战斗、雁门关战斗、阳明堡战斗只是3个比较典范的战例。除此之外，八路军还在各个战场予敌打击：

1937年10月15日，115师独立团冯家沟设伏，毙伤敌100余人。10月14日，115师344旅在平型关小寨村，再挫日军，灭敌100余，毁汽车数十。10月18日，115师骑兵营奔袭阳曲县城，毙敌大部，占领县城。10月10日和23日，120师雁北支队在辛庄、周庄两次设伏，毙敌200余人。10月21日，120师716团在雁门关二次设伏，毁汽车数十辆，毙敌百余。与此同时，359旅主力设伏王董堡，毙伤敌300余人。10月25日，129师772团在七亘村附近设伏，毙敌300余。10月28日，刘伯承指示该部在该地二次设伏，毙敌100余。11月2日，129师771团在黄崖底设伏，毙伤敌300余。11月4日，115师343旅在广阳以西设伏，将日军第20师团截为数段，歼敌千余，缴枪300余支，并且，首次活捉到3名日本俘虏。

总的说来，在上海、太原失陷以前，八路军在黄土高原上纵横驰骋，毙伤日军数千人，有力地配合了国民党正面战场的作战，以事实驳斥了"唯武器论"和"亡国论"的荒谬，扩大了中共军队的政治影响，增强了全国军民抗战的信心。

八路军各部队出师抗日之际，南方8省的红军游击队也先后走出深山密林，整编为新四军，走上抗日前线。

当时，改编为新四军的有以下游击区的红军游击队：

新四军领导人陈毅（左）、陈丕显（中）、项英（右）

鄂赣边游击区：负责人是省委书记兼军区政委傅秋涛，有1100余人，枪600支，活动在平江、浏阳、修水、铜鼓、大冶一带。

赣粤边游击区：负责人为项英、陈毅等，当初中央苏区被国民党攻占，项、陈率部突围，与赣粤边油山地区的李乐天部会同，有700余人，枪300支，活动在南雄、大庾、信丰、南康、安远一带。

湘赣边游击区：负责人为谭余保、刘培善、段焕竞，有335人，枪200余支，活动在茶陵、永新、莲花、分宜一带。

皖浙赣游击区：负责人李步新，有198人，枪75支，活动在浮梁、婺源、都昌、乐平一带。

闽西游击区：负责人张鼎丞、邓子恢、谭震林，有1200人，枪500支，活动在闽西南。

闽赣边游击区：负责人钟德胜、胡荣桂、彭胜标，有300人，枪150支，活动在瑞金、长汀、武平、石城一带。

浙南游击区：负责人粟裕、刘英，有600人，枪200多支，活动在福鼎、泰顺、平阳、瑞安、温州一带。

闽北游击区：负责人黄道、黄立贵、吴先喜、曾镜冰，有800人，枪700余支，活动在崇安、邵武、武夷山一带。

闽东游击区：负责人叶飞、赖金彪，有921人，枪500余支，活动在福安、南屏、政和、松溪、庆元一带。

鄂豫皖游击区：负责人高敬亭、方永乐，有1800人，枪500多支，活动在以金寨为中心的大别山区。

鄂豫边游击区：负责人张星江、周骏鸣，有1300余人，活动在桐柏周围确山、信阳、南阳一带。

湘南游击区：负责人彭林昌、李林、蔡会文、谢竹峰、刘厚总、陈山，有300人，活动在上饶、崇义、汝城、郴州、宜章、乐昌一带。

另有闽粤边游击区和闽中游击区的游击队。

这些红军游击队，在中央红军长征以后，在项英、陈毅、贺昌、瞿秋白、陈潭秋等组织的中央分局的领导下，坚持了艰苦卓绝的游击战争，牺牲之惨重、情况之悲壮，在中国共产党领导的武装斗争史上是罕见的。

中共中央没有忘记他们。早在1937年2月，周恩来与顾祝同谈判时，即提出将南方游击队改编为民团式保卫团，"千人以上的队伍亦如此"。1937年6月，周恩来接受美国记者采访时表示："我们仍在南方一些游击区活动的部队，成了一个特殊问题。南京企图把他们缴械、瓦解掉。这我们不能同意。"8月1日，中共中央发布了《关于南方各游击区域工作的指示》，要求各游击区根据已经变化的形势，争取地方政权实行普选的民主制度；停止没收地主土地财产；在保证党的绝对领导下，将部队或改编，或以其他抗日名义活动；改善群众工作的方式与方法；争取与国民党军建立统一战线；普遍建立党的秘密组织，加强党员的教育、训练；等等。8月，周恩来在上海遇到叶挺，提出由他来整编游击队，叶欣然同意。此后，中共和叶挺都积极活动，争取得到蒋介石的承认，由于叶挺已脱离中共近十年，蒋介石终于在1937年9月23日，正式任命叶挺为国民革命军新编第4军军长。此后，经艰苦谈判，10月2日，中共终于迫使蒋介石同意将南方8省14区的红军游击队编进新四军。

在国民党正式给出"新四军"番号，达成正式改编协议前后，各区游击队和国民党进行了大量的谈判工作，以便游击队下山整编。

在江西，陈毅先到大庾池江镇和国民党县长谈判，后又去赣州与国民党江西省政府及国民党46师谈判。在赣州，国民党人士问陈毅下山后有何感想，他幽默地说："没什么感想，只是有一点不舒服。在井冈山的时候，你们出赏买我的头，花红是二千。到了中央苏区时，花红涨价，涨到了五万。毛长征以后，我退到油山打游击，你们的花红一下子从五万跌到了二百。你们出二百就想买我这颗头，你们太瞧不起人了！"

在福建，邓子恢先派钟国楚去了解情况，没想到一个国民党团副劈头就说："你们早该投降！"钟国楚当即表示："这不是投降，这是我们顾全大局实行第二次国共合作，实现共同抗日。"此后，邓子恢进龙岩城，全城老百姓敲锣打鼓，兴高采烈。经谈判，达成了在白沙镇集中北上的协议。

在大别山，高敬亭与何辉榜、姜术堂等中共派来的人联系上，虽然他一时想不通，可还是认真贯彻中共的方针、政策，向国民党豫鄂皖边区督办公署主任卫立煌提出进行停止内战、一致抗日的谈判。卫立煌当初攻占中共鄂豫皖根据地中心金寨，但在长期的"剿共"过程中，他认识到共产党剿不尽，乃派出代表在衙前、青天谈判，经协议，红军到七里坪集中整编。

谈判以后，各支红军游击队面临着集中整编的问题，当时，大多数游击队领导人是警觉的，而客观地讲，大多数情况下，国民党方面也是信守协议的。但也有少数游击队领导人在统一战线的新形势下，丧失警惕，以致中了背信弃义的国民党军队的圈套。"何鸣事件"是个突出的例子：

闽南红3团近千名游击队按协议开进漳浦城后，国民党157师把他们安置在一座破庙里。开头两天,国民党不露声色,相安无事,还派出联络官不时问长问短,显得异常殷勤、亲热。第三天早上,国民党忽然通知部队集合,说师长要全团去体育场点名,准备发饷。

队伍刚在体育场停下,四周忽地冒出许多国民党官兵,将枪口对准了游击队,原在操场佯装操练的一连国民党兵也占领了工事。近千名游击健儿还没有上前线就被解除了武装。

虽然后来经中共中央与国民党交涉,157师发还了人枪,但这件事给中共敲响了警钟,以至于毛泽东等在改编新四军问题上一度十分谨慎。

9月14日,张闻天、毛泽东致电博古等人,指出:我军在谈判中,应坚持国民党不插一个人,要有一定的军饷,驻地应依靠有险可守的山地,不要求驻大地方。并通报了何鸣事件。

9月15日,毛泽东致电林伯渠,要他向高敬亭指出:不要收回各县便衣队;部队不要集中,依原有区域分驻;时时警戒,不要上国民党的当。

10月1日,中共中央就南方各游击队的集中整编问题,再次致电张云逸等,明确指出:"把各区游击队完全集中,对于我们是十分不利的。"该电还提出,叶挺须去延安,完全同意中央的政治、军事原则,才可以指挥一部分红军游击队;项英在南昌的做法带有危险性(指项英发表公开信,要各支游击队"接信后立即集中,听候点编"),应速来延安讨论。

10月15日,洛甫、毛泽东致电潘汉年等,仍强调叶挺指挥一部分红军游击队须有三个条件。

10月19日,中共中央致电博古、叶剑英,指出:如果何应钦同意叶挺指挥的部队归八路军建制，如果叶同意恢复党籍或完全受中共指导，不受国民党干涉，如果叶取得何应钦同意到延安接洽一次，则叶整理南方游击队、集中一部成一个军是可以的。而且，各地集中五分之三，留下五分之二原地编为保安队，并作政治清理。

1937年10月底，叶挺抵达延安，毛泽东在欢迎会上致热烈的欢迎辞，他说："我们今天为什么欢迎叶军长呢？因为他是大革命时代北伐名将，因为他愿意担任我们新四军的军长，因为他赞成我党的抗日民族统一战线的政策。"叶挺表示："今后一定要遵照党指引的道路走，在党和毛主席的正确领导下，坚持抗战到底。"

12月下旬，中共方面与国民党在汉口进行了反复协商，中共方面在编制、薪饷等问题上作了一些让步，同意新四军不隶属于八路军，由所在战区直辖，军以下不设师、旅，直辖4个支队，部队全部开往抗日前线；国民党也同意不插人进去，由共产党独立领导。12月28日，毛泽东批准了这一方案。1938年1月，国民党军政部长何应钦正式核定新四军的编制、薪饷及干部配备问题，批准项英为副军长，张云逸、周子昆任正、副参谋长，袁国平、邓子恢任正、副政治部主任。

也就在1938年1月，陈毅遵照中共的指示，到达皖南，寻找集中地点，结果，在黄山东南麓找到一个山明水秀的小镇，这就是新四军的摇篮——岩寺。

1938年3月，新四军1支队首先到达岩寺，支队司令员陈毅，副司令员傅秋涛，参谋长胡发坚，政治部主任刘炎。下辖1、2两团，团长分别为傅秋涛、张正坤。

不久，新四军3支队抵达岩寺，支队司令员张云逸，副司令谭震林，参谋长赵凌波，政治部主任胡荣。下辖5、6两团，团长分别为饶守坤（后孙仲德）、叶飞。

4月18日，2支队到达岩寺，支队司令员张鼎丞，副司令员粟裕，参谋长罗忠毅，政治部主任王集成。下辖3、4两团，团长分别为黄火星、卢胜。

4支队未到岩寺集中，他们仍在大别山区。支队司令员高敬亭，参谋长林维先，政治部主任萧望东，下辖7、8、9团和手枪团，团长分别为杨克志、周骏鸣、顾士多、詹化雨。另有1个直属队。3月8日，高敬亭率7、9团和手枪团从七里坪出发，8团从竹沟出发，于下旬会师于流波疃。

岩寺集中和流波疃大会师，"向全中国和全世界宣告：南方红军游击队没有被杀绝，它在斗争中又发展壮大起来了，它是一支不可战胜的正义力量；它的集中，好比五指握成了拳头，像兄弟的八路军那样，狠狠地打击日军，成为世界反法西斯的一支不可忽视的力量；它的集中，进一步扩大了共产党和红军在全中国的政治影响，是对全国人民齐心协力抗日的再发动，再动员"。

晋察冀八路军战前动员

三

晋冀烽火

　　晋察冀边区位于恒山、五台山、燕山的连接地带，山势险峻，地形复杂，是理想的游击地区，该区四周分别是平绥、同蒲、正太、平汉4条重要的铁路线，在该地坚持游击战争，对日本在华北的统治威胁极大。

　　1937年9月17日，毛泽东即提出："我一方面军则以自觉的被动姿势，即时进入恒山山脉南段活动。"9月20日，毛泽东指出："五台山脉应使之成为重要的游击战争区域之一，现在就宜加紧准备。"9月21日，毛泽东致电彭德怀："依情况判断，林率陈旅即使能打一二个胜仗，不久也须转向五台来。"9月24日，毛泽东致电周恩来、朱德、彭德怀等，指出："山西地方党目前应以全力布置恒山、五台、管涔三大山脉之游击战争，而重点于五台山脉。"10月11日，毛泽东电示正在五台山区的聂荣臻："你们应着重一个月建立武装与群众工作之基础，以便一个月后有充分力量反对日寇进攻。"

　　根据毛泽东和中共中央的一系列指示，115师早在平型关大战之后就在五台山地区开展群众工作。10月23日，115师主力为驰援娘子关、忻口一线的国民党军，星夜离开五台山南下，副师长聂荣臻则率129师独立团、骑兵营、师教导队的两个队、总部特务团的1个营部带两个连以及团部政治处和供给处、343旅派往平山等地的工作团、359旅（120师）派往平山等地的工作团、685团的1个连和孙毅带的随营学校等共3000余人留守五台山。10月25日，朱德、彭德怀、任弼时致电毛泽东，拟定平绥以南、同蒲以东、正太以北、平汉以西为晋察冀军区，以聂荣臻为军区司令员兼政委。下辖3个军分区：五台、定襄、盂县、平山、阜平为中心的军分区，以赵尔陆为政委兼司令员；涞源、广灵、灵邱、蔚县、浑源、紫荆关为中心的军分区，以杨成武为司令员；保定、卢沟桥以西，以门头沟为中心成立1个分区，拟以赵侗为司令员。10月27日，晋察冀军区司令部在五台成立。11月5日，聂荣臻宣誓就职。11月7日，晋察冀军区正式公开。11月13日，在毛泽东做出《关于坚持华北游击战争的指示》的同时，八路军总部指示晋察冀军区增划以盂县、平山为中心的第4军分区，以周建屏为司令员，刘道生为政治委员。同日，聂荣臻公布《朱德、彭德怀关于成立晋察冀军区的命令》，自聂以下，唐延杰为军区参谋长，舒同为政治部主任，叶青山为卫生部长，查国桢为供给部长，杨成武为第1军分区司令员，邓华为第1军分区政治委员，赵尔陆为第2军分区司令员兼政委，王明（即王平）为第3军分区司令员兼政委，王紫峰为第3军分区政治部主任。自此，晋察冀军区建立了完整统一的军事指挥系统。

晋察冀军区成立仅半个月，日军即以第5、14、109师团及关东军察哈尔派遣兵团各一部共两万多人，从各铁路沿线据点，分8路发起了围攻。八路军早有准备，决定以部分游击队袭扰敌军，破坏其后方据点和交通线；以军区主力集结于阜平、五台、涞源、广灵、上社镇等地，待机歼敌；同时发动群众坚壁清野。

平绥路方向进攻的日军，主要是关东军，在蔚县北口村遭八路军伏击，死200余人。平汉路方向日军是敌14师团，在易县大龙华、高门屯、豆家庄等地连遭八路军袭击、阻击，停滞不前。同蒲路日军被八路军于浑源、广灵间乱岭关伏击，死200余人。正太路进攻之敌，一路大败于盂县清城镇，一路中八路军埋伏惨败而归。晋察冀军民艰苦反"围攻"之际，得到了120师和129师的大力协助。至12月21日，日军除占领晋察冀边缘几个县城外，大部退回铁路线，晋察冀军民共歼敌2000余人，胜利地粉碎了第一次"围攻"。

晋察冀迅速发展的时候，东边的冀中发生了变化。抗战刚爆发不久，中共即派原红军团长孟庆山到冀中协助地方党组织展开游击战，先后举办了好几个游击训练班，培养了一些游击骨干，并着手组织河北游击军，使冀中的抗日工作出现了新局面。当然，冀中的局面发生根本性的变化是"小樵改编"之后，主持人吕正操将军生动地记述了这一幕：

人们陆续走进一间明亮的课堂，怀着激动、肃穆的心情，屏着气息，静静地等待会议开始。

我最后说："53军既然把我们甩下，不要我们了，形势已经不允许我们有任何别的选择，面前只有一条路：回师北上，像红军那样，到敌后打游击去。不知大家的意见怎么样？"

只见一个"东抗"队员站起来说:"国民党不抗日,跟着它干什么?大家想想,在任丘大清河,在永清永定河,挖了两次工事,结果怎么样,撤下来了。在梅花镇这一仗,也还是消灭杂牌军的圈套,想起牺牲的那些弟兄,真寒心!"

他刚讲完,坐在角落里的一个连长说:"回师北上,我看值得三思。敌众我寡,岂能站得住脚?再说,脱离主力,吃穿又从哪里来?"

……眼看着大局已定,我便趁热打铁,站起来宣布:"根据大家的意见,全团立即回师北上!"我的话音刚落,会场上掌声雷动,群情沸腾。我挥挥手,让大家静一静,说:"从今天起,我们脱离东北军,成为抗日的革命队伍了!"

经过"小樵改编",原东北军53军691团改称"人民自卫军",他们断绝了与53军的电台联系,拒绝了国民党要其"归队"的电令。随后,打下高阳,并成为中共直接领导下的武装力量。

"人民自卫军"迅速发展到5000余人后,"还没有经过认真的改造,官兵关系和军民关系都存在着许多问题"。为了把这支部队训练成八路军式的坚强队伍,聂荣臻提出把人民自卫军主力调到平汉路西进行整训。1937年12月中旬,吕正操、孙志远率两个步兵团、特务营和抗日义勇军的两个支队共2300余人开到路西,其余部队留下,编为游击军,由孟庆山任司令。

人民自卫军的整训工作,时间虽然只有一个月,但成绩是很大的,使这支刚刚投入八路军的旧部队,逐步摆脱了旧军队的影响，成为具有人民军队基本素质的一支新型部队。

人民自卫军的诞生和发展使得冀中成为包括冀西、晋东北、察南在内的晋察冀边区的一部分。到1938年1月，晋察冀边区已有43县，1000多万人口。中心区域的五台、阜平等10余县完全连成一片。根据地的扩大，使抗日民主政权的建立有了可能。1938年1月10日，晋察冀边区军政民代表大会在阜平县城第一完全小学校开幕，会议通过了《宣言》和《通电》，宣告了晋察冀边区临时行政委员会的成立，这是中国共产党在敌后建立的第1个边区抗日政权。边区政府成立后，中共宋邓支队1938年6月向冀东进军，直接促成闻名中外的冀东人民武装抗日大起义，光编进武装部队的就有10万战士，但由于未做好根据地的工作，在日军发动"围剿"后损失严重。此后，中共又组织冀热察挺进队，再进冀东，终于开辟了冀热辽根据地。另外，中共还在平西、平北开辟了抗日根据地。所有这些，构成一个广大的晋察冀抗日战场，成为日军在华北的心腹大患。

1938年9月，日军集中109、110、26师团和独立第2、3、4混成旅团，共50000余人，对以阜平和五台为中心的晋察冀根据地发起25路围攻。聂荣臻指挥所部，以小部队袭扰敌人，主力转入外线机动，同时发动群众坚壁清野。他还赋予各指挥员相机处理的全权，要求实施灵活机动的作战方针。在这一背景下，1938年10月3日爆发了著名的东、西庄战斗。

当时，日军把"北取五台"和"南下武汉"相提并论，主力直取晋察冀边区的政治、军事中心阜平，聂荣臻命令八路军独立第1师师长杨成武率1、3两团火速增援，会同2分区部队在东、西庄一带阻击敌军。杨成武决定3团1个营位于公路正面，其余2个营埋伏在东、西庄的西北山上；1团埋伏在北山上，担任伏击；3分区部队从东面截断敌人尾巴。聂荣臻了解战斗方案后，特别指示："3天内不许一个鬼子进阜平！"

10月3日，日军100多人向东、西庄进行试探性的进攻，被正面阻击的3团击退，反击中，八路军稍有斩获。

10月4日，天气晴朗。上午9时许，日军先头部队抵达西庄，经侦察，发现了1团的警戒部队，立即用迫击炮和飞机对1团阵地进行火力覆盖，然后，集结兵力对1团2营阵地发动进攻。2营马上予以反冲击，3团也加入了战斗，同时，3分区部队进入战斗位置。各部队陆续进入肉搏战，远远地看去，阵地一带黄土弥漫，双方士兵从崖头滚下沟谷，又从野地滚入河滩，满身泥土，只有仔细辨认才能分清敌我。日军坚持不住，退了下去，进行第二次炮火准备，八路军立即机灵地撤离阵地一段距离，等敌炮火一停，又冲上阵地，把日军打垮。日军连续冲了三次，均无果而退，恼羞成怒，向八路军阵地施放毒气，八路军避于山后，未受大的影响，而日军在河滩上的部队却倒下100多人。此时，曲阳、觉城一带日军被吸引而来，进攻阜平的总兵力达7000余人。八路军阵地前，松土足有半尺，不少指战员壮烈牺牲，但日军伤亡更大，遗尸布满了阵地前沿。

休息一阵，日军继续进攻。3团长纪亭榭越打越火，向政委布置了给各营的命令后，带领副团长和指挥所的一些人员一路呐喊，扑向敌群，后边战士喊话、打旗语，他就是不撤退。

这时，日军又朝八路军阵地发射毒气弹，这一次因为无风，毒雾笼罩了八路军阵地，不少人当即昏厥。1团长陈正湘见状，命令全线出击，日军看到毒雾中冲出大群战士，惊慌失措，纷纷落荒而逃。八路军乘机追击，将日军追出几里地外。

就这样，八路军在东西庄和敌人反复拉锯，整整顶了3天，掩护军区党政机关顺利地突了围。日军伤亡1300余人，八路军也伤亡了400余人，其中有40多连、排级干部，此外还有700多人中毒。

东、西庄战斗是这次反围攻作战中的一例，其他各处战线，八路军也连连奏捷：1938年9月29日，唐延杰参谋长率一个警卫连，袭击正在整装待发的敌第4混成旅团，当场击毙大队长清水，这个发誓要攻进五台的日酋后来躺在棺材里被抬进五台。10月28日，前来助战的120师359旅在张家湾设伏，击毙日军独立混成第2旅团旅团长常冈宽治少将以下360余人。11月初，八路军毙敌109师团135联队长蚋野以下500余人，活捉21名。至11月7日，历时48天的反围攻作战结束，八路军进行大小战斗100多次，毙伤日军5200余名，粉碎了日军"北围五台"的迷梦。

反围攻作战胜利之后，晋察冀根据地更形巩固。1939年1月，聂荣臻向中央提交了一份报告，详细叙述了晋察冀发动群众、依靠群众，开辟抗日根据地的情形。毛泽东对此非常重视，亲自题写了《抗日模范根据地——晋察冀边区》的书名，朱德、王稼祥等为它作了序。同月，以彭真为书记的中共中央北方局也迁进晋察冀。这些，更加激发了晋察冀军民"长久保持晋察冀是最进步的模范的抗日根据地，作为将来进攻日寇最好的前进阵地"（中共中央六届六中全会慰问电语）的决心，他们更加积极地组织群众抗日武装，改编杂色武装，消灭反动武装；减租减息，改善群众生活；进行民主选举，巩固抗日民族统一战线的政权；加强党的领导，提高战士的思想水平，加强战斗力等等，使晋察冀更加红火。

晋察冀红红火火，当然"刺激"了屡战屡败的日军。1939年3月，日军即向滹沱河南岸渗透，企图打通盂县至五台的交通线，八路军2分区4团立即进至上社东北10公里的上、下石塘地区集结，准备予敌打击。

3月24日，八路军首先向上社进攻，歼敌50余人。日军不甘失败，第2天，集合300余人向上、下鹤山袭来。一路由中队长石冢带领，取山路直奔大水头；一路沿谷地向白藏、下鹤山进犯。八路军指挥员立即判断1480高地为全局中心点，命令3营9连跑步抢占阵地，并令其他部队予以协同。日军发现了八路军企图，也向1480高地猛冲，但八路军先敌一步抢上高地，一阵火力齐发，将日军打了回去。

日军退下后，用山炮、迫击炮猛烈轰击八路军阵地，并乘势逼近阵地。八路军劣势守军勇战不退，李文林、张文焕重伤后拉响手榴弹与敌同归于尽，连长姜启武以身殉国，还有一个战士被日军从背后用刺刀刺穿，他不顾疼痛，拧身将敌刺死。几个小时后，八路军9连因弹药用尽被迫撤下，1480高地失守。

敌人占领高地后，俯射八路军各部阵地，其他阵地无法支撑，也告失守。八路军指挥员临危不乱，集合增援上来的1营和3营8连、9连，再次冲上1480高地，与此同时，1营一部与7连冲向1147高地。激烈的战斗中，日军伤亡惨重，残敌欲退往上社，又被八路军2营切断后路，成为瓮中之鳖。但他们负隅顽抗，其中两名日军互相开枪自杀，中队长石冢被八路军战士击毙，两名负伤日兵被俘虏。这样，日军独立混成第4旅团河村大队的300余人悉数就歼。上、下鹤山战斗是晋察冀军区 1939 年春天第 1 期整军以后，继第 3 军分区庞家洼首战告捷后的又一次胜利，得到了聂荣臻的高度评价。

上、下鹤山战斗以后，1939 年 5 月，日军 109 师团、独立混成第 3 旅团共 5000 余人，再次向晋察冀发动进攻，八路军以一部阻敌，另以其他部队加以围歼。在这次反攻中，继 5 月 14 日的上、下细腰涧战斗（战斗部队为 120 师）后，5 月 20 日，发生了著名的大龙华战斗。

早在 1939 年 4 月 17 日，驻易县县城之日军 110 师团 140 联队第 3 大队及部分伪军共 700 余人，携炮 4 门，孤军西进，进驻梁各庄。5 月 7 日，日军一部继续西进，占据大龙华，并在大龙华安营扎寨。八路军分区首长经过研究，判断敌之企图为恢复屡遭八路军破坏的涞易交通线，决心全歼大龙华之敌。

战斗开始之前，八路军仔细地侦察了大龙华附近日军的情况，发现大龙华驻有日军一个中队和西陵警备队共 300 余人，梁各庄驻有日军 400 余人，解村、姚村、易县等据点各有一二百人。于是决定：以 1 营 1 连和 2 营 7 连，以勇猛坚决的姿态消灭大龙华之敌；1 团主力和第 3 游击支队一个连，分别隐蔽在小龙华、老虎岭东南高地，配合 1 营歼灭大龙华可能逃出的日军；特务团、骑兵营、炮兵连和 3 团 3 营集结于大龙华至梁各庄之间的大红门地区，准备攻击梁各庄西援之敌；第 5 游击支队一部隐蔽在井尔峪一带，准备侧击敌人，另以两小部警戒姚村、解村方向日军。

"5 月 19 日深夜，天空无云，满天星星闪着亮光，好似在神秘地注视着静静的村庄和田野。除了有几声不知名的小虫子鸣叫外，一切都是那样宁静，仿佛整个大地都进入了梦乡。"就在这样一个"良宵"，八路军悄悄地潜进了大龙华。

5月20日凌晨，八路军发起了进攻，当时日军正在蒙头大睡，八路军战士丢进去一个个手榴弹，结束了他们的性命。有一些稍微警醒的日军，穿着裤衩糊里糊涂地冲出房子，被守在院子里的八路军战士一个个捅死。群众也参加了战斗，"赤手空拳与日军摔开了跤，最后抓住日军的两条腿，像拖死猪似的将其拖死"。到天亮时，大龙华日军已死去大半。

20日上午8时，易县、梁各庄出动的日军与八路军发生接触，大龙华战斗分成了两个部分。

困守大龙华之敌听到炮声后，立即纠合残余的130余人向小龙华突围。刚刚来到小龙华，立即遭到八路军预伏部队的痛击，残敌逃往旁边的小树林，八路军又冲击树林，与敌展开白刃战。敌军不支，一路哀号钻进一家老百姓的菜窖，八路军要其投降未果，只好丢了几颗手榴弹送他们上了西天。在这些突围的日军中，有一小股回窜到大龙华，企图固守待援，八路军调来炮兵，连续发射57发炮弹，将敌轰出据点，再用白刃战将其全部击毙。最后，大龙华残余日军固守民房顽抗，房东亲自放火烧房，日军30余人全部烧死。

再说日军援军，他们赶到大红门时，发现了八路军游击5支队，立即发动进攻，但遭到八路军3团3营等部队反击，退回梁各庄。上午10时左右，他们出动了150余人又向大红门冲来，并用炮火覆盖八路军阵地半小时之久，八路军立即调其他部队增援5支队，两面夹攻，日军顿时混乱，又逃回。中午12点，日军400余名乘汽车17辆，携山炮5门，外加100名骑兵，再次向大龙华增援。为了穿过大红门，他们发射了五六百发炮弹，但八路军坚守在只有50米高的小山丘上，等日军冲上阵地时，抵近射击。日军增援部队伤亡惨重，但舍不下大龙华残敌，与八路军胶着于阵地前。八路军分区领导相机命令1团3营从老虎岭绕到大红门后，3团3营和骑兵营、特务营从南面绕到敌之侧翼，对日军形成三面围攻之势，日军遗尸200多具，仓皇逃回梁各庄。

大龙华战斗除歼敌400余人外，还缴获了日华北方面军发布的《关于剿匪与警备的指针》、《关于使用特种武装（毒气）之参考》、《1939年1、2、3期肃正作战概要》和《对山区方面匪军封锁计划》等重要文件50多册，得到聂荣臻的高度评价，并送往延安，受到毛泽东和中共中央的重视。

大龙华战斗之后，日军第8混成旅团向灵寿进攻，晋察冀部队与120师合作，在寺家庄和冯沟设伏，又歼敌1200余人。

多次"围攻"的失败和多员高级指挥官的阵亡，使日军对晋察冀边区恨之入骨。1939年10月，日军调集110师团和独立混成第2旅团共2万余人，再次对晋察冀发动进攻。并破格地调"蒙疆驻屯军"中将阿部规秀出任第2混成旅团长，企图借其所谓"山地战专长"，一举摧毁八路军军区和北方局机关。

阿部规秀出发前，给他的孩子写了封轻松的家信：

……爸爸从今天起去南方战斗！回来的日子是11月13、14日，虽然不是什么大战斗，但也将是一场相当的战斗。8时30分乘汽车向涞源城出发了！我们打仗的时候是最悠闲而且最有趣的，支那已经逐渐衰弱下去了，再使一把劲就会投降……圣战还要继续，我们必须战斗。再见。

就在阿部规秀感到"悠闲、有趣"的时候，聂荣臻和北方局书记彭真以及由冀中返回冀西的贺龙、关向应一起，做出了在雁宿崖和银坊地区打一个大的歼灭战的决定，由1分区主打。

1分区领命后，勘察了地形，并经聂荣臻批准，在11月2日做出了战斗部署：以部分兵力和地方游击队牵制插箭岭、灰堡之敌；以3分区2团唐子安、黄文明部和1分区3团分别埋伏于雁宿崖东西两面；1分区1团插至白石口南，随时截击敌退路；以曾雍雅、梁正中支队由白石口向雁宿崖佯动，诱敌深入。

"秋凉了。山野的颜色在变，山顶上的草木先黄，渐渐蔓延到山坡山脚，最后整座山都染上秋色，显得黯淡了，宁静了。在夏天被草木覆盖住的峭岩怪石，也从枯枝衰草中显露出来。枫树——这一丛那一丛，仿佛举起了火把，满树红彤彤的，充沛着生命力，在萧瑟的山野中傲然挺立，格外招人喜爱。"（杨成武回忆文章）在这样秀美的地方，1939年11月3日7时，八路军与辻村宪吉大佐以下600余日军发生了战斗。

当日军在八路军曾、梁支队诱击下大踏步闯进雁宿崖与张家坟地之间时，八路军伏击部队的机枪一齐开火，手榴弹像雨点一样砸到敌人头上。因为日军骄狂自大，未对两侧搜索警戒，所以，在密集火力下立即死伤成堆。不久，日军恢复了有组织的抵抗，他们一面以机枪、山炮向八路军1分区部队反击，一面抢占615高地。八路军沉着应战，俟敌接近，以手榴弹和刺刀灭敌于阵前，3分区2团占领615高地，并与1分区部队压缩敌于上庄子与雁宿崖西北的小高地。

夕阳西下，晚霞将河谷周围的山峦染得通红，八路军指挥员决心解决战斗，命令发起第三次冲锋。"病号排"着魔似的冲在最前面，大部队如潮涌上，将敌包围于一个院子里。八路军步、机枪不停地密集射击，手榴弹也纷纷甩进院子，将日军消灭于废墟之中。辻村宪吉以下600余人，除13人被俘外，其余全部"玉碎"。

雁宿崖歼灭战之后，八路军军区首长判定阿部规秀必将大规模地报复，决定先以小部兵力在白石口一带迎击敌人，把他们引向银坊，让他们扑空。然后隐蔽起来，迷惑敌人。尔后以3支队在银坊北出击，诱敌至黄土岭一带有利地形加以歼灭。为保证战斗胜利，聂荣臻调20团陈宗坤、宋振声部，25团宋学飞、张如三部，炮兵营杨九秤部，26团詹道奎、尚英部，34团黄连秋、马辉部加入战团，贺龙也派120师特务团杨嘉瑞部从神南北上，归1分区指挥。

11月5日，阿部规秀按八路军判断向白石口前进，受八路军3支队诱击后，进入银坊。6日，阿部果真进入黄土岭地区，八路军按原计划包围了敌军。

11月7日下午3时左右，日军全部人马进入峡谷中的小路，八路军3分区2团和1分区3团立即从西、南、北3面围将上来，1团和25团则迎头在东边杀出。敌军被压缩在上庄子附近一条长约二三里、宽仅百余米的沟里，八路军100多挺机枪一齐俯射，敌人成片倒下。不久，120师特务团赶到，与3团一起，扼住了日军的退路。

此刻，在黄土岭东一个叫教场的小村庄里，一群身穿黄呢子服的日军官站在一个院子的平坝前用望远镜四处瞭望。1团长陈正湘发现后，马上把目标指给炮兵营长杨九秤，杨九秤立即发了几发炮弹，硝烟中，倒下了一片日军官。

日本《朝日新闻》记述了这一历史性的时刻：

……阿部中将亲临第一线，以便视察敌情，随时下命令。当到达上庄子以南约1公里的一处人家时，敌人一发炮弹突然飞至身旁爆炸，阿部中将右腹部及双腿数处受伤，但他未被重伤屈服，仍大声激呼："我请求大家坚持。"然后俯首向东方遥拜，留下一句话："这是武人的本分啊。"负伤后约3小时，即7日晚9时50分，中将壮烈死去……

阿部规秀是中国军队在抗日战争的战场上消灭的级别最高的日军将领之一（另有日海军大将大角等），给日军极大的震动。日报纸说："自从皇军成立以来，中将级将官的牺牲，是没有这样例子的。"国内各界则纷纷驰电祝贺，蒋介石也致电朱总司令："足见我官兵杀敌英勇，殊堪奖慰。"

阿部规秀死亡后，11月8日，日军空投指挥官到黄土岭地区，并纠集110师团、26师团、独立混成第2旅团余部从多路向黄土岭进击，企图捕捉八路军主力，前锋到8时许已距黄土岭不到30里。八路军立即退出战斗，跳到外线。黄土岭战斗，以消灭阿部规秀部下900余人而胜利结束。但著名的国际共产主义战士白求恩大夫因感染丹毒合并蜂窝组织炎的病菌，在战斗结束后的11月12日与世长辞。

在与日本侵略军进行艰苦奋战的同时，晋察冀的军民还要与国民党顽固派进行尖锐的斗争。在这方面，他们得到了其他边区部队的大力支持。1939年6月，张荫梧制造"深县惨案"后，冀中军民和120师解决了其主力，其残余部队在元氏、赞皇地区为129师消灭。张荫梧之后，阎锡山派白志沂和杨澄源、金宪章分别到雁北和晋东北，进行摩擦活动，结果，白志沂被120师359旅王震部消灭，杨、金被晋察冀2分区部队赶跑。1940年后，朱怀冰成为"摩擦"主力，晋察冀部队派出1分区1团参加了129师的反顽斗争，并派出冀中部队参加129师宋任穷等部在冀南反击石友三的挑衅，取得了辉煌的胜利。

在进行不间断的抗日游击战争的同时，晋察冀还以其根据地建设闻名全中国、全世界。他们不搞"吃牛肉"，而搞"挤牛奶"，与地主、富农结成抗日民族统一战线；他们搞"减租减息"，切实减轻农民负担，极大地调动了农民参加抗日的积极性；他们实事求是地锄奸，不搞极"左"的扩大化；他们实行灵活的物资政策，防止其向敌占区流动，破坏敌占区集市，繁荣边区集市；他们在简陋的条件下建立了边区的工矿业；他们在边区恢复各小学，开办夜校、识字班、扫盲班，每一个专区建立中学，并开办抗战建国学院、华北联合大学、抗大二分校等3所大学；他们创办了《新长城》、《晋察冀日报》、《群众》、《学习半月刊》、《文艺通讯》、《抗敌画报》、《诗建设》等报刊，建立剧团等文艺团体；他们还在白求恩、柯棣华等国际友人的支持下建立了卫生医疗系统。

连战皆捷的游击战争加上出类拔萃的根据地建设工作，使日军不得不承认："五台山岳地带为共产军在山西蠢动之策源地，更为向河北、绥远、平津诸地方实行赤化工作之根源。"来自敌人方面的评价充分地说明了晋察冀边区在百团大战前取得的重大成就。

围困冀中小漳据点

四
逐鹿太行

1937年11月12日,毛泽东在《上海太原失陷以后抗日战争的形势和任务》中指出:"在华北,以国民党为主体的正规战争已经结束,以共产党为主体的游击战争进入主要地位。在江浙,国民党的战线已被击破,日寇正向南京和长江流域进攻。国民党的片面抗战已表现不能持久。为了实现我党领导下的全面抗战,必须反对阶级对阶级的投降主义和民族对民族的投降主义,扩大、巩固民族统一战线。"

根据上述原则,11月13日,毛泽东致电中共北方局和八路军总部,指出八路军的当前任务:"发挥进一步的独立自主原则,坚持华北游击战争,同日寇力争山西全省的大多数乡村,使之化为游击根据地,发动民众,收编溃军,扩大自己,自给自足,不靠别人,多打小胜仗,兴奋士气,用以影响全国。"北方局和八路军总部根据指示,决定115师主力创建晋西南抗日根据地,120师创建晋西北抗日根据地,129师及115师一部创建晋冀豫抗日根据地。

根据上述方针,129师和115师聂荣臻部处在晋东五台山、太行山一带，其中，聂荣臻部处在晋东北，129师处在晋东南。

当时，129师人数不多，其385旅旅直、770团、师直属炮兵、工兵、特务各营均留在陕北保卫中共中央，到达晋东南的主力只有7000人左右。但其师长刘伯承，原系红军总参谋长，足智多谋；副师长徐向前原系红四方面军总指挥，果敢善战；参谋长倪志亮经验丰富；政治委员（八路军各师原设政训处主任，后为加强党的领导，恢复了政治委员）张浩在战胜张国焘分裂主义的斗争中，曾起重要作用；两位旅长陈赓、王宏坤也是红军中有名的骁勇之将；更兼具有多年作战经验的老战士。全师士气高昂，战斗力不同凡响。他们坚决贯彻毛泽东、党中央和八路军总部的战略、战术方针，创造了一个又一个堪称中共战史上杰作的典范战例。

1937年12月21日黄昏时分，一个一眼就看得出来的日军便衣队出现在寿阳的羊头崖，摇摇摆摆，像假日远足一般，八路军觉察异常，未对其实行攻击，日军逛了半天，四顾无人，只得悻悻撤回。这就是"六路围攻"开始前的一幕。

12月22日，驻太原日军第20师团师团长川岸文三率步兵2000余、骑兵1连、飞机3架、平射炮曲射炮10门，分由平定、昔阳、榆次、太谷、芹泉、寿阳出动，包围八路军正在正太路芦家庄至阳泉段进行破袭的陈赓部772团。刘伯承命令陈赓率772团在内线作战；769团、汪乃贵支队、秦（基伟）赖（际发）支队在外线配合。

陈赓奉令后，进行"三级跳"：12月22日，在里思、松塔与敌2000余人激战一整天后，于黄昏时分，留一部在横岭阻敌，主力转向独堆，准备侧击敌人；到了独堆，发现阳泉来敌500余人在埋锅做饭，陈赓又率部避开，绕到南、北军城一带山地；23日，横岭之敌发现八路军主力转移，杀至马坊，在马坊，与榆次来敌会合，追向南、北军城，陈赓与日军激战一阵，发现太谷方向日军前来合围，留下少数部队牵制敌人，主力乘黑转至榆树坪、龙王庙一带。

日军连续追扑不到八路军主力，侧后又遭八路军扰袭，困苦不堪，只好于24日撤退。26日，八路军将六路日军全部击败，胜利地完成了反"六路围攻"。

1938年2月，经过几个月的休整，蒋介石下令山西各军"反攻太原"。在这一作战中，八路军的任务是破坏敌人后方交通，129师奉命破袭正太路。2月19日，刘伯承在长岭召集386、385旅干部开会，决定发动长生口战斗。他命令：386旅771、772团2月21日夜埋伏在井陉、旧关之间的长生口；385旅769团一部在22日拂晓袭入旧关，但不切断日军电话线，借以吸引日军从井陉增援，八路军在途中截击。

386旅夜1时出发，山路崎岖，天气寒冷，但他们悄无声息地急行军，至长生口附近红土岭时，东方尚未发白。大约4时左右，旧关方向769团首先动作，包围日军碉堡并加以牵制。到了清晨6时，敌援军仍未出现，急得陈赓不住地跺脚。但不久，即传来汽车马达声，敌军200余人，一部乘车，一部步行，进入伏击圈。八路军首先开火，日军第1辆汽车被击中停下，后面汽车被堵，车上日军成为活靶子，幸存者连滚带爬下了汽车，组织抵抗。经过5个小时的激战，日军西部警备队长荒井丰吉少佐以下100余人就歼，残敌逃回井陉，八路军也伤亡了100多人。刘伯承在总结战斗经验时指出："长生口战斗，战果是不小的，但是我们自己付出的代价也大了些，是不怎么合算的。以后我们打伏击，要尽量减少伤亡。枪要打在敌人头上，刺刀插在敌人的肚子上，手榴弹抛在敌人的屁股上。赚钱的生意我们做，不赚钱的生意我们不做。"

如果反"六路围攻"和长生口战斗还只是牛刀小试的话，神头岭战斗应该说是一次"典型的游击战"范例了。为了能够看清这一幕，让我们把镜头推近：

从山西长治向东看，一条简易公路蜿蜒在黄土高原的沟壑之中，中经武安、涉县、黎城、潞城等城，穿过太行山，来到河北邯郸。这一条邯长公路，是侵华日军重要的运输线。

1938年3月15日，一行穿着缴获的日军军装的八路军军官出现在潞河村西边的神头岭上。神头岭是条几公里长的光秃秃的山梁，山梁宽一二百米，两边略高，中间横贯着邯长公路，公路两边，遗留了一些废弃的工事，当初是国民党修建的。山梁北侧，是一条大山沟，沟对面是申家山。山梁西部有个十来户人家的神头村，再往西，是微子镇、潞城。

只见为首一个戴眼镜的军官用马鞭鞭梢指了指公路说："怎么样？这一趟没有白跑吧？粗枝大叶要害死人哪！"

这是怎么回事？

原来，为了钳制日军向黄河河防进攻，策应115师、120师在晋西、晋西北作战，129师奉中央军委命令，将主力适当集中，于1938年3月上旬南下邯长大道的襄垣、武乡一线，寻机击敌，破坏其交通线。刘伯承师长决心以黎城和潞城之间的神头岭地区作为伏击的中心地区，吸敌打援。他和徐向前副师长、邓小平政委（前政委张浩因病回延安，1938年1月18日邓小平接任）一起拟定了具体的作战方案：以769团为左翼队，派其一小部袭击黎城，该团主力则伏击涉县可能来援之敌；386旅的3个团（771团、772团、补充团）为右翼队，在神头村附近三面埋伏准备伏击潞城方向可能来援之敌。

领受任务后，陈赓、王新亭等即开始研究作战部署，他们打开一幅国民党绘制的作战地图，发现神头岭确实是个伏击的好地方：一条深沟，公路正从沟底通过，两边山势陡峭，既便于隐蔽，也便于出击，整个邯长大道，数这里最理想。但是，陈赓没有下结论，他问："神头岭的地形谁看过？"

全场沉默。陈赓说："刘师长常讲：'五行（时间、地点等作战五要素）不定，输得干干净净。'靠国民党的老地图吃饭，要饿肚子啊！我看，会暂时开到这里，先去看看地形好不好？"

于是，有了开头的一幕。

看了地形，386旅的干部都很失望：公路在山梁上，部队很难隐蔽，预备队又没法展开，仗还怎么打？陈赓微微一笑：仗还在神头岭打！他说，按正规作战教科书，神头岭打伏击不大理想，但正因为地形不险要，敌人必然麻痹；那些废弃工事离公路最远100余米，最近才20米，但敌人司空见惯，只要我方隐蔽得好，敌人很难发觉；至于在山梁上部队难展开，这是事实，但敌人更难展开，只要我军先下手，就一定能战而胜之。

386旅的最后作战部署是：以771团主力埋伏在张庄王家庄以东公路两侧，正面阻击敌人，并以一个营位于申家山（有说该营系772团2营），团特务连前伸至潞河村，向黎城方向警戒，并破坏赵店木桥，断敌交通；772团主力埋伏在1187高地和神头村西侧，对敌实施突击，其第3营在李家庄以东，准备适时出击，断敌退路，以一个连伸至潞城东北1505高地袭扰潞城之敌，使其不敢倾巢出援，以一个排在余庄，保护主力侧后；补充团埋伏在薛家庄、安南岭以西，从公路东侧突击敌人。3月15日夜，386旅各部开进了预定阵地。与此同时，769团已做好袭击准备。

1938年3月16日凌晨3时半，769团第1营按照原定计划冲入黎城。"意外的是，在头一天，有敌步、骑、炮、装甲车部队1200余人开进城里。两股敌人合在一起，大约1500人左右。我第1营便与这股敌人进行了苦战。由于天还没有亮，鬼子一时摸不清情况，固守在房子里不敢出来。1营消灭敌人100人左右，边打边退，激战至上午9时，撤至城处的乔家庄。他们出城时，敌人才派150余骑兵追来。被1营给打回城去。"（李达将军的记述）

涉县之敌在黎城被袭后，以数百人乘汽车增援。刚过东阳关，即发现八路军769团埋伏的主力部队，双方互相射击，原计划的伏击战演变成了阵地战，不一会儿，涉县之敌撤回。

这样，神头岭的战斗成为我们注意的焦点。

1938年3月16日上午9时左右，微子镇方向出现了敌踪，前面是步骑兵，中间是大车队，再后是步骑兵，一行1500人左右，浩浩荡荡，拖了几里长。其先头部队到达神头村后，派出搜索队，沿一条羊肠小道，径直向772团1营阵地走去，愈来愈近，差点踩到战士头上，但其注意力是对面的申家山，对于脚下的废弃工事浑不在意。

先头部队走后，9时30分左右，敌大部进入伏击圈，八路军指挥员一声令下，神头岭光光的山梁上立时成为一片火海。让我们先来看看当时一个日本随军记者本多酒沼的报道吧：

正当先头部队要开始行进的时候，呼呼地飞来的子弹，轰轰隆隆地炸裂的迫击炮弹，沉重的、使人心里不愉快的连续的重机关枪响声，盖过来了。

……敌弹使你喘气的时间也没有。敌人兵力约有一二千，在前面高地的棱线上露出了脸，在左右高地上像蝼蛄一样蠢动着，离我们不过一百五十米上下，连他们被憎恶的火焰燃烧着的神色，都可以清楚地看得出来。

连一点掩护的东西都没有。部队在三方面都向着敌人。就在这时候，断然把指挥刀抽出来的笹尾队长叫喊着："大家一块死的地方就在这里，好好地干吧！"他刚喊毕，挥着指挥刀站在前头，为指挥部队而前进了数步。敌人的迫击炮弹就在队长头上爆炸了，重枪关枪的子弹也向他集中射击，当场完成了壮烈的终结，队长完蛋了！

这时，小山和成田相看无言，只是在眼睛的深处，射出绝望的光——除了死以外，再没有旁的什么。

本多酒沼的上述报道记述了神头岭战斗开始的情形。日军经过失去主将的短暂混乱后，立即组织反扑，八路军也跳出工事，与敌肉搏。772团8连连长邓世松，身负重伤仍在倒下之前投出手榴弹，壮烈殉国。一个战士负伤4处，仍力战不退，一口气刺死6名日军，最后倒在日军的尸体上。司号员杜旺保抱起石头冲上公路，砸死1名日军，夺得三八枪。炊事员老蔡，抄起扁担劈死1名日军，也夺来1支枪。补充团的民兵用红缨枪与敌搏杀，大多成功地换来了三八枪。

不久，申家山八路军预备队杀上公路，协同将中段敌军大部歼灭，残敌窜往东头张庄和西面神头村。陈赓亲自指挥蒲达义排攻下神头村，其他据点也由771团等相继攻下。下午1时敌人从黎城、潞城两个方向增援，都被八路军击退。4时，刘伯承令386旅撤出战斗。晚8时，陈赓、王新亭报告了战果："在黎潞之间歼灭由潞城、长治增援的敌骑、步兵近千人。"加上左翼部队的战果，八路军共毙伤俘敌1500余人，缴获长短枪300多支，骡马600多匹。八路军伤亡约200余人。

神头岭战斗后不久，刘伯承、王新亭、刘志坚等去八路军总部出席东路军将领会议。而这时，晋南和晋西的日军，为了配合津浦线作战，仍在积极进攻黄河河防，邯长公路虽屡遭八路军破袭，但日军仍依赖它运输物资。徐向前乃和邓小平、刘伯承等决定在涉县和东阳关之间的响堂铺设伏，再次予其打击，具体指挥由徐向前负责。当时，蒋介石对八路军的游击战术很是重视，指派了不少第二战区的高级将领到朱德为总司令的东路军"游击训练班"学习，129师就安排他们到响堂铺观战。

响堂铺一带，山势连绵，邯长公路蜿蜒其中。公路北边是谷口众多的山地，南侧是陡峭的悬崖，只要把两头一卡，敌人便无路可逃。徐向前决定：771团为右翼，伏于宽漳、后宽漳；769团为左翼，伏于杨家山、江家庄一线，并以小部兵力警戒涉县方向的援敌；772团为预备队，伏于右后方马家拐，并警戒东阳关方向援敌；邓小平率师直进驻佛堂沟，徐向前率前沿指挥所到后狭村小山坡上。

3月30日夜，八路军"神速、秘密、隐蔽地开进伏击阵地"。但31日拂晓，772团报告，说我伏击部队后方马家拐，出现200多日军，可能要断我退路，请示要不要撤出伏击阵地。另外，还发现长宁东南高地有 20 余人向马家拐运动，似敌侦察搜索分队。一时，部队十分紧张，但徐向前冷静地判断："情报不可靠，如果敌人发现我军企图，绝不会只派这么点兵力前来'打草惊蛇'。"遂一面告诉 772 团，不准乱动；一面派参谋邓仕俊等，查清虚实。结果证明，东阳关方向的敌人，并未出动（一说由于汉奸告密，东阳关敌人确曾出动，但后回撤），警戒分队看到的，是些赶着牲口走夜路的老百姓。

上午 8 时半，从涉县开往黎城的 100 多辆汽车及掩护部队 400 余人（属日军第 14 师团）进入伏击圈。八路军步、机枪和迫击炮一齐开火，日军惊慌失措，乱作一团，许多日军未及举枪即遭击毙。两个小时后，日军除 30 余人外悉数就歼，八路军缴步枪 200 余，轻重机枪 15 挺，炮 4 门，并烧毁敌全部汽车。这场战斗干净利落，在场观战的国民党将领向徐向前等报以热烈的掌声。响堂铺战斗以坚定贯彻决心、作战地点选择好、布置妥当、突击猛烈干脆、撤退敏捷严整而留在了八路军的战史上。

129 师连战皆捷，极大地震动了华北日军。1938 年 4 月初，日军以 108 师团为主，连同 16、20、109 师团及酒井旅团各一部，外加骑兵、炮兵、工兵、辎重兵等共 30000 余人，由榆次、太谷、洪洞、邢台、平定、涉县、长治、屯留等地向八路军 129 师发动"九路围攻"。在这次 1 个多月的反"围攻"作战中，发生了轰动全国的长乐村大战。

1938 年 4 月 15 日，刘伯承决心给窜入武乡的敌人以严重打击，他命令陈赓："689 团（115 师徐海东旅）归你指挥，同 772 团为左纵队，沿浊漳河北岸追击敌人。771团为右纵队，沿南岸追。769团为后续部队，沿武乡至襄垣大道跟进。"

陈赓领命后，率772团飞速前进。16日晨，772团发现，敌先头部队已经过了长乐村，但其辎重尚在白草汕，中间只有少数后卫部队。此时，689团因电话故障，尚未到达。陈赓和772团团长叶成焕果敢发起战斗，对沿白草汕至长乐村大道缓缓而进的日军辎重队发起围攻。与此同时771团在窑头、西岭村一线向北发起突击。两团将日军1500余人截为数段，日军几次突围，均被八路军压回河谷。

已经走过长乐村的日军主力得到被围日军的求救信号后，立即集中1000多人，向772团左翼戴家垴进攻，此地本属689团阵地，但689团未到，陈赓只得派一连人马前去阻击，4个多小时后，772团10连全部殉国，日军占领了阵地。就在此时，689团赶到了，未及休息，即向敌发起反攻，夺回了阵地，接着又连续打退了日军几次反扑。下午3点，蟠龙镇方向日军105联队援兵向689团、772团攻来，772团奉命派出一部兵力从其侧翼进行攻击。两个小时后，辽县方向又有1000多日军向长乐村地区靠拢，八路军129师面临不利情况！

刘伯承临危不乱，果断命令：769、689团各抽出一个连，分散开来，形成游击网，从侧翼打击敌人；为保卫已取得的胜利，除第一线予敌猛烈杀伤外，其他部队立即撤离，向方安村、合壁村集结。撤离中，772团团长叶成焕不幸牺牲。

长乐村战斗毙伤日军2200余人，毙其战马五六百匹，予敌沉重打击，是反"九路围攻"胜利的关键。

通过一系列激烈的战斗，晋东南根据地基本巩固了。1938年4月21日，毛泽东、张闻天、刘少奇致电129师各领导，下达了开展平原游击战的指示。指示强调指出："根据抗战以来的经验，在目前全面坚持抗战与正面深入群众工作两个条件之下，在河北、山东平原地区广大地发展抗日游击战争，坚持平原地区的游击战，也是可能的。"指示要求八路军在河北、山东平原地区尽量发动公开的武装斗争，辅以秘密斗争；在上述地区划分出若干游击区，有计划有系统地去发展游击战，广泛组织自卫军；建设抗日民主政权；慎重对待会门、土匪，依据具体条件加以改造。

129师奉令后，立即决定开辟冀南军区，发展平原游击战，并决定由徐向前副师长率769团、689团（689团和688团均属115师344旅，当时归129师指挥）和第5支队到冀南工作。

早在徐向前出发之前，129师就非常注意贯彻毛泽东"集中以打击敌人，分兵以发动群众"的指示，向晋东南周围各地派出小部队，发展群众抗日武装。1937年10月18日，129师第1个游击支队秦、赖支队成立；12月12日，汪乃贵支队成立；1938年1月28日，谢、张支队成立；2月，129师先遣支队、赵涂支队、晋豫边游击支队成立；4月，新385旅成立。其他还有"八路军工作团"、梅支队、磁武支队、榆次纱厂工人游击队、129师独立支队、邢台浆水游击队、冀豫第一支队、民众抗日自卫军、晋豫游击支队、卫河支队、博严五大队、青年抗日义勇军团、别动大队、津浦支队、四支队、民军十三支队、人民抗日游击总队、太行梯队、道清支队等等。据不完全统计，到1938年4月，129师共派出41个连队（共64连队）到各地开展游击战。在这些游击队当中，八路军东进纵队（由769

团 4 个步兵连、1 个机枪连、1 个骑兵连组成）是比较早地进入冀南的一支规模较大的力量。

徐向前 1938 年 5 月 2 日到达冀南南宫后，即与东进纵队司令员陈再道、政治委员宋任穷等会合。为了在冀南立足，徐向前决定首攻威县：689 团以一个营相机占领威县但不强攻；骑兵团、独立团和东进纵队第 1 团由陈再道指挥，破袭临清至威县之间公路，打击援敌；769 团和第 5 支队开驻高阜镇，准备打击邢台、平绥之援敌。5 月 10 日，威县战斗打响，共歼敌 100 余名，不久驻威县日、伪军即弃城而逃。此后，以南宫为中心的冀南 20 余县迅速落入八路军手中。

冀南局面打开后，徐向前等根据中央和上级指示，严惩"六离会"首恶，制止了帮会组织的挑衅；争取伪军反正近万人；收编地方武装赵辉楼、段海洲、刘捷三、金启江、曹辅弼、赵勤甫、葛贵斋等 1 万多人，迅速地壮大了力量。1938 年 7 月，邓小平来到冀南，他和徐向前、宋任穷、陈再道等加快根据地的建立，8 月中旬，建立了冀南行政主任公署，杨秀峰为主任，宋任穷为副主任。

1938 年 12 月，奉 18 集团军（八路军后来的番号）总部的命令，刘伯承亲率 386 旅主力、先遣支队 3 大队跨过太行山，到冀南直接指导工作。当月，129 师根据抗战 1 年多来的实际情况和需要，调整了人事：冀南军区与东进纵队分开，宋任穷任军区司令员，385 旅旅长王宏坤任副司令员；陈再道负责东进纵队；倪志亮任晋冀豫边游击司令员，王树声任副司令员；李达任师参谋长。

刘伯承到冀南后不久，1939 年 1 月，日军第 10、14、27、110、114 师团各一部共 30000 余人，对冀南根据地"分进合击"，控制道路和要点，企图困死八路军。刘伯承在向毛泽东和集团军总部报告以后，为控制广大乡村，寻机歼敌，将 129 师主力部队分为 6 个集团：

385 旅集团，指挥员谢富治，下辖冀豫支队、东进纵队第 2 团、李林支队，活动在第 1 分区。

386 旅集团，指挥员陈赓、王新亭（1939 年 1 月 22 日许世友任副旅长），下辖第 1 团、补充团、688 团以北、东进纵队第 3 团、先遣支队 3 大队、程启光支队、吴作起部，活动在第 3 军分区。

青年纵队集团，指挥员陈再道，下辖青年纵队 1 团和 2 团、吴杰支队、马玉堂支队、周光荣支队，活动在第 2、4 军分区。

东进纵队集团，指挥员宋任穷，下辖东进纵队第 1 团和独立团、葛贵斋支队，活动在第 5 军分区。

先遣纵队集团，指挥员李聚奎，辖青年纵队第 3 团、津浦支队、先遣纵队第 2 团、筑先纵队、刘海涛支队，活动在鲁西北和泰安西部地区。

挺进纵队集团，指挥员肖华，活动在津南、鲁北。

各集团分派后，对前进的各路日军予以各个击破。而发生在香城固地区的诱击战，尤为精彩。

1939 年 2 月 10 日，日军安田步兵中队不堪八路军 386 旅集团的扰袭，向香城固进发。中午 12 时，日军进至南草厂附近，遭八路军骑兵连、自行车队伏击，日军大队长负伤。八路军立即撤往香城固，日军恼羞成怒，不疑有诈，也跟着追击。陈赓令 688 团 1 营在香城固正面阻击，主力置于张家庄、马落堡，补充团置于南香固、傅辛庄，新 1 团置于 688 团以北，以此形成一个口袋阵。

半小时后，乘汽车的日军进入伏击圈内，遭八路军正面部队痛击后，转向香城固东北角，据民房顽抗，八路军将敌团团包围，以火力予以杀伤。下午5时，日军转向西北，被补充团痛击。此时，新1团也迂回到日军背后。日军无处逃遁，狗急跳墙，施放毒气弹。陈赓令八路军接敌冲杀，使其无法放毒气。经过40分钟激战，终于将敌大队长以下200余人全部歼灭，捉俘虏8人，缴炮3门，八路军仅伤亡50余人。此战敌我伤亡比例之小，创下当时纪录，蒋介石特地发来电报："朱总司令玉阶：刘师陈旅努力杀敌，斩获颇重，殊堪嘉许，即希传谕嘉勉。"

从1939年1月至3月，129师在冀南各地进行大小战斗100余次，毙伤日伪军3000余人，粉碎了日军这一次"十一路围攻"，巩固了冀南抗日根据地。在战斗中，许多指战员壮烈殉国，其中有新1团团长丁思林、东进纵队政治部主任邓永耀等高级干部。

晋东南、冀南抗日根据地是129师和其他抗日部队共同浴血奋战的胜利成果，但国民党顽固派和阎锡山等地方实力派却不顾抗日大局，持续地进行骚扰和进攻，为此，129师和其他抗日武装进行了艰苦的斗争。

晋东南的反顽斗争主要发生在1939年12月阎锡山发动"十二月事变"的时候。当时，阎锡山对中国共产党领导下的山西青年抗敌决死队力量迅速发展不满，派第二战区第8集团军总司令孙楚向中共抗日根据地发动猖狂进攻。从1939年12月8日至26日，孙楚进攻决死队第1、3纵队，破坏了八路军辛辛苦苦建立起来的沁水、阻城、晋城、高平、陵川、壶关、长治等7县抗日民主政权，杀害了大量的共产党员和进步分子。决死队3纵队一些反动军官在阎锡

山西晋绥地区抗战宣传墙报

山的煽动下，发动叛乱，带走4000多人。1940年1月，蒋介石又派其40军、27军，在阎军配合下，进攻344旅和决死队3纵队。129师为巩固太岳、太南根据地，采取了集中打击孙楚部、避免与蒋军作战的方针，以344旅、晋豫边支队、独立支队、决死队3纵队和其他部队在高平以西地区，歼灭阎军独8旅一部，又以385旅、386旅各一部及独立支队、榆社游击队歼灭阎军暂2旅和新2师大部。大胜之后，八路军根据中央"适可而止"的指示，在巩固根据地的情况下，放弃了对阎军的追击。

冀南的情况比较复杂。自1938年蒋介石任命鹿钟麟为冀察战区总司令、河北省政府主席之后，双方摩擦不断，不断发生破坏中共抗日民主政权、杀害共产党员和进步群众的恶性事件。中共中央、北方局、八路军总部为此做了大量的说服工作，129师和其他抗日武装也一再奉令忍让。但国民党顽固派视忍让为软弱，不断提高挑衅的恶性程度，八路军129师忍无可忍，被迫进行了一系列的反击。

1939年8月16日，八路军独立团1营、青年纵队3团和冀南游击支队在769团、772团配合下，对赞皇、元氏一带"反共专家"张荫梧部发起了攻击，经过8天的战斗，八路军俘2000余人，缴枪1200余支。25日，八路军东进纵队8支队和李林部包围张残军于赵县东北地带予以全歼，张落荒而逃。与此同时，青年纵队一部在任县邢家湾歼灭了反共急先锋王子耀独立旅。

1940年1月，八路军对国民党"河北民军总指挥"乔明礼部发起进攻。乔明礼屡次向八路军许下共同抗日诺言，但屡次反水，这次又和侯如墉一起向八路军驻地进攻，八路军129师只用几个小时即将其5个支队歼灭，侯如墉也一触即溃，两人兵败后分别投降了日军。

1940年2月，129师东进纵队第1团等部对反复无常的石友三部发起进攻，经3日激战，石友三突围西走，其部孙良诚逃过卫河，八路军在两侧平行追击，与其激战于曲周东北，冀南、冀中部队也迅速向石友三围来。日军为掩护石友三，在广平、邱县之间阻击八路军，八路军将其击溃，继续追击，日军又增加兵力1000余人，并施放毒气，在东目寨、下堡寺一带猛攻八路军，八路军为避免伤亡退出战斗。石友三率8000余人逃到清丰东南地区，后在八路军宋任穷、程子华等指挥的卫东战役中再受重创。

晋东南、冀南顽军连遭八路军打击，但蒋介石心犹不甘，仍令国民党第97军军长兼冀察战区政治部主任、河北民政厅长朱怀冰向八路军进扰，八路军为此在1940年3月5日发起磁武涉林战役。3月6日，八路军从南北两岔口、东西花园、南北贾壁、张尔庄、青碗、淘泉等地南北夹击朱怀冰部，朱怀冰部不支，慌忙渡过漳河。八路军紧追不舍，进至芦家寨、东西岗地区。8日，八路军增援部队赶到，截击顽军，击溃了3000多人。此后，朱怀冰与其他反共部队合伙，企图反扑，但经八路军夹击，不支逃往临淇，又被八路军阻击，只剩2000余人，逃到修武境内。磁武涉林战役共歼灭97军等顽军1万余人，有力地巩固了八路军在冀南、晋东南的地位。3月中旬，经中共与国民党第一战区司令长官卫立煌协议，临屯公路和长治、平顺、磁县一线以北地区划为八路军防区，反顽斗争告一段落。

反顽斗争给八路军造成很大损失，伤亡达4815人，但八路军129师以抗日大局为重，没有刻意报复，他们又把注意力放到对日战场上。1940年5月3日，为了打破日军利用交通线围困八路军的

"囚笼政策"，八路军 129 师下发了《白晋路北段战役计划》，要求师特务团、386 旅、祁太游击队、385 旅、平汉纵队、晋冀豫边纵队、挺进支队、保 6 团、总部特务团、警备旅等于 5 月 5 日开始，对白晋铁路展开大规模的破袭战。在当地 2 万多群众的帮助下，八路军各部迅速行动，仅一日两夜之间，就拆毁铁路 100 多里，摧毁大小桥梁 50 多座、火车 1 辆，消灭敌警备队长峰正荣以下 350 余人，夺取了大量日伪物资。此后，129 师各部连续作战，两度获得八路军总部的通电嘉奖。由于 129 师的破袭，白晋铁路一再延迟施工，临邯铁路、邯济铁路等日军原先的筑路计划也化为泡影。

在 3 年多的南征北战中，129 师壮大了。1940 年 6 月，根据中共中央北方局黎城会议精神，129 师将所属各部整编为 9 个旅。同时成立太行、太岳两军区，以 129 师主力兼太行军区，辖 5 个军分区；以 129 师的 386 旅兼太岳军区，辖 3 个军分区。冀南军区则由陈再道任司令员。全师约七八万人，圆满地完成了在敌后展开与发展的任务。

五

转战千里

晋西北是连接陕甘宁边区和华北的枢纽。早在1937年9月17日，毛泽东即指示："我二方面军应集结于太原以北之忻县待命，准备在取得阎之同意下，转至晋西北管涔山等地区活动。"9月19日，毛泽东又指出：120师应位于晋西北，处于大同、太原外侧，向绥远与大同展开，钳制向太原进攻之敌，120师占晋西北为先着，再去五台就失去了战略意义。上海、太原失陷后，毛泽东在11月9日、12日、13日作了一系列的指示，根据这些指示，北方局和八路军总部决定，120师继续创建以管涔山为依托的晋西北根据地。

120师人数不多，除留守陕甘宁的外，出师东征的仅2旅3团8000余人。但他们坚决贯彻毛泽东和中央军委关于开展独立自主的山地游击战的方针，1937年9月下旬入宁武、神池地区。其后他们将工作在晋西北全境乃至晋中地区更广泛地展开，一面利用有利时机打击日军，一面组建抗日游击队和自卫军。到1938年初，晋西北根据地已初步形成，120师发展到2旅6团（714团至719团）、2.5万余人。

120师的发展，严重地威胁了急欲南下占领山西全境的日军后方。1938年2月下旬，日军26师团、109师团和伪蒙军李守信部共1万余人，分5路向八路军晋西北发起了进攻，他们分别由朔县、井坪、绥远、离石、文水、交城等地出发，企图合围八路军120师主力，迫八路军西渡黄河，以保障其后方安全。

当时，在晋北有国民党骑1、骑2、34、35共4个军，但除35军傅作义部在方山、临县、娄烦地区稍事抵抗外，其余均迅速溃退。八路军就这样独力承担了反"围攻"的任务。贺龙命令：以一部积极袭扰、滞阻敌人，等候主力由同蒲路北段迅速返回根据地。

120师各部正按贺龙命令转进间，3月2日，碛口之日军撤离黄河渡口，会同离石之段，北犯云山、临县；侵占黄河西岸府谷之敌，亦于3日退回东岸保德；北面五寨之敌，继续南下。于是，3月6日，毛泽东致电120师，判明日军压迫我军渡河的企图已明，要求我军集中兵力击破敌之一路或两路，巩固根据地。120师首长立即改变决心，准备打击最深入根据地的五寨、岢岚一路日军，于是命令359旅和第二战区"动委会"领导的游击队围困岢岚县城，358旅则在岢岚、五寨间打援。

占领岢岚的日军是26师团千田联队的1个大队及骑兵、炮兵、工兵若干，共1000余人。3月7日，八路军开始围城。此城里面没有水源，过去都是到城外岢岚河中挑水吃。自八路军军民围困后，日军无法坚持，于3月10日黄昏弃城而逃。当他们逃到三井镇固守待援时，359旅见镇内到处是火光，正在做饭、取暖，遂趁其立足未稳，连夜猛攻，冲入其炮兵阵地并缴获山炮1门。次日，日军见待援无望，留下300余具尸体逃往五寨。

八路军追至五寨，有人主张造梯爬城强攻，贺龙不允，命令359旅一部和游击队围困五寨，一部集结五寨北面三岔堡；358旅赶到神池与三井镇之间，准备在运动中歼敌。3月17日午后，358旅即与由神池出动增援五寨的1000余日军在虎北村、山口村地区发生激战，八路军因长途行军许多人鞋子已坏，只好在雪地里赤脚与敌白刃战。几小时后，八路军即歼敌300余人，俘敌军官1人。次日，残敌逃回神池。

八路军连战皆捷，3月20日，河曲、偏关、保德的日军被迫弃城。21日，五寨的日军见援军久久不来，亦逃往神池。这时，358旅早在神池西南凤凰山埋伏，并且得到国民党骑1军1个炮兵连的支援，待敌走近时，716团立即发起冲击，烧敌汽车10辆，毙敌300余。残敌不敢恋战，逃进神池。八路军又追至神池城下，神池日军3月24日逃往朔县。

神池收复后，根据地里只有宁武尚有1000余日军据守，企图长期坚持，以修复太原至大同交通。贺龙师长决心勇追穷寇，以716团、718团2营围攻宁武城；358旅率715团进至斗沟及其东南地区；359旅率717团、719团进至南庄子、前石湖、张孙沟地区，切断宁武至阳方口交通，四面包围宁武。

3月31日，阳方口之敌600余人，在飞机掩护下扑向宁武，企图解救被围日军。10时许，当敌进至石湖河与麻峪附近时，遭359旅痛击，该敌据河顽抗，宁武之敌500余乘机出城，企图两面夹攻359旅，715团立即上前截住，激战之下，歼敌300余，击伤敌联队长千田。黄昏，宁武之敌退回城内，来援之敌窜回阳方口。在宁武周围激战的同时，718团在神山、上阳武地区将敌击退，雁北支队和警备 6 团等也不断袭击平鲁、清水河等，牵制了朔县之敌。

宁武之敌见待援无望，遂于 4 月 1 日向北突围，八路军尾追歼其一部后，收复了宁武县城。至此，收复 7 城战役胜利完成，共歼敌 1500 余人，缴炮 1 门、汽车 14 辆、步枪 200 余支、骡马 100 余匹，晋西北根据地更形巩固。

晋西北军民粉碎日军围攻后不久，毛泽东的著作《论持久战》和《抗日游击战争的战略问题》发表了。他分析了中国抗日战争的 6 条战略纲领和保存自己、消灭敌人、争取胜利的根本途径。他还指出，中国战争由于双方长短互见，因此，战争的持久性是不可避免的。由于中国是正义的斗争，有共产党及其军队为抗战核心，加上地大物博、人口众多和人民群众深厚的战争伟力，最后的胜利一定属于我们。他把抗日持久战分为 3 个阶段，指出了每个阶段的特点和我党、我军的对策，分析了内线持久战与外线速决战，战略上的劣势和战斗上的优势，游击战与阵地战、运动战等战争范畴的关系，等等。总之，毛泽东的这两本著作极大地丰富了马克思主义的军事思想，为全国各地的抗日军民指明了方向。

根据毛泽东的指示，120 师更加迅猛地巩固、发展。

在晋西北根据地内，714 团、警备 6 团、独立 1 团、独立 2 团、独立第 6 支队组成新 358 旅，旅长彭绍辉，政委罗贵波，坚持在晋西北。

在晋西北东北面，358 旅 716 团、警备 6 团、骑兵营开到朔县以北怀仁地区，接替宋时轮支队，坚持雁北斗争。

晋西北东面，组织了第 2、3 两个独立支队，在忻县、崞县地区开展斗争。

宋时轮支队1938年5月由雁北出发，25日到达河北宛平，与晋察冀军区邓华支队合编为八路军第4纵队，后深入冀东，发动冀东抗日大起义，1938年底，该支队拨归晋察冀军区，坚持在冀热辽边区。

1938年5月14日，毛泽东指示："在平绥路以北，沿大青山脉建立游击根据地，甚关重要。"7月下旬，120师以715团、骑兵团1营、独立游击第4支队2000余人组成大青山支队。9月1日，该支队越过平绥路，后与杨植霖领导的蒙汉抗日游击队会合。9月3日，该队袭陶林，10日，克乌兰花镇，20日，主力进至绥西，在蜈蚣坝歼日军80余人，其中少佐1人。12月上旬，日伪军六七千人向八路军发起围攻，但遭八路军在马场梁、大沟、德胜沟等地不断的打击，被迫撤退。这样，历时3个月，八路军即在大青山地区开辟了绥南、绥中、绥西3块游击根据地。

也就在1938年5月下旬，120师359旅开赴恒山地区，暂归晋察冀军区指挥，开辟了桑干河两岸抗日根据地。

在巩固、发展的过程中，120师进行了一系列激烈的战斗，其中，规模较大的几次发生在晋察冀边区。

1938年9月，日军向晋冀边区发起25路围攻，八路军120师718团先在广灵和灵丘间的公路上不断阻击敌人，先后毙伤敌800余人。10月5日，日军侵占阜平，八路军717团和晋察冀1、3两分区一起收复阜平，毙伤敌300余人。八路军占领阜平后，日独立混成第2旅团常冈宽治少将抵达广灵，王震判断敌必去灵丘，即令719团及717团9连埋伏于灵丘以南张家湾、邵家庄地区，718团埋伏于灵丘以北黄台寺、贾庄地区。

八路军小分队集合

10月28日拂晓，东方微微露出曙光，沉睡的山峦显出了深蓝色的轮廓，八路军719团和717团9连经过长途急行军，来到预伏阵地。战士们疲倦异常，有些人脚上打了泡，身上的军衣已被汗水和晨露湿透了，紧紧地贴在身上，在这晚秋的早晨，凉气从脊背往心里渗透着，浑身感到一种潮乎乎的阴冷，他们三三两两地依偎在一起，有的已蒙眬入睡。指挥员立即让他们吃点干粮，严阵以待。

上午10点多钟，日军汽车队进入伏击阵地，一共13辆，每辆车乘二三十人。当第1辆汽车开到袋阵顶头时，"拉线雷"一个接一个地爆炸，有的车起火，有的车企图掉头逃跑，却被后面的车顶住。八路军居高临下予以杀伤后，发起了冲锋，与敌展开白刃战。苗族战士王有才，一口气刺死好几个，刺刀都弯成铁圈，衣服也撕成布条。山西崞县新战士邸明亮，先在枪膛里顶了一发子弹，等两个日军扑上来摆出拼刺架势时，突然开枪打死一个，另一个一愣，又被他一刀结果。经30多分钟的战斗，日军大部被歼。11时余，广灵日军四五百人匆匆向邵家庄赶来，但八路军早有准备，半路上就已埋伏好，待日汽车开近，即将前二三辆打着起火，日军重整队形向八路军阻击部队3营扑来，但八路军凭有利地形，始终未让日军前进一步。在得知主力已打扫战场安全撤离后，3营才主动撤出战斗。同一天，718团在黄台寺、贾庄地区，伏击了灵丘北犯之敌，予敌大量杀伤。据统计，在这些战斗中，359旅共歼敌500余人，其中有少佐山崎、大尉龟森等军官多人，炸毁汽车15辆，缴火炮多门、长短枪140余支、子弹10万发、掷弹筒4个，以及大量的日军物资和文件。聂荣臻、贺龙、萧克等均对参战部队嘉奖、表扬，王震还给每个参战的干部战士发了两块银圆，作为奖励。

359旅杀敌扬威，358旅也不甘示弱。11月3日，716团参谋长刘忠从五台一带侦察得知，五台敌主力蚋野大队和其余日军700余人凌晨袭击了高洪口晋察冀2分区5大队，2分区司令员赵尔陆证实了这一消息。358旅首长立即判断，这股日军孤军出动，没带多少给养，后方空虚，必然迅速退回原据点；敌人经过整夜长途行军，3日必然要在高洪口休息，估计3日晚或4日早一定要撤退；按敌人以往的行动规律，一定按原路返回。于是，旅长张宗逊决定，716团担任伏击部队，714团赶到滑石片西北，负责警戒五台方向，准备打援。

　　命令下达后，八路军716团和旅部仅用4小时就走完了50公里山路，到达滑石片地区。可是，八路军还未安全布置好，远处就传来了皮鞋和马蹄走在石子路上的嘈杂声，渐渐的，牛、羊、鸡、鸭的鸣叫声也清晰可闻了。这些日军在高洪口抢劫了一番，正洋洋得意，根本想不到9点多的寒夜里会碰上八路军，警戒十分疏忽，入沟后一点未觉得异常。

　　第3营各连队下到陡崖上时，日军尖兵分队已经过去，9连立即扑到沟里，手榴弹、步枪、机枪一起打过去，许多日军左手一只鸡、右手一只鸭，还没腾出手来拿枪，就一命呜呼。日军突遭打击，立即集中全部骑兵，企图突破。眼看9连坚持不住，3营营长王祥发袖子一捋，一手提枪，一手抓住手榴弹，率11连猛压下去，打退敌人5次冲击。

　　与此同时，第2营和敌人遭遇，我指战员未等上级号令，主动迎将上去，将敌拦腰斩断，其中5连长巴尚真硬是从敌人窝中冲到东侧一个小庙，控制了制高点，对敌猛射。1营在日军后尾过后，也马上向敌侧后攻击，敌遭2、3营痛击后转身向后，1营压力加大，参谋长刘忠见状，跑到2营阵地，带了一个连奔向1营阵地支援。

在八路军716团勇猛冲击之下，日军迅速陷入混乱，旅长张宗逊令发起总攻击，八路军立即上了刺刀，冲入沟底，月光下，只听得钢铁碰撞的声音和双方呐喊的声音，回荡在空山野洼之中。经终夜格斗，到拂晓，除二三十名残敌窜出外，其余全部就歼。

714团离其阵地有100多里，接令后连夜急进，拂晓赶到南院村附近，正遇着从滑石片逃出的日军，此时，五台方向出动了一小股援敌，与残敌会合。714团立即进入战斗，残败之敌不敢恋战，逃向五台，714团也一直撵到五台城下，并在当日夜袭击了五台城。

滑石片战斗，共灭敌蚋野大队长以下700余人，俘21名，缴炮6门、机枪30余挺、马步枪340余支、战马153匹，很多连队全部穿上了缴获的日军呢大衣，让国民党驻120师上校联络官陈宏模目瞪口呆。

1939年5月，日军继"二十五路围攻"后又对晋察冀发动"四路围攻"。在反"围攻"作战中，八路军359旅在上、下细腰涧地区将日军500余人悉数歼灭，并生俘11名。上、下细腰涧战斗后，晋察冀军区通令嘉奖，边区政府还奖给全旅2000元。这次战斗，沉重地打击了日军士气，一被俘日军说："在此次战斗中，旅长的军事能力，也可见一斑，我也不能不承认此次日本军的全盘失败。"

120师在上述地区（主要是北岳区）南征北战的时候，同属晋察冀军区领导的冀中区形势发生了变化：1938年11月12日，日军110、27师团各一部6000余人对该区发动第一次"围攻"。当时，冀中共产党领导下的抗日武装虽有10万之众，并成立了冀中军区和八路军 3 纵队，但战士多为新入伍的，骨干不够，所以，面对强悍日军，亟须支援。为此，1938 年 11 月 24 日，毛泽东代表中央和军委电示聂荣臻：（一）冀中地区的中心任务是巩固现有武装部队，依靠群众力量，坚持长期游击战争。（二）为此决定：派程子华同志带一部分干部去冀中，程子华同志任冀中军区和第 3 纵队的政委。加强该部之正规化，是目前的中心任务；派贺、关率 120 师主力去冀中，争取扩大 120 师；120 师一部到冀中，可以推动、影响当地部队正规化的进程。并指示冀中党，应以极大力量帮助扩大 120 师。

根据这一指示，1938 年 12 月 23 日，贺龙、关向应率 120 师直属队、教导团、716 团、独立第 1 支队等部，由晋西北岚县出发，1939 年 1 月下旬，抵达河间县惠伯口地区，与冀中军区领导机关会合。2 月上旬，成立了以贺龙为书记的军政委员会和贺龙、吕正操分任正、副总指挥的指挥部，统一了领导。

120 师刚刚到冀中不久，日军就以 7000 之众对冀中发动了第 3 次"围攻"，企图压迫八路军主力于大城县、任丘县之间的潴龙河两岸地区加以消灭。贺龙分析了敌情、我情之后，明确指示，不与敌硬拼，避其锋芒，相机歼其一部，最后歼其全部。根据指示，八路军组成多支游击队，深入敌后破坏铁路、公路，骚扰敌军，贺龙本人则率 716 团和冀中独立第 1 支队在河间、肃宁间待机。

2 月 2 日上午，河间日军宫崎联队 200 余人和伪军一部，携炮 1 门，向西开进，在曹家庄与八路军接火。八路军首长命令 3 营固守曹家庄，吸引敌人进攻，以火力杀伤敌人；1 营从敌侧后迂回，经范家庄向解中堡攻击；2 营 1 个连向中堡店攻击，威胁敌之后路。各部均按计划投入了战斗，进展顺利，敌被迫退至中堡店固守。下午 3

时，任丘、河间敌400余人分3路来援，八路军1营腹背受敌，转移至杜中堡。此后，八路军调整部署，以2营向中堡店和解中堡之敌强攻，独立1支队的1营经黑马张庄向三里庄敌后迂回，其余部队机动。入夜，八路军2营乘黑攻下解中堡，然后用手榴弹将中堡店日军炸走。日军被迫退回河间，八路军直追至城里，并占领了一部分街区，随后主动撤出。曹家庄是120师入冀中后第一仗，共毙伤敌150余人，极大地鼓舞了冀中军民。此后，八路军在大曹村歼敌大队长汤田四凯以下300余人，粉碎了日军第3次"围攻"。又在邢家村歼敌180余人，粉碎了日军第4次"围攻"。接着，在黑马张庄歼日军100余人，缴枪60多支，并生俘2名日军士兵。

120师初到冀中就四战四捷，引起敌人震动。3月18日至4月1日，日伪军9000余人向八路军冀中发起第5次"围攻"，企图分进合击八路军于任丘、肃宁、文安、大城地区，但八路军依靠群众，灵活机动，先后歼灭日伪军900余人，粉碎了"围攻"。

连续粉碎3次"围攻"后，120师主力和冀中抗日武装进行了整编，编成独立第1、2两旅，独1旅辖715团，第1、2、3团，独2旅辖716团，第4、5团。此时，冀中的全部县城都为日军占领，碉堡林立，八路军回旋余地缩小。4月20日，日军第27师团第3联队第2大队800余人和伪军数十人，携山炮、掷弹筒，乘50余辆汽车，由沧县开到河间。22日，又由河间开到距冀中中心村齐会仅15公里的三十里铺，企图寻找八路军主力作战。贺龙师长当时正率120师主力在卧佛堂、大朱村、齐会一带休整，他判断，此次敌人行动，并非有计划的围攻，齐会周围虽有日军据点，但兵力都不多，而八路军兵力集中，士气旺盛，很有把握消灭此股敌人。于是，22日晚，在大朱村的联欢晚会上，贺龙做出布置：师部驻大朱村；716团在小店，其3营驻齐会；715团在找子营、李赵庄；新编各团和当地部队向四周敌据点警戒，防止敌人增援，并相机截敌。

23日零时刚过，吉田带着他的人马悄悄地出发了，这是一队凶猛的虎狼之军，每个人胸前都佩戴着因攻入南京而获得的勋章，一个个虎背熊腰，面目狰狞。拂晓前，他们渡过了古阳河。到上午9时，他们占领了南北大齐、北齐曹村一线，随后，向齐会扑来。

到离齐会约800米时，日军进行了试探性的炮击，但八路军不为所动，等日军走近得脸上横肉都可以看清时，一声令下，火力齐射，头排日军立即倒下。吉田一听枪声，知道村中八路军不少，立即在炮火掩护下发起三次冲锋，但均被八路军击退。吉田恼羞成怒，命令施放毒气，八路军战士早有预防，把大蒜嚼碎，塞在鼻孔里，再用湿毛巾把口鼻捂严，待日军以为毒气奏效冲上来时，八路军跳出工事，白刃杀敌，将敌击退。

吉田看巷战中日军死伤惨重，改变手段，放火烧房，齐会村立即笼罩在滚滚浓烟之中，八路军一边救火，一边抵抗，杀伤不少敌人，但因火势过大，房子一间间倒塌，一些街巷为敌占领。716团首长立即令1营跑步增援，从东北向日军进攻。1营按命令向敌猛攻，但吉田十分狡猾，他只以部分兵力抗击1营，仍以主力攻八路军3营，双方形成对峙。

贺龙始终关心着齐会的战斗，当他听说3营情况不明时，立即令715团派1个连突进村内查明情况，支援战斗。在716团3营9连的接应下，715团7连顺利地冲进村内，两军会合，士气大振，决心夺回村东南水塘的小石桥，恢复与团部的联络。10连长带领6班战士，在机枪的掩护下，匍匐前进，他鼓励战士说："拼吧！受伤不要紧，白求恩大夫就在我们后边！"终于接近了石桥，他们一拥而上，甩出一排手榴弹，用刺刀、枪托消灭了敌人，一举夺桥成功，但杨连长也受了重伤。

齐会之战激烈之际，任丘之敌300余人南下，被八路军独2旅5团在麻家务迎头痛击；大城之敌200余到新方安，被八路军冀中27大队击退；吕公堡敌百人根本没敢出来。

晚17时，贺龙师长调整部署：独1旅715团及2团各1个营赶到刘古寺、西保车设伏，敌如南逃，即与716团加以歼灭；独2旅4团伏于四公村、杨庄附近，敌如西逃，也与716团追击部队加以围歼。这时，天已渐渐地黑下来，吉田兽性大发，命令炮兵猛发毒气弹，正在大朱村边指挥的贺龙也中了毒，头晕目眩，呼吸困难，但他只用蘸了水的口罩戴上，坚持指挥。

晚20时，八路军开始反击，经8小时激战，夺回一些阵地。24日凌晨，吉田集中火力打开一个缺口，向南猛窜，八路军2营立即猛追上去，1营转为预备队，3营休整。

敌逃到马村，遭到八路军预伏部队715团4连的迎头痛击。吉田见前有截者后有追兵，乃折向东方找子营，八路军追击、堵击部队也追到找子营，吉田逃向南留路村。与此同时，贺龙令3团抢占南留路村，当八路军赶到时，敌仅距村子一二百米。3团当即以1、2两营抢占村西有利地形，2营占领村中房屋，独1旅副旅长王尚荣也在南、北留路村之间设立指挥所，对日军主力展开围攻。

3团攻击南留路村时，留在找子营的日军一部遭到八路军715团猛攻，被迫以密集队形向南留路村靠拢，八路军指挥员身先士卒，指挥部队坚持攻击，3团政委朱吉昆不幸牺牲。到24日11时，日军已全部陷入八路军包围，吉田率部占领找子营和南留路村之间的有利地形，企图固守待援。八路军在当日黄昏发起向心攻击，将残敌压缩于张家坟狭小地区加以聚歼。日军上等兵内匠俊三记述了当时的情景：

> 有的人死于手榴弹和步枪，很大的伤口张开着……目睹这凄惨的场面，难过地走了十几里路，在我前面一连20多辆马车，都装着战死者躯体。仅在一次战斗中就出现如此之多的伤亡，这在中国事变发生以来，即使是南苑战斗，或武汉作战也不曾有过。

到了25日下午，贺龙来到3团阵地，指示715、716、2、3各团立即调整组织，黄昏对敌发起总攻。到了黄昏，八路军发起总攻，但天气骤变，狂风夹杂黄土，遮天蔽日，八路军无法观察，吉田乘机率残军窜出，来时800余人，最后仅剩80余人。齐会战斗，打出了八路军的威风，打击了日本侵略军的嚣张气焰，中共中央特别发来贺电，还专门发了社论。程潜、蒋介石也致电嘉勉。

齐会歼灭战之后，120师和冀中军民一起，继续抗战，胜利地完成了"巩固冀中平原抗日根据地，坚持游击战争；帮助冀中部队进行整训；扩大本身力量"三大任务。120师主力部队由入冀中时的6400余人，发展到21900余人。1937年8月7日，毛泽东致电120师：为粉碎国民党反共阴谋，应付突发事件，巩固陕甘宁边区，调359旅由恒山地区开赴绥德、米脂、葭县、吴堡、清涧，120师在冀中部队移至359旅原位置，并视情况向晋西北移动。为此，贺龙率军告别冀中军民，9月1日（715团、2团、4团、独立1支队、津南自卫军）、9月25日（师机关及716团）分两批分别抵达晋察冀北岳区。

120师从冀中转移过程中，按18集团军总部编制表进行了整编，除原358、359、新358旅外，调整了独1旅（辖独2团、715团）和独2旅（辖独4团和716团），撤销了纵队一级组织，全师更形壮大、精练，急欲一战。

1939年9月23日，驻石家庄日军独立混成第8旅团长水源义重率日伪军1500余人突然集中灵寿，企图攻击晋察冀南部重镇陈庄。八路军判断敌必经慈峪镇进攻，遂派4团到牛家下口，其一个营到口头镇以南，向行唐、曲阳方向警戒，其余部队集结在北谭庄到岔头一线两侧山岭上，布成一个口袋阵。25日拂晓，日军开始向慈峪进攻，4分区5团的两个连略加抵抗后撤退，津南自卫军又贴了上去，节节诱击，日军很快地占领了北霍营、东西五河、南谭庄，靠向八路军伏击阵地。这天下午，贺龙从冀中到达南北城寨，同意了作战计划。但日军到南谭庄以后就不走了，到26日下午4时，居然全部退回慈峪镇！

27日拂晓，日军留下一小部留守慈峪，主力1000余人沿鲁柏山小路轻装疾进，直奔陈庄。原来，日华北方面军屡遭打击，"发明"了新战术："对付八路军必须采用一套新的战术，找准敌人的弱点，出其不意，以大胆勇敢精神和动作，进行包围、迂回、欺骗、急袭，在近距离进行很快的奇巧袭击。"11时，日军占领陈庄。

贺龙师长和晋察冀军区首长见状心喜：日军孤军深入，必会撤退，过去日军撤退时爱走原路，吃了不少亏，"新战术"下肯定要换新路走，可能性较大的是磁河大道。于是决定：716团集结于东西寺家庄，从北面控制敌人东逃大路；独1旅2团进入冯沟里、坡门口、高家庄地区，从南面控制大路，如敌万一按原路撤回，亦可协同独立1支队阻敌；独立1支队和2团各1个营进至长峪，防敌南逃，独立1支队另以一部与日军接触；其他游击队配合作战。

28日拂晓，陈庄日军果然开始撤退，开始有沿来路撤退迹象，后又利用芦苇和树丛作掩护，转向东方。八路军指挥员会心一笑：日军自以为聪明，却是按八路军计划行事！日军首先在坡门口遇到八路军2团特务连和716团1营的阻击，不得东进，一股敌转向东、西寺家庄高地，企图北窜，又被八路军716团3营打回，敌再窜南边，被八路军2团3营拦住。战斗中，独立1支队赶到，由西向东对高家庄展开攻击，4团从牛家下口赶到，和716团一起，完全封锁了日军去路。

逃出陈庄之敌被围，灵寿敌人着慌，即向慈峪增兵300余，连同慈峪原留守部队四五百人，向八路军津南自卫军进攻，企图打通到坡门口的大路，但遭八路军顽强抵抗，不得前进。

29日上午7时30分，被围日军向坡门口西南八路军2团6连阵地猛攻，冲上鲁柏山，但鲁柏山又高又陡，日军毫无遮挡，成为八路军活靶子，等爬上山顶，仅剩一半不到。日军爬过山顶后，以为万事大吉，没想到八路军4分区5团早已到达万寺崖等候，日军见状，以3人1小组、3小组1大组的三角阵式向八路军阵地冲锋，被八路军击退。此时，八路军716团和独立1支队赶到，由北向南，2团2营由东向南，加上民兵和群众，将日军压迫在背靠绝壁的鲁柏山主峰上。下午1时，120师的炮兵运动上来，抵近轰击日军。日军死伤惨重，不顾其他方向的压力，集中向5团8连冲击，8连伤亡很大，前沿阵地失守。八路军炮兵见状，当即予以支援，8连和另一连队一起，又夺回了阵地。716团和独立1支队乘日军向5团冲击之际，占领敌一部阵地。

至此，日军伤亡惨重，不断呼救，日军飞机6架先后来援，但因双方扭在一起格斗，无法轰炸，投下弹药和饼干，又多为八路军所获。29日黄昏，八路军发起总攻，残余日军除十几人钻进山沟，次日为八路军民兵、游击队生俘外，其余全部就歼。30日上午7时，慈峪方向日军200余人和3辆坦克绕道沙湾北进，企图解围，被八路军4团所阻，下午，得知犯陈庄日军已全军覆没，退回灵寿。

陈庄战斗历时六天五夜，毙日军1200余人，生俘16人，缴山炮3门、轻重机枪20余挺、长短枪500多支、掷弹筒9个以及其他军用物资，典型地体现了"基本的游击战，但不放松有利条件下的运动战"的指导思想。

120师主力各部队在晋察冀各战区纵横决荡之际，彭绍辉、罗贵波率新358旅坚持在晋北，该旅下辖714团，警备6团，独立1、2、5团和雁北支队等。1939年春，敌以109师团、独立混成第3旅团各一部4000余人，对静乐、岚县、方山地区进行"扫荡"，新358旅在决死4纵队、新1师、工卫旅的支持下，打退了敌军进攻。在对日作战的同时，新358旅还担任了陕甘宁边区与华北各游击根据地之间人员来往的护送任务。从5月到12月，护送人员达1万余人。与此同时，120师开辟的大青山根据地也在发展，1938年冬，八路军粉碎了黑田旅团长发动的"扫荡"，歼日军400多人，伪军300余人。1938年12月，715团主力由王尚荣带领去冀中，剩余部队700余人在李井泉等领导下坚持在大青山地区。1939年夏，大青山支队改编为骑兵支队,下辖3个营(1940年5月,扩为3个团)。此后,八路军在大青山地区和蒙古族人民一起,打击日伪军,改编地方武装,消灭以"自卫军"为代表的国民党顽固派,使抗日根据地日渐巩固。1940年8月,成立了晋绥游击区行政公署驻绥远办事处,1941年5月,办事处又改为绥察行政公署,下辖4个专员公署、10多个县政府。

120师在各战线迅速发展,客观上讲,跟1939年底以前阎锡山比较能够执行中共抗日统一战线政策有关。但随着八路军,特别是山西"新军"中中共力量的发展,阎锡山起了疑心,态度发生了变化。

1939年12月3日,阎锡山制造了"十二月事变"。事变发生后,中共在维护抗日统一战线大局的前提下,令新358旅做好战斗准备。12月16日,阎军骑1军军长赵承绶召开会议,拟定向晋西北新军(决死4纵队和工卫旅)进攻的计划。参加会议的爱国将领续范亭(新1师师长)借故退席后向中共通报了情况,中共立即令新358旅集结于岚县,决死4纵队、工卫旅和新1师向其靠拢。1940年1月2日至9日,晋西北八路军将阎军迫至临县,此后,他们与由晋西南北上的决死2纵队和115师晋西支队一起,将国民党骑1军和33军击溃。

八路军胜利之后,奉中共中央的命令,巩固现阵地,不追击退至晋西南的阎军(但385旅参加了129师在太岳区反顽的斗争),成立了晋西北军政委员会,委员有贺龙、关向应、甘泗淇、周士第、王震、林枫、赵林、陈士榘、罗贵波、张宗逊、李井泉、彭绍辉等。1940年2月初,贺龙率120师主力5个团由晋察冀返回了晋西北,肃清了反动武装,劝说马占山、高双成等部退出边区,此后,又与阎锡山谈判划分了双方界限，晋西北成为中共领导下完整的根据地。

晋西北巩固下来后，除成立军政委员会外，还成立了以续范亭为首的晋西北行政主任公署，开展钱、粮、鞋、兵"四大动员"，总结了反日、顽斗争和根据地建设的经验教训，颁布了一系列发展生产、改善民生的法规，积极发动群众，使晋西北更加巩固。另外，八路军展开整军、扩军运动，使120师驻晋绥部队达3.94万余人，晋西北新军也发展到12092人。

晋西北的红红火火，引起了日军的不安。1940年5月底，日军26师团、独立混成第3旅团、独立混成第9旅团、独立混成第16旅团、41师团各一部共2万余人向根据地周边集结，6月8日占领岚县。6月14日，日村上大队700余人由静乐出发，在米峪分兵两路，企图合击中共党政机关。15日，八路军侦知日军未回据点，判定其必回静乐，遂于16日拂晓进至王光塔地区集结待机。16日，八路军侦知敌已到米峪，但回静乐之路有两条，当即决定：386旅715团两个营和第4团经马家庄向米峪前进；716团1个营和第2支队向罗家岔前进。17日4时，八路军第4团在曹家掌附近与敌遭遇，当即展开对杀，形成对峙。12时，第2支队和716团1个营从另外一路赶来，对敌形成包围。下午5时，发起攻击，敌向东突围，遭4团1营堵击，转向兴旺庄，又遭4团主力攻击，逃入大川内顽抗，被八路军歼灭大半，残敌逃往囤练村和囤练山顽抗。攻击该地时，八路军2支队和716团发生误会，使敌得以加固工事，结果716团18日拂晓攻击囤练山未遂。19日拂晓，4团接替716团阵地时，囤练山之敌乘机突围，八路军通讯连、侦察排等立即追击，将其消灭在潘家庄和兴旺庄之间坟地里；囤练村之敌仍据守窑洞和房屋顽抗，被八路军用火攻烧死。米峪镇战斗，消灭日军大队长村上以下700余人，俘大小官兵20余人。

米峪镇战斗进行之际，6月18日，日军3500余人进占三交、碛口、临县，向八路军独1旅进攻。20日，日军1000余攻向乐村、普明、寨子、马坊、开府、赤坚岭、方山等，企图合击358旅。贺龙师长决定分散活动，避敌锋芒，从侧后袭击敌人。日军捕捉不到八路军，遂撤退。

6月28日，窑头、岚县、保德、岢岚之敌分4路向兴县进犯，企图消灭八路军领导机关。30日，日军占兴县，但八路军机关早已撤退。7月1日，120师首长决心乘敌长途奔命之际，集结358旅、独1旅、第3支队、第5支队，由张宗逊、李井泉统一指挥，在兴县以东二十里铺地区歼敌。7月4日上午11点，兴县日军1800余人分3个梯队开始东撤，相继进入八路军伏击圈，先期到达的独1旅2团1营和715团2营乘敌行军休息，发起冲击，但敌很快展开队形反冲击。下午1时，2团和715团主力赶到，击退了日军5次冲击，予以大量杀伤。当晚8点，各部队冒雨隐蔽进入冲击阵地，但由于天气恶劣，各部协调不好，进攻未奏效。7月5日拂晓，经重新侦察，发现除兴县之敌外，另有1500多日军在周围地区，而八路军只有4个团参加战斗，长途奔波，弹药又未补充，形势不利，贺龙当即令主力撤出战斗。当部队开始集结，还未正式接到撤出命令时，兴县的日军1200余人进至奥家湾东，向八路军715团阵地进攻，在4团掩护下，715团撤出战斗。下午，兴县敌军和恶虎滩敌军会合，6日撤回岚县。这次战斗，毙敌760余人。至此，八路军晋西北反"扫荡"作战胜利结束。

六

挺进齐鲁

毛泽东在《关于敌情判断及我之战略部署的意见》（1937年9月17日）中指出，115师应"以自觉的被动姿势，即时进入恒山山脉南段活动，如敌南进，而友军又未能将其击退，则准备依情况逐渐南移，展开于晋东南之太行、太岳两山脉中"。9月21日，他致电彭德怀："依情况判断，林率陈旅即使能打一二个胜仗，不久也须转向五台来的。"10月6日至7日，八路军总部根据毛泽东的指示，令115师协同友军袭取平型关、大营镇，相机略取浑源、应县。10月下旬，115师在晋东北、察南、冀西收复县城10余座后，开始"分家"，到太原失守以后，115师基本上就分成了三大块：115师师部率343旅（陈光）前往晋西南，创建以晋西南为依托的抗日根据地；344旅（徐海东）作为总部的机动部队，随时参加晋察冀、晋东南、冀南等根据地的斗争；独立团等则在聂荣臻、杨成武等的率领下，和其他兄弟部队一起开辟了晋察冀根据地。

晋察冀根据地作为一个战略单位的详情已如前述，现在让我们首先追随344旅的战斗踪迹吧：

1937年11月，日军对晋察冀根据地发起"八路围攻"，344旅首先奉命支援。12月15日，该旅687团一部在小寨设伏，歼灭由井陉北犯之敌100余人。12月21日，该旅与晋察冀第3支队一起，在温塘地区伏击日军第5师团21联队，歼敌400余人。

晋察冀反"围攻"作战胜利以后，344旅奉命开至正太路以北的盂县、平山、获鹿、井陉、正定一线，发动群众，建立抗日民主政权，689团就是这个时期成立的。在这期间，打了两次较大的战斗。一次是687团团长张绍东指挥，地点在盂县牛村，歼敌一部，八路军损失亦不小。一次是344旅政治委员黄克诚指挥的，地点在平山温汤，本来准备全歼进入温汤之敌，但各部队未配合好，又遭敌援军炮击，688团团长陈锦秀和1营营长当场阵亡。

1938年2月，344旅奉命和129师向正太路出击，牵制日军向黄河防线的进攻。2月22日，344旅袭击娘子关、井陉一线各日军据点，毙伤敌200余人。3月上旬，344旅奉命进入太行山区，行军途中，687团团长张绍东和参谋长兰国清叛变。进入太行山区后，田守尧、韦杰分别接任了687、688团团长，689团则随129师在陈赓指挥下参加了著名的长乐村战斗。他们在电话线断掉、接到命令较晚的情况下，经长途急行军，赶到戴家垴，夺回阵地，并打退日军7次冲锋，获得刘伯承、徐向前的高度赞扬。687、688团则在虒亭、张店打了两仗，予敌大量杀伤。反"围攻"胜利后，344旅部率687、688团至长治休整，689团开赴冀南休整。

1939年6月，国民党将军卫立煌准备反攻侯马，他要求八路军配合作战，八路军总部就命令344旅在晋城以西截击西援日军。6月30日，徐海东、黄克诚率687、688团和一个加强支队，从长治出发，经高平进军町店。7月1日夜，八路军到达町店。徐海东迅速作了战斗部署：688团主攻，1营沿土地庙到泌河渡口一带伏击，切敌退路，阻敌东援，2营在义城、柳沟一带修筑工事，正面伏击，3营往西和游击队配合切断敌西进道路，新兵营1、2、3连在战斗打响后迅速到五龙沟西山集结，准备增援2营；687团准备增援。

7月6日中午时分，天气炎热，日军乘50辆汽车到达町店，另有骑兵一部。天气炎热，他们要午休，有的钻到汽车底下睡觉，有的坐在树荫下打盹，更有人脱光了衣服跳到路边塘中洗起澡来。八路军利用地形地物，渐渐接近，距敌100余米时，687团2营首先向日军尾部开火，688团2营也一跃而起，冲入敌群，用刺刀、梭镖杀死大量日军，河中洗澡的日军一些想爬上岸，被刺刀刺死，一些想游远又被八路军像打水鸭一样击毙。不久，日军组织反扑，八路军退到松树岭。傍晚，日军先用大炮轰击八路军阵地，然后乘硝烟未散，扑了上来，八路军一直等日军接近到30米以内，再以手榴弹猛轰，这时687团向右，688团向左，向敌发动钳形包围，刚刚涌上的日军只好又像潮水一样退了下去。经过8次冲锋，日军见大势已去，退了回去。

町店战斗，歼日军500余人，生俘4人，缴轻重机枪38挺、步枪900余支、掷弹筒100个、各种炮33门、战马130余匹，焚汽车20余辆，给日军沉重打击，八路军也伤亡二三百人。

町店之战后，徐海东回延安治病、学习，杨得志任344旅代旅长。部队在朱德总司令的亲自指导下，在端氏进行了学习和整训，着重解决了以打游击战为主的思想转变问题，各部队深入敌后，开展游击战争。8月，689团回归344旅建制。9月，688团和689团在汤阴地区发起彰南战役，歼伪军苏启明、扈全禄部。12月，688团一部随陈赓到山东支援范筑先将军，扩大了队伍，成立了344旅特务团，覃健任团长。688团政委刘震、687团政治部主任李雪三也各带一个营，发展成团规模。

此时，根据黄克诚的建议，344旅分成两摊子：黄克诚留守旅部；杨得志在1939年初带了一部分干部到冀鲁豫，组建了冀鲁豫支队，杨得志任司令员，崔田民任政委兼政治部主任，下辖5大队，除刘震、李雪三部为第1大队、特务团为第2大队外，3、4、5大队均由地方武装发展而来。

杨得志、崔田民走后，344旅3个主力团在太行山进行了整训。1939年6、7月间，进至长治以东一带，支援129师反"扫荡"。8月下旬，687团在高平以北两次伏击由博爱北犯的日军。12月，344旅配合129师发起邯长战役，破坏交通，伏击日军，取得不少战果。

反"扫荡"作战胜利后，国民党顽固派发动了反共高潮，344旅和129师、120师及晋察冀的部队一起，沉重地打击了朱怀冰、鹿钟麟、张荫梧、石友三等部，在磁武涉林战役中，还在林县活捉了国民党冀察战区司令长官鹿钟麟。

磁武涉林战役期间，344旅扩编为八路军第2纵队，左权任司令员，黄克诚任政治委员。下属的344旅、晋豫支队、独立游击支队、决死3纵队、河北民军第4团、冀鲁豫支队等部统一编成344、1、2、33四个旅，不久，杨得志接任纵队司令，下属4旅改为344、新1、新2、新3旅，分别由刘震、韦杰、田守尧、韩先楚任旅长，康志强、唐天际、吴信泉、谭甫仁任政治委员。

1940年4月，除新1旅留下坚持太行斗争外，黄克诚率344旅和纵队直属队前往冀鲁豫，途中，纵队直属队与日军在永年辛寨发生激战，双方打成平手。他们与杨得志会合后，建立了冀鲁豫军区和军政委员会，黄克诚任司令员兼军政委书记。这时，第2纵队已有2万余人，黄克诚又根据中央和11路军总部的决策建议分成两摊子行动。4月17日，中共中央电示："新2旅及344旅共12000人，由太行出发，在冀鲁豫边界设法消灭石友三部后，准备随时调往陇海路南，配合彭雪枫部行动。"据此，1940年5月，黄克诚率344、新2旅（欠第4团）、纵队部、教导营向豫皖苏边境挺进，6月20日，与彭雪枫的新四军6支队会师于新兴集。

此时，苏皖区集中了很多中共领导下的武装力量，除张爱萍领导的新四军6支队4总队，还有343旅685团改编成的苏鲁豫支队（司令彭明治，政委吴法宪）、钟辉、韦国清、孙象涵、李浩然等领导的山东八路军陇海南进支队，江华率领的苏皖纵队一部，号令不一。为此，1940年6月6日，中原局书记刘少奇致电中央，要求派黄克诚到苏皖地区任军区司令。7月下旬，黄克诚将344旅主力（欠687团）留在彭雪枫处（后改编为新四军4师10旅），8月10日赶到盱眙县，统一整编各部队为八路军第5纵队，下辖3支队，分别由彭明治、田守尧、张爱萍任司令员。10月4日，黄克诚率第5纵队南下，突破盐河、旧黄河国民党军防线，歼其第10常备旅和独立第3旅等部；10月10日，与陈毅、粟裕所部会师于东台县白驹镇。

344旅从黄土高原到江淮平原，一路洒下了征战的血与汗，那么，作为主力的115师师部和343旅又度过了怎样的岁月呢？

1937年11月4日，343旅在取得广阳战斗的胜利后，进驻山西洪洞县休整，仅20多天，部队就增加了3000多人。在此期间，毛泽东和八路军总部已经明确115师师部和343旅转向以吕梁山为依托的晋西南，但遭到阎锡山部的无理阻挠，未能按计划前进。

1938年2月，日军第20、109、108、14师团各一部在侵华日军第1军司令官香月清司中将的率领下，向晋西南进攻，到27日，日军已占领军渡、碛口，使陕甘宁边区受到严重威胁。28日，毛泽东电令115师：以一部控制大麦效、水头、川口、石口地区，主力转入隰县、午城、大宁地区，相机灭敌。遵照这一指示，林彪、罗荣桓率115师北上汾阳、孝义地区。3月2日，林彪因身穿缴获的日军大衣，在隰县千家庄为友军哨兵误伤。当日，八路军总部令343旅旅长陈光代理师长，686团团长李天佑代理343旅旅长，不久，李天佑又因病去苏联治疗。343旅在政委肖华、参谋长陈士榘带领下在勍香镇、兑九峪一带待机。从3月14日至3月18日，115师主力部队进行了午城、井沟之战，共歼日军1000余人，对粉碎日军西犯黄河的企图，开辟晋西南根据地具有重要意义。

午城、井沟战斗以后，1938年7月8日，毛泽东指示115师，要求343旅仍以"对同蒲、太军两路大肆破坏，妨碍敌渡黄河为主要任务，协助地方发展游击队为辅助任务"。9月，日军在进攻武汉、晋察冀的同时，占领了离石、柳林，再次威胁黄河防线，其中，山口旅团长亲自进驻离石，并在汾阳集中大量物资，准备起运到黄河边。343旅根据毛泽东的指示，决心拖住敌人，保卫延安。

9月上旬，八路军688团首长来到薛公岭侦察地形。只见此岭四周峰峦重叠，沟壑纵横，汾离公路顺着山势，由东蜿蜒而来。公路在薛公岭下爬过一段陡坡之后，便进入凹地。凹地一带并排平列着4条山沟，每条山沟里都长满了齐腰深的茅草和杂乱的灌木。薛公岭对面的一个山包上，日军修筑了一个碉堡，俯瞰着运输路线。八路军决定，以主力埋伏在公路两侧，炮兵在战斗开始后立即将碉堡摧毁。

9月14日晨，浓雾渐渐散去，金黄色的朝霞映照着苍翠的群峰，吕梁山显得分外雄伟。686团团长杨勇和政委曾思玉站在南山一棵高大的核桃树下，打量着战场。上午9时许，日军汽车队出现在望远镜里，在王家池加水添油后，在一队巡逻兵的掩护下，来到薛公岭山脚下。略经搜索，日军打响了两发信号弹，20余辆汽车慢慢地进入了伏击圈。八路军炮兵连长吴嘉德一声令下，一发追击炮弹不偏不倚落在碉堡跟前，接着又是两发，碉堡和里面的日军上了西天。随着炮响，八路军战士从山沟里冲了出来，跑到汽车旁，扔上手榴弹，日军来不及组织抵抗，1个小时后，200余人除3名投降外，全部就歼。薛公岭一仗造成日军运输中断好几天，远在黄河边上的日军，奉山口之命，杀马吃肉，固守待援。接着，八路军在油房坪、王家池再创日军，迫使日军从黄河边撤退。

汾离公路三战三捷，115师师部和343旅共歼日军1000余人，生俘19人，毁、缴汽车30余辆，缴战马100余匹，各种枪560余支，给日军沉重的打击。日军对屡遭败绩还不服气，特地写了一份挑战书送到115师，说八路军打埋伏不够"光明正大"，约定在兑九岭决一雌雄，八路军一笑置之，在吕梁山区开展了更加猛烈的游击战争。

115师主力在山西浴血奋战的时候，山东的抗日形势发生了许多有利于中共的变化：

早在"卢沟桥事变"发生以后，中共山东省委即领导各地党组织进行活动，发动群众，宣传中共抗日纲领和政策，组织反日统一战线，开办游击战训练班，使中共在山东的影响迅速扩大。1937年10月，山东省委在济南召开秘密会议，制订了分区发动武装起义的计划。会议之后，中共中央和北方局给山东派来许多党员和干部，成为起义的骨干。

1937年11月，中共冀鲁边工委首先在盐山之旧县镇、乐陵之黄夹镇及宁津、庆云、无棣等地发动抗日起义，成立了"人民抗日救国军"，先后攻克盐山、无棣、庆云3县城，成立了抗日民主政权，队伍发展到2000多人。接着，中共利用与国民党山东第6区专员兼保安司令范筑先的良好合作关系，帮助他收编了30多个支队，并组建了中共自己的武装——范筑先部第10支队。1937年12月24日，胶东特委领导文登东部的天福山起义，起义部队以1935年冬起义失败后保留下来的昆嵛山游击队为基础，编成"山东人民抗日救国第3军"。12月27日，中共在长山与临淄之间的黑铁山举行了武装起义，成立了"山东人民抗日救国军第5军"，起义以后，伏击日军，打死将、佐级以下日军12名，并吸收了其他抗日队伍，发展到6000余人。12月底，寿光县委马保三、红军干部韩明桂在寿光牛头镇起义，成立"八路军鲁东游击第8支队"；与此同时，鲁东工委鹿省三等人在潍县和昌邑北部发动起义，成立"八路军鲁东游击第7支队"。次年两军合并，成立了八路军鲁东游击指挥部，队伍发展到5000余人。1938年1月1日，山东省委书记黎玉、宣传部长林浩和红军干部洪涛、赵杰等在徂徕山光华寺举行起义誓师大会，成立"八路军山东人民抗日游击队第4支队"，下辖4个中队，仅第4支队就发展到4000余人。同一天，张北华等在夏张镇举行起义，在肥城东南将起义部队编为"山东西区人民抗敌自卫团",下辖3个支队,部队后来吸收其他武装,发展到2000多人。1938年初,沂水党组织组建了"八路军山东人民抗日游击第4支队6大队",同时,莒县党组织以"高房乡民众抗敌自卫团"名义建立了一支武装,两军后来合并,成立"八路军山东抗日游击第2支队"。1938年3月,苏鲁特委在沛县、滕县、峄县发动起义,5月,这三支武装在枣庄以西会合,称"鲁南人民抗日义勇军第1总队"。1938年6月中旬,湖西铜山、沛县、萧县、丰县、砀山、永城、宿县等地发生中共领导下的起义,起义部队在丰县华山镇会合,成立"苏鲁人民抗日义勇队第2总队",下辖31个大队,人数最多时达5000余人。

通过上述一系列的起义和其他各地的零星起义,中共山东党组织领导下的起义部队达4万余人,先后解放了15座县城。经过一系列血与火的考验,山东起义部队壮大起来,1938年12月,除少数起义部队外,余均奉中央之命合编成"八路军山东纵队",张经武为指挥,黎玉为政委。

山东人民的抗日斗争,引起了中共中央和毛泽东的高度重视。1938年1月15日,中共中央给山东省委发了一封很长的指示信,信中指示:山东党组织应以发动游击战争与建立游击区的根据地为中心,创立党领导下的基干游击队,与群众密切关系,实行正确的抗日统一战线政策,争取土匪抗日,在平原地区实行机动的游击战术,作好长期艰苦斗争的打算;党的工作应当适应山东被占领的环境和游击战争的任务来布置工作,将党组织和党员按照游击队和敌占区的需要分为两部分,以鲁中区为工作重点,依靠新泰、莱芜、泰安、邹县,向东发展,大量吸收工农成分和革命学生入党,建立秘密交通关系等。1938年4月21日，中共中央在给北方局的指示中指出，在山东这样的平原地区发展游击战是可能的，要划分军区，成立游击司令部，组织不脱产的自卫军及农会、青年团体；收复区应立即成立民主政府，恢复秩序，组织民众，镇压汉奸，筹措给养。5月19日，毛泽东电令18集团军总部及中共长江局，指出："山东方面已开展起游击战争，那边民枪极多，主要派干部去，派一两个营作基干更好。"6月6日，毛泽东、刘少奇具体指示山东部队："山东的基干武装应组建成支队，恢复和使用八路军游击支队的番号，目前可组成4至5个支队，县区武装则以支队领导下的游击队名义出现，用抗日联军名义不好。"8月，毛泽东又电示："凡属我党领导、已得广大民众拥护，又邻近友党友军之游击队，以用八路军名义为宜。否则，各地国民党均将控制，如使用普通名义，则不得不听其指挥，甚至通令解散，八路军亦无权过问，用八路军名义则无此弊。"9月，毛泽东在中共六届六中全会上又提出："派兵去山东。"

根据毛泽东和中共中央的指示，山东军民积极创建根据地，开展游击战争。而以115师为主的八路军主力部队也开始向山东挺进。

早在1938年5月，八路军总部即决定从冀南地区抽调115师第5支队和129师津浦支队，挺进冀鲁边区。这年9月，肖华率115师343旅政治部、直属队、685团2营和129师工兵连及其他部队的干部组成的挺进纵队到达乐陵，成立了冀鲁边军政委员会，组建了八路军东进抗日挺进纵队，由肖华任司令兼政委，到1939年上半年，已发展到2万余人，建立了15个县的根据地。1938年11月，115师344旅688团进至馆陶、冠县、邱县地区，与第10支队一起，创建了鲁西北根据地。同月，343旅685团由晋西孝义出发，于12月底到达山东菏泽，转入湖西，并于1939年1月与山东纵队挺进纵队合编为八路军苏鲁豫支队。4月，粉碎日军4000余人的"扫荡"，创建了以丰县、沛县为中心的根据地。5月，其主力越过陇海线，与萧县地方武装合编。6月，东越津浦线，开辟了宿、睢、泗、灵4县地区，然后以主力和山东纵队陇海南进支队、新四军游击支队一起，开辟了夏、永、萧、宿为中心的苏豫皖区。7月，该支队编成3大队，一留皖东北，一去抱犊岗，一回湖西。所有这些，揭开了115师主力挺进山东的序幕。

早在1938年夏，中央军委和毛泽东即指示集总，要115师挺进冀、鲁、豫地区。11月25日，军委再次指示集总，令115师343旅迅速进入山东、淮北，分布于新老黄河间，包括津浦路东西、胶济路南北的广大地区。12月2日，集总令115师主力准备出发，115师将343旅补充团与晋西三个游击大队合编为独立支队（即陈士榘支队），令其在原地坚持，师部和686团在代师长陈光、政委罗荣桓的率领下，于1939年1月开始挺进，3月2日，抵达鲁西郓城地区，3月4日，攻击郓城县樊坝，毙伪军800余人，打了一个"开门红"。

樊坝战斗以后，686团团长杨勇率3营和师两个直属连留大运河西，主力进至东平、汶上、宁阳地区，与山东纵队第6支队会合，瓦解了有1万多成员的"红枪会"，拔除了汶河西岸伪军据点，迅速地打开了局面。

泰西抗日根据地的兴旺蓬勃，使日12军司令官尾高龟藏深感不安。1939年5月初，他从济南、泰安、肥城、东平、汶上、兖州、宁阳等地调集日伪军8000余人，坦克汽车100余辆、火炮100余门，分九路对根据地发起"铁壁合围"。

聂荣臻与日本小姑娘美穗子

5月2日至8日，日伪军先后"扫荡"了东平、汶上地区，9日，开始向肥城、宁阳山区推进。5月10日，除山东纵队第6支队顺利突围外，115师师部、津浦支队、686团、冀鲁边第7团、鲁西特委、泰西地委3000余人被包围于陆房地区。

陆房及其附近是一块有10个村庄的小盆地，纵横不足20里，周围遍布小山，易于防守。陈光代师长指出，日军不善山地作战，八路军正可以己之长，击敌之短。遂命令：686团1营教导员王六生带3、4两连抢占西边肥柱山，1营副营长徐敬元带2连抢占岈山；2营防守滑石峪、324高地和肥柱山地区；冀鲁边第7团防守九山、琶山、望鲁山和赵家村地区；津浦支队和师特务营防守374高地、凤凰山和狼山至西界首地区。师指挥部设于肥柱山东南小安家林。

5月11日，天刚亮，日军在信号弹的指引下向八路军阵地发起炮击，几发炮弹落在686团团长张仁初身边，"震得电话机一蹦老高"。十几分钟后，日军向八路军阵地扑来，1营2连防守的岈山是关键的门户，连长龚玉烈待敌走得很近，才猛烈开火，打退了敌人多次轮番冲锋。中午，敌人改变战法，集中所有火炮，向岈山进行地毯式轰击，一会儿，长着草木的山顶就像剃了光头。日军以为八路军已溃，以石桥为突破点，涌将上来。八路军战士在桥头暗放一捆手榴弹，敌一踏上，就死了十多个，但他们依仗人多，不停冲击。八路军阵地只剩一名战士，他摘下帽子吸引敌人火力，在另一边连投几颗手榴弹，打破了敌冲锋阵形，其他部队见状，以几十挺机枪予以封锁，龚玉烈率队冲了上去。战斗到最激烈的时候，陈光给1营送去亲笔信："命令你部，不惜一切，坚守阵地。"1营士气大振，打退了敌人9次冲击。

与此同时，日军逼近2营阵地，八路军与敌展开肉搏。7连指导员头部负伤，仍一连刺死3名日军，另一名日军冲过来，董指导员和他抱在一起，滚下悬崖，同归于尽。8连战士则以滚石击退了敌人进攻。津浦支队、冀鲁边7团也击退了日军多次进攻，师骑兵连还奇袭临站日军，牵制了其东北方向的进攻。黄昏，敌占领望鲁山阵地，八路军坚持在刘家村、寨子一线。

入夜，八路军115师首长决定，乘敌兵力收缩之际，夜间断然突围：师部和686团向西南，津浦支队和冀鲁边7团向东、向南。22时起，八路军开始集中，埋藏笨重物资，安置伤员，进行简短动员。随后，刘西元率686团1营在前开道，师部走在中间，2营和师特务营殿后，在当地农民宋大爷带领下，摸黑静肃出发，12时，安全撤至南、北陶城和无盐村地区。津浦支队和冀鲁边第7团也顺利突出至汶河南岸。

12日天亮，敌以炮火向八路军原阵地猛烈覆盖，然后，小心翼翼冲上阵地，八路军早已不见踪影，日军在"八路军飞上了天"的惊呼中沮丧地向出发地撤回。陆房战计毙日军大佐联队长以下1300余人，粉碎了九路"扫荡"。

115师主力在山东展开之际，1939年5月，中央根据北方局建议，决定徐向前、朱瑞前去山东，统一领导山东各军。8月1日，八路军第1纵队成立，徐向前任司令员，朱瑞任政治委员。原苏鲁豫皖分局改为山东分局，由郭洪涛、徐向前、朱瑞、罗荣桓、黎玉、张经武、陈光、彭雪枫组成。山东军政委员会亦告成立，朱瑞、徐向前、郭洪涛、罗荣桓、黎玉为委员。八路军1纵队辖山东纵队（当年10月，张经武去延安，一纵和山东纵队机关合并。1940年5月，徐向前去延安筹备"七大"未回，1纵番号撤销，山东纵队仍指挥所属各部队）、115师一部、冀鲁边东进抗日挺进纵队及苏北境内各抗日武装力量。但有些部队，如陈光部、杨得志部、肖华部等均独当一面，距离1纵机关较远，因而相对保持其独立性。

八路军第1纵队编成前后，115师在运西、泰西继续迅猛发展，编成了115师独立旅，予敌严重威胁。1939年7月底，日军32师团1个大队300余人在长田敏江少佐的率领下，携炮3门扑向汶上、郓城。当时，八路军115师指挥所和特务营、骑兵连正在梁山附近活动，在侦知敌系孤军深入后，陈光令特务营和骑兵连加上独立旅1团一部预伏在附近的独山庄及其周围。8月2日午后，日军进入独山庄，仅派伪军20余人和日军数人占领村北小高地，其余在庄南的树林中露宿。八路军乘机慢慢接近敌军。晚上8时30分，随着3发红色信号弹的升起，八路军发起冲锋，日军纷纷逃往居民院子，在大炮的支援下，分成十几个战斗小组向八路军反扑。八路军参战部队多系参加长征的老战士，遭遇强敌，更激起了他们的战斗意志，他们登上房顶，丢下手榴弹，与敌逐屋争夺。其后，骑兵连又冲入院内，用马刀劈杀敌人。到8月2日晨，日军300余人除一人逃脱、一人逃出后被群众抓获外，全部就歼，所有炮枪均为八路军缴获。梁山战斗以歼灭率之高名垂八路军战史。

梁山战斗之后，115师迅速地向山东各地发展。除津浦支队在7月已入鲁南临、费地区外，9月，115师主力也进入鲁南区，与山东纵队鲁南人民抗日义勇军第1总队一起，建立了以抱犊岗为中心的抗日根据地。这年冬，独立旅一部和129师一部、筑先纵队开辟了寿张、阳谷、聊城等地。1940年2月，115师对鲁南地方武装进行了整编，并向天宝山区发展。

接收电报

白彦是天宝区的中心，自八路军2月14日占领后，日军一直视之为眼中钉。3月7日，日军100余人首次向白彦进犯，被八路军轻松击退。3月12日，日军700余人分三路向白彦作第二次进犯，城后日军为八路军686团阻于柴山，经四次冲击失败后，日军意志顿挫，被八路军追至黄草坡，死伤大半；大平邑之敌，在白彦北被八路军痛击后，于下午4时和梁邱之敌一起钻入白彦。当夜12时，八路军686团趁黑冲入白彦。到13日拂晓，日军向西北逃窜，八路军特务团、686团跟踪追击，日军像逃跑的狐狸一样放出毒气，并趁八路军暂停之际，逃到南径，八路军又将南径包围，直到大平邑日援军来将残余日军接走。二夺白彦，八路军歼敌200余人。日军不甘心失败，3月19日，纠集2000余人分两路攻向白彦，一路犯官庄，一路犯太阳崮。八路军686团和苏鲁豫支队第1大队分别接敌，予敌重大杀伤。21日晨，日军窜据白彦。21日夜，八路军向敌发起总攻，686团1营首先摸入白彦，搬出敌炮弹和子弹，然后又摸入日军睡觉的房子，搬出全部枪支。敌惊醒后，四下乱窜，被八路军战士刺死。八路军其他部队也冲入村内，用刺刀、手榴弹施以猛烈巷战，日军伤亡惨重，又施放毒气，乘间逃跑。三夺白彦战斗，持续14昼夜，毙伤敌800余人，缴获长短枪350余支，使鲁南根据地进一步巩固、扩大。白彦战斗以后，八路军115师和其他兄弟部队粉碎了日伪军8000余人对抱犊山区的"扫荡"，毙敌2000余人。7月，陈士榘支队由晋西长途行军到鲁西，这样，115师主力全部来到山东。

115师纵横杀敌之际，山东纵队和其他抗日部队也浴血奋战。1939年8月，苏鲁支队在昌里、凤凰山等地击退日、伪、顽4000余人之联合进攻，9月，又在瓦垣毙日军近百人。1939年10月，山东纵队陇海南进支队在邳县俘伪军400余人。在津南地区，山东纵队6支队和地方武装在1939年1年中进行了180余次战斗，恢复了根据地。1939年6月，山东纵队1、2、4支队粉碎了日军2万余人的大"扫荡"，作战20余次，毙伤敌千余人。10月，山东纵队1支队在五井毙日军守备队长以下140余人，生俘1人。1940年3月，山东纵队第2支队伏击于孙祖，毙伤日军指挥官小林以下120余人。1940年5月，山东纵队4支队围困日伪军于杨家横，歼其300余人。在胶东，八路军粉碎了日军三次千人以上的"扫荡"，毙敌数百，其中，山东纵队5支队1939年7月在北大郝家伏击日军，毙伤30余人。在莱芜苗山，山东纵队乘敌在河里洗澡发起进攻，后又与日援军激战竟日，毙伤百余。1939年11月，日军向泰山根据地腹心地带进攻，被八路军歼灭300余人。在清河区，1939年6月山东纵队3支队在刘家井子地区勇敢突围，毙敌大队长以下800余人，1940年2月，又在王文一带歼日军77人。

和其他根据地一样，八路军在与日军作殊死搏斗的同时，也面临着国民党顽固派的威胁。徐向前曾指出，1939年6月到12月，顽军使山东纵队损失2000多人，而同时期，山东纵队与日、伪军作战仅损失1200多人，顽军的危害于此可见。于是，八路军以沈鸿烈、秦启荣等为主要对象，被迫进行了一系列反顽战役，将其击溃，收编了他们的人、枪，并与冀南八路军一起，打垮了石友三的猖狂进攻。

在血与火的战斗中，115师和山东纵队一起壮大了。1940年9月，山东纵队的主力基干部队编为5个旅、2个支队，共5万余人。115师发展更速，1940年10月，它编成了7个教导旅，共7万余人。这还不包括未编进主力基干部队的各地游击队和民众抗日团体，山东成为中共领导下强大的抗日堡垒。

七
百团大战

1940年，中国抗日战争进入第4年。由于国际形势的逆转和日本力图迅速解决中国问题，中国抗战出现了严重的投降危险和困难。

在欧洲战场，德意法西斯击溃英法等同盟国军队，取得了暂时的胜利。在这一胜利的刺激下，野心恶性膨胀起来的日本法西斯，决心与欧洲战场的胜利相呼应，冒险南进太平洋，建立以日本帝国为中心的"大东亚共荣圈"。

为了实现这一战略目标，日本一方面加紧对蒋介石的政治诱降；另一方面以军事进攻相恫吓，空袭重庆，封锁闽浙出海口，发起攻占宜昌等战役，并扬言要兵分三路，"南取昆明，中攻重庆，北犯西安"，以逼蒋投降。

对德意日的侵略行径，美国采取观望、纵容政策。英国为应付西线战场，在东方则竭力缓和同日本的矛盾，迎合日本需要，于1940年7月公开宣布封锁中国西南边境的国际交通线滇缅公路和华南边境。在此同时，德国法西斯为利用日本牵制美苏，亦配合日本的政治诱降谋略，对蒋介石进行"劝和"活动。英美则为了对付德

彭德怀指挥百团大战作战

国，反对苏联，策划起远东慕尼黑阴谋。而国民党内的亲日派也极力助蒋反共，迫其对日妥协。蒋介石也开始对抗战失去信心，由抗战初期的积极抗日转变为谋求对日妥协，并与日本举行了秘密谈判。

在上述形势和国民党正面战场屡战失利的影响下，中国大后方的上空被妥协投降的空气和悲观失望的情绪所笼罩。

在中国敌后战场，自武汉失守后，日军逐渐停止了对国民党正面战场的战略进攻，将打击重点转移到华北，对华北抗日根据地轮番"扫荡"，并推行"治安肃正"计划和"囚笼政策"，对抗日根据地形成了分割、封锁和包围的态势，敌后抗战日趋困难。

根据国际国内形势和华北敌我态势，八路军总部决定集中华北八路军主力打几个胜仗硬仗，以改变局势。1940年7月22日，八路军总部以朱德总司令、彭德怀副总司令、左权副参谋长的名义签署了《战役预备命令》，电告华北八路军各部，并上报中共中央军委。该命令规定了这次战役的目的：一是在华北战场上开展较大胜利的战斗，破坏敌人进攻西北计划，创立显著的战绩，影响全国战局，兴奋抗战军民，争取时局好转；二是彻底破坏正太路若干要隘，消灭部分敌人，拔除该地区若干重要据点，截断该线交通，打击敌之"囚笼政策"，争取华北战局的好转。

8月8日，八路军总部下达《战役行动命令》。具体部署是：晋察冀军区破击正太路东段，重点为平定至娘子关段；第129师破击正太路的西段，重点是平定至张净镇段，阻敌援军；第120师破击平遥以北的同蒲铁路和汾（阳）离（石）公路，并阻敌援军，配合第129师作战。命令规定，此次战役由八路军总部直接指挥，8月20日开始发起总攻。

8月20日晚10时，华北八路军105个主力团20余万兵力，在八路军总部的统一指挥下，以正太路为中心，对华北地区日军各主要交通线进行了总破袭，揭开了百团大战的序幕。

正太铁路，横贯太行山，在崇山峻岭中蜿蜒西去，全长200余公里，将巍巍太行劈成两截。它是华北敌人的重要战略交通线，也是截断晋冀鲁豫和晋察冀两大战略区的重要封锁线之一。在这条铁路线上，有天险娘子关和日军不可缺少的炼铁用煤基地阳泉、井陉煤矿。日军在沿线大小城镇、车站、隧道附近等均筑有坚固据点，派重兵守备，并经常派装甲车轧道巡逻，自吹这是一条不可摧毁的"钢铁封锁线"。

担负破袭正太路东段作战任务的晋察冀军区部队，在司令员兼政委聂荣臻的亲自指挥下，以19个团又5个游击支队、3个独立营等组成左、中、右3个纵队，向正太铁路东段的日军独立混成第4、第8旅团各一部发起攻击。而攻占战略要地娘子关和歼灭井陉煤矿敌人的战斗，则是晋察冀军区在战役第一阶段取得的突出战果。

天险娘子关，是正太路上冀、晋两省交界的咽喉。抗战前，国民党军队就在这里构筑了不少防御工事。1937年10月被日军占领后，日军依据险峻的地势，在旧工事上，又加修了4个大堡垒。另外，在关下的村子里还驻守了一部分伪军。战斗开始的当夜，担任主攻任务的第5团首先潜入娘子关村，歼灭村内伪军，然后依托村庄，向据守娘子关的日军展开强攻。在日军严密火力封锁下，攻击部队架起的云梯被打断，指战员就搭起人梯，攀登悬崖。但因日军据守有利地形，又有优势火力，正面攻击一时受挫。这时，第5团迂回娘子关侧后的部队，正好接近到日军堡垒群附近，从侧后向日军展开猛攻,以手榴弹、爆破筒将敌堡一个个炸开。经过3个小时的反复冲杀,歼灭大部分守敌,将胜利的红旗插上天险娘子关。

中央纵队重点是进攻井陉煤矿。在一分区司令员杨成武指挥下,首先切断了矿区电源,靠夜幕掩护,突袭尚在睡梦中的守敌。当时,枪声大作,手榴弹爆炸的火光,犹如一朵朵嫣红的花朵在夜幕中闪烁。空中弹火交织,瑰丽无比。经过一昼夜激战,到21日黎明,八路军即将井陉煤矿守敌全部歼灭,彻底破坏了该矿设施。左纵队攻击微水至石家庄段的岩峰、上安据点,并破坏了平汉铁路线正定以北之铁路。晋察冀军区在正太线的作战,毙伤日伪900余名,摧毁了敌10余处据点、18座桥梁、60多里的铁路,使正太路东段处于瘫痪状态。

战时的生活,并不都是炮火轰鸣、刀光剑影的场面,也常常遇到一些曲折有趣的事情。在井陉煤矿战斗中,八路军战士从战火中救出两个日本小姑娘,他们的父母分别受伤殒命和被炮火炸死。这两名小姑娘,大的叫美穗子,才五六岁,小的不满周岁,尚在襁褓之中。战士们将两个孩子送到正在指挥作战的聂荣臻司令员处。聂司令亲自给孩子们削雪花梨吃,给她们买了糖果、饼干,派军医为她们治伤看病。随后,将两名孤女送至石家庄日军据点,并附信一件,谴责日军的侵略罪行,号召日本士兵起来反对这场不义战争。聂荣臻将军的所作所为和入情入理的信,在日军内部引起了强烈的反响。八路军对被俘日本士兵和侨民不但不杀害,还予以力所能及的照顾,这与日军在抗日根据地实行的"杀光、烧光、抢光"的"三光"政策,滥杀无数中国平民和婴幼儿,形成了多么鲜明的对比。

担负攻击正太铁路西段的第 129 师,在师长刘伯承、政治委员邓小平指挥下,以 10 个团和 3 个独立营组成左、右翼破击队和总预备队,于 20 日晚向正太铁路西段日军展开了进攻。日军措手不及,仓促应战。八路军以突然、迅速、勇猛的动作,经一昼夜激战,即攻克芦家庄、和尚足、马首桑掌等地的车站和据点,歼灭了日军有生力量。

日军遭突袭后,立即组织反扑。驻阳泉的敌旅团长片山中将为了挽救其分散的守备部队将被八路军各个歼灭的命运,纠集了 1500 余人,并武装了阳泉的日侨,从 21 日至 26 日,在飞机的掩护下,向被八路军占领的正太路西段的咽喉要地——狮垴山阵地发动持续进攻。八路军据险抗击,坚守 6 昼夜,歼敌 400 余人,保障了破击战的进行。

9 月 1 日,第 129 师一部在卷峪沟与两个大队日军遭遇。卷峪沟有八路军军区领导机关和医院。日军 3000 余人在飞机的掩护下,向八路军立足未稳的外围阵地猛攻。经半小时惊心动魄的血战,阵地被日军占领,八路军被迫撤退。形势万分危急!129 师师部命令,必须迅速收复失地,掩护机关和医院转移。攻击部队接到命令后,迅即向敌占领阵地反攻。日军用轻重机枪、平射炮、毒气弹等组成火网与毒气带,进行顽抗。八路军反攻部队接连发起了 13 次冲锋,才得以接近敌人,与敌展开白刃格斗,终将丢失的阵地夺回。此后 2000 余日军在飞机大炮掩护下,向八路军阵地反扑,均被击退,日军伤亡惨重。战斗一直打到黄昏,八路军军区机关、医院方才安全转移,脱离险境。

与第 129 师和晋察冀军区的破袭战相配合,第 120 师在贺龙、关向应的指挥下,对同蒲路北段和晋西北地区的主要公路展开攻击。

至8月底，攻克10余处日伪军据点，歼灭日伪军800余人，使同蒲铁路和忻静、汾离、太汾等公路亦处于瘫痪状态。

百团大战第1阶段作战持续20天，共歼日伪7000余人，攻占日军据点91座，破坏铁路300多公里、公路700多公里，并缴获大批军用物资。正太战役的巨大胜利，在全国引起强烈反响，就连国民党中央通讯社和许多报纸也都不断播发和刊登八路军的战绩。当时蒋介石也曾向八路军总部发出嘉奖电："贵部窥此良机，断然出击，予敌甚大打击，特此嘉奖。"

正太路破袭战打响后10天，八路军总指挥彭德怀认为，战役初期的成功，说明了敌人兵力严重不足。因此，8月31日，八路军总部又签发了战役第二阶段的作战命令：缩小敌占区，扩大战果，使晋西北、晋察冀、晋东南根据地连成一片。

9月16日，八路军总部又发布第2阶段作战方针：战斗的重心在歼灭敌人，消灭交通线两侧及深入根据地的敌据点。

于是，八路军一改以往打了就走的战法，开始从游击战转为运动战、攻坚战；从避实击虚转为硬碰硬；从机动灵活的歼灭战转变为旷日持久的消耗战。一边是近乎原始的装备，步枪、手榴弹、刺刀、缺"粮"的小炮；一边是拥有现代化的武器，飞机、战车、各种火炮、众多的轻重机枪及充足的弹药。一方是凭血肉之躯的攻坚，一方是利用坚固堡垒或掩体的固守。

战斗进入了艰苦阶段！其中最具有代表性的，则要算榆辽之役和涞灵之役了。

榆辽战役由榆社城攻坚战、沿毕强袭战、王景突击战、管头村围困战等组成。但由于榆社城和管头村两据点，敌工事设施最为坚固,而且驻有重兵,所以攻夺榆社城和管头村的战斗,就成为榆辽战役的重心。

榆社是榆辽公路上敌重要据点,日军经营有年,工事坚固,火网严密,粮弹充足。守敌为日军中山旅团板津大队的藤本中队。该敌凭榆社城东门外中学修筑核心据点,除有一条路与榆社东门相通外,四周是天然绝地或人工挖成的峭壁。周围有大小碉堡11个,均围有数层铁丝网,各处火力均能交叉,防御配备周密。

9月23日晚,八路军第129师386旅在陈赓指挥下向榆社守敌发起攻击。但由于敌据点构筑坚固,激战终夜未克。次日下午发起第二次攻击。八路军依靠绵密的火网掩护,架起用几条梯子接起来的云梯,并用浸湿的棉被突然塞住敌人的射击孔,突入4丈多高的母堡。炮兵则集中火力压制敌人集结的文庙阵地。激战4小时,敌核心阵地的外围碉堡大部分为八路军攻克。是夜23时30分,八路军发起第三次强攻,各部队克服了高达10米至30米的绝壁和层层障碍后,突破敌碉堡群。残敌退守榆社中学,在4架敌机掩护下继续顽抗,并施放毒气。陈赓将军及第772团第3营的战士全部中毒。旅部命令工兵挖坑道通向对八路军威胁最大的西北角碉堡。25日下午4时,随着轰隆一声巨响,八路军攻击部队即乘烟雾弥漫之际,发起第四次攻击。经过短兵相接的格斗,突入敌人核心阵地,敌主力藤本中队全部葬身自掘的坟墓中,八路军终于攻克榆社城。

剧烈的搏战,重大的胜利,给每一个指战员留下了深刻的印象。榆社攻坚战的指挥员陈赓将军曾追述道:

榆社城为敌所构筑之半永久式筑城地带,城周围,防以铁丝网，圈以外壕，火网严密，地形险要，经我两日夜的攻击，敌虽以飞机低空轰炸，发射毒幕，但仍不能挽回其败局。400余寇鬼，均寻到了其坟墓，武器弹药粮秣，尽为我有。

榆社血战正烈时，八路军又同时进行了突击王景敌据点、强攻沿毕敌寇、围攻管头村等恶仗。其中，管头村据点之守敌凭借其坚固工事，顽强抵抗，施放毒气，阻止进攻。但在八路军前赴后继的猛攻和围困下，除山本中队长带着几个败兵侥幸逃跑外，大部日军被八路军歼灭，据点亦为八路军攻占。

榆辽战役历经半个月的拼杀，八路军取得了辉煌的战绩，守备"敌寇第4混成旅团第13大队第1、2中队，被我全部歼灭，公路为我彻底破坏，据点悉为我荡平"。但八路军也付出了沉重的代价。第129师伤亡了营以上干部39人、排以上干部494人、士兵2092人，中毒的干部100余名，士兵多达3000名，超过第一阶段的伤亡。

涞（源）灵（丘）之役，是八路军总部赋予晋察冀军区部队的第二阶段作战任务。发动这次战役的目的，就是破击涞源至灵丘境内的公路线，扫除深入到八路军边区的敌据点，并夺取涞源、灵丘两座县城，巩固根据地。

当时，驻涞灵地区之敌系日军驻蒙军独立混成第2旅团和第26师团各一部，共1500余人，另有伪军1000余人。执行涞灵作战任务的晋察冀军区采取了先战涞源，后攻灵丘的战术。

9月22日，晋察冀根据地一分区司令员杨成武率领部队对涞源城发起攻击。经过一夜激战，攻占了东、西、南三关，将大部分守敌逼退城内。进攻其他据点的部队，虽然也取得了一些进展，但遭

攻占铁路桥

到日军猛烈反击和施放毒气的阻滞。这时,八路军改变部署,"留一支部队监视城内敌人,先集中兵力扫除周围各据点,尔后再攻涞源城"。战术改变后,经过激烈的战斗,八路军相继攻夺了三甲村和东团堡敌据点。其中的东团堡之战尤为激烈,"是顽强对顽强的典型战例,充分显示了我军的战斗力,对敌人震动很大"。

东团堡的守敌是由日军士官生组成的井田部队,抵抗十分顽固,并不断施放毒气。八路军勇猛冲击,激战到 24 日夜间,将村周围堡垒全部攻下。残敌退入村中,凭几间房屋死守,并继续施放毒气,组织反扑。参战的干部战士几度苦战,伤亡很大,不少人中毒。到 25 日黎明,部队撤至村外。下午,八路军再度发起猛攻,同敌人展开白刃战。经反复冲杀,敌支持不住,又不愿投降,遂将据点所存武器、物资、粮食全部纵火焚烧,然后跳入火海自尽。

东团堡歼灭战,使涞源警备司令小柴俊男不寒而栗,痛心疾首。后来日军重占东团堡时,这位败军之将还大言不惭地立了一块大石碑。碑的正反两面分别用中文和日文锲下一首所谓《大日本皇军驻东团堡井田部队长恨歌》,有"一死遗憾不能歼灭八路军,呜呼团堡"之句刻于石上。可见东团堡之战对日军的打击之深。

东团堡之战后,由于张家口增援之敌 2000 余人进抵涞源城,八路军遂放弃夺取该城计划,向灵丘、浑源方向转移。10 月 7 日至 9 日上午,八路军在运动中先后攻克南坂头、抢风岭、青磁窑等日军据点。9 日下午,由于大同增援之敌千余人进至浑源并向灵丘急进,八路军即奉命转移休整,准备迎接新的战斗。

涞灵之役进行了 18 天,共歼日伪军 1100 多名,缴获各种枪支 290 多支(挺),各种枪弹 45000 多发,但八路军亦有重大牺牲。为策应涞灵作战，冀中军区展开破击作战，攻克敌据点 20 余处，破坏公路 150 余公里，歼灭日伪军 1500 余人。

如同榆辽、涞灵之役一样，第 120 师在同蒲路北段之战也打得非常艰苦和激烈。此役从 9 月 15 日开始，至 23 日结束，八路军共进行了大小 55 次战斗，毙敌 1700 余名，缴获大量军用物资，破坏了敌在该地区的铁路和公路及通信设备等，取得了辉煌的战绩。

百团大战第一、二阶段的重大胜利，使敌人的"碉堡主义"、"囚笼政策"受到沉重打击。华北日军大为震惊，乱作一团。伪军也极度慌恐，纷纷动摇。沦陷区民众人心激昂，敌伪政权大有岌岌不可终日之势。恼羞成怒的日军华北方面军司令官多田骏，又调遣重兵，对华北各抗日根据地进行疯狂的报复性扫荡。于是，反扫荡就成为百团大战第三阶段作战的任务，并持续了 2 个月左右。

敌人举行的扫荡首先从太行山开始，然后又在北平西部、晋西北、晋察冀、太岳等区进行。

太行地区的反"扫荡"作战：从 10 月 10 日起，日军近万人首先"扫荡"太行抗日根据地，企图打击八路军首脑机关和第 129 师主力。为打破敌之企图，八路军设伏石家沟，歼灭日军一支运输队，击毁日军汽车 40 余辆；围攻关家垴，歼敌 400 余人，迫使日军 11 月 14 日撤出根据地。

太岳地区的反"扫荡"作战：自 11 月 17 日起，日军 7000 余人进攻太岳地区。八路军太岳军区部队在胡汉坪、马背、光凹、陈家沟、龙佛寺等地予敌以沉重打击，迫使日军于 12 月上旬陆续撤出。

晋察冀边区的反扫荡作战：从 10 月 13 日起，日军万余人分十路合击平西，被八路军击退，并于 27 日前撤退。11 月 9 日，日军万余人扫荡北岳地区，合击晋察冀军区领导机关所在地阜平。21日，敌占阜平，随后转入清剿。八路军北岳军民以分散的游击战，广泛袭击敌人，破坏交通线，迫使敌人于12月撤退。

晋西北地区的反"扫荡"作战：从10月下旬起，日军4000余人对晋西北部分地区进行扫荡。晋西北地区军民密切配合，开展游击战，断敌交通，袭敌据点，空室清野，打退了敌之残酷扫荡。

在华北各抗日根据地军民密切协同、勇敢顽强的打击下，日军的报复性"扫荡"于12月上旬被粉碎。在反"扫荡"作战中，关家垴之战的惨烈状况具有一定的代表性。

关家垴，位于太行区武乡县东部的山岳地带。10月29日，向太行黎城地区"扫荡"的日军500余人，经左会、柳家若进到洪水镇东南的关家垴。第129师385旅、386旅、新10旅主力和决死纵队两个团迅速将这股敌人重重包围，并于次日凌晨4时发起总攻。

被围之敌为固守待援，一面加强构筑工事，一面又分出一个中队兵力攻占了关家垴西南的凤垴顶高地，以准备退路。在此情况下，八路军分兵两部，主力对关家垴之敌发动总攻击，以另一部攻夺凤垴顶高地。激烈的战斗在关家垴、凤垴顶同时展开。在关家垴攻击战中，八路军部队坚决执行命令，英勇地向山头冲击。由于敌火力很密，且有飞机扫射、轰炸，八路军数次冲锋，伤亡很大，但仍未能攻下。后八路军重新调整部署，轮番向敌阵地冲击，鏖战至31日拂晓，突破敌人防御阵地，终将大部守敌歼灭，仅余60余残敌顽抗待援。中午，敌1500余人驰援，并有10多架飞机助战。在这种不利情况下，八路军主力转移新阵地，待机再战。关家垴残敌在援兵接应下，遗尸280余具，仓皇撤退。整个关家垴战役，日军死伤400

余人，敌冈崎谦受和今富光藏两名大队长双双阵亡。此役指挥者之一，陈赓将军在《我的自传》中曾就此役写道：

> 敌兽性勃发，一月中忽又组织连续的三次"扫荡"，但三次均被我粉碎。有名的关家垴之役，最后结束了反"扫荡"作战。敌一个大队，大部分就歼于此，敌尸横陈，遍于山上沟内。战后两月，我因公过此，数百米以外仍须掩鼻而过之。

从1940年8月20日起，到12月5日止，历时3个半月的"百团大战"，以中共抗日军民的伟大胜利、日本侵略军的惨重失败而宣告结束。

百团大战共进行大小战斗1824次，毙伤日军20645人、伪军5155人，俘日军281人、伪军18407人，日军投降47人；破坏铁路474公里、公路1500公里，破坏桥梁、隧道、火车站260处；炸毁碉堡523个；缴获炮53门、枪5800余支以及其他大批军用物资。但在这次战役中，八路军指战员亦伤亡了17000余人。其中，第129师将士阵亡2249名，负伤5113名。

百团大战的发动和胜利，打破了敌人的"囚笼政策"和"迅速解决中国事件"的幻想，沉重地打击了日本侵略者的嚣张气焰。日本华北方面军总司令多田骏，也因为"囚笼政策"的破产而被撤职。日本侵略者不得不承认："共军乘其势力的显著增强，突然发动的百团大战，给了华北方面军以极大打击。""炸毁和破坏铁路、桥梁及通信设施，使井陉煤矿等的设备，遭到彻底破坏。此次袭击，完全出乎我军意料之外，损失甚大，需要长时期和巨款方能恢复。""石

日本画家井上幸绘《山岳行军难》

太路破坏极为严重，规模之大无法形容，敌人采用爆炸、焚烧、破坏等方法，企图对桥梁、轨道、通信网、火车站设施等重要技术性设备，予以彻底摧毁。""遭受共军百团大战的日军，从各地的兵团直到各军、方面军，均由痛苦的经验中取得了宝贵的教训，改变了对共产党的认识。"同时，日军还通过百团大战认识到，虽然国民党军队消极抗战、不堪一击，但坚决抗日的共产党八路军是难以战胜的。1941年1月20日，日本陆相东条英机在参众两院报告战况时说：

> 昭和十五年度（即1940年），重庆敌军抗战之特色为作战之非常消极，迄未进行主动的反攻，只有共产军于去年8月在华北举行比较大规模的出击。

日本众议员微中利一亦发表文章哀叹道："要想消灭中共军，则必须依靠百年战争才能解决。"公开承认"迅速解决中国事件的梦想已经破灭"。

百团大战的胜利，振奋了民族精神，打击了投降逆流，增强了全国人民抗战胜利的信心，对国民党军队也起了一定的精神鼓舞作用。如时任国民党第1战区司令长官的卫立煌将军曾致电朱德、彭德怀称："贵部发动百团大战，不惟予敌寇以致命打击，且予友军以精神之鼓励。"

的确，面对装备精良、补给充足的日军，八路军以近乎原始的武器，毅然发动了这场震惊中外的战役，并给日军以沉重打击，促进了时局好转，用事实驳斥了国民党顽固派编造的"八路军游而不击"的谎言。

八

铁军雄风

1938年春夏，改编成新四军的共产党南方八省游击健儿，在皖南岩寺、皖西流波疃会师后，挥师东进，挺进敌后，驰骋大江南北，揭开了华中敌后抗战的序幕。

1938年4月28日，由粟裕率领的新四军先遣队，冲破日军的封锁线，深入到敌人后方，向南京方向迂回，实施战略侦察。

先遣队出发不久，毛泽东和中共中央即致电新四军军部，指示新四军要利用有利时机，主动积极地深入敌后，创建以茅山为中心的根据地。在茅山根据地大体建立起来后，还应分兵东进，直抵淞沪和渡江北上，向苏南发展。

6月中旬，新四军第1、2支队挺进到苏南敌后。

初进苏南敌后的新四军，由于在3年游击战争中屡遭国民党的"围剿"和封锁，衣衫褴褛，装备低劣，不要说什么大炮、机枪等重型武器，就是步枪也只有少量的钢枪，大部分是猎枪、土枪，以及大刀和长矛，弹药、粮饷也极为缺乏。开始时，日军根本不把新四军放在眼里。在他们看来，国民党几十万装备精良的正规军都不战

新四军收复青阳

而逃，何况区区之共产党游击队呢？国民党官兵也讥笑新四军人数少，装备差，认为这样的军队到敌后去必败无疑。江南老百姓，虽然信任新四军是人民的子弟兵，但对能不能打败日本侵略军也表示担心。

日军的轻视，国民党的讥笑，群众的担心，都是可以理解的。但是，他们忘记了新四军是中国共产党领导下的革命武装，是经过3年游击战争锻炼过来的铁军。

镇（江）句（容）公路的两侧，山高林密，特别是卫岗至竹子岗一带，山道曲折蜿蜒。1938年6月17日夜，粟裕率领的新四军先遣队，冒雨隐蔽在山道的两旁，等待着伏击目标的出现。

8时20分，从镇江方面开来了一支日军车队。当车队进入伏击区时，新四军给以突然袭击，共截获军车5辆，毙敌少佐土井及大尉梅泽武四郎等十余人，伤敌数十人，缴获长短枪十余支及日军军旗、军刀、军服、日钞等物品。

卫岗伏击战，是新四军东进江南敌后的第一战，首战告捷对江南日军震动很大。镇江日军在得报卫岗遭伏击时，还以为碰上了什么现代化装备的大部队，调派了数百名日军、数辆坦克和数门大炮及3架飞机，从镇江方面紧急驰援。可是，当日军到达卫岗时，新四军早已撤离战场了。

卫岗处女战的胜利，振奋了军威，鼓舞了士气。捷报传来，陈毅将军亦十分兴奋，口占一绝，记下了激动人心的"卫岗初战"：

弯弓射日到江南，
终夜喧呼敌胆寒。

镇江城下初遭遇,

脱手斩得小楼兰。

这次伏击战的指挥者粟裕将军也赋诗以抒胸臆:

新编第四军,

先遣出江南。

卫岗斩土井,

处女奏凯还。

卫岗初战的胜利,打击了日军的骄横气焰,振奋了江南人民的抗战情绪,开创了江南敌后抗战胜利的先声。此后,新四军第1、2支队捷报频传,从6月到8月的短短3个月中,共取得了新丰、新塘、句容城、珥陵、小丹阳、永安桥、江宁、当涂、禄口等大小百余次战斗的胜利。甚至南京城郊机场、麒麟门和秦淮河畔也响起了新四军游击健儿的枪声。

茅山,地处江苏南部的句容、金坛、溧水等县的交界处,由大小3座山峰组成。这一地区是雄居东南,屏障江左,威慑宁沪的战略要地。也是新四军坚持江南敌后抗战的理想基地。

新四军第1、2支队进入茅山地区后,即在陈毅、张鼎丞、粟裕等的领导下,全力进行开创茅山根据地的工作。他们一方面发动组织江南人民积极参加抗战,团结改造当地的抗日自卫队,镇压那些助纣为虐、残害群众的民族败类、地痞流氓和土匪;另一方面,积极贯彻执行党的抗日民族统一战线政策,推动开明绅士、社会名流和民族资产阶级分子一起参加抗战，从而在江南敌后，迅速形成了一股强大的抗日洪流。

到 1938 年 7 月，具体领导苏南地区抗日的中共苏南特委成立。随后，第 1 支队在其活动地区召开了各界人民代表大会，成立了镇（江）、句（容）、丹（阳）、金（坛）四县抗敌总会。第 2 支队在其活动地区亦召开各界人民代表大会，成立了江（阴）、当（涂）、溧（水）三县抗敌自卫委员会。这两个群众组织，不久即逐渐转化为抗日民主政权性质的组织。至此，初进苏南的新四军，打开了江南敌后抗战局面，初步建立了以茅山为中心的抗日游击根据地。

江南敌后抗日游击战争的开展和茅山根据地的创建，给骄横不可一世的日军以沉重打击，他们不能容忍新四军在其占领的核心地区进行抗日活动。为巩固其在江南占领区的统治，他们抽调大批兵力，加紧对茅山地区的新四军进行清剿"扫荡"，前后达 30 余次。

日军在加紧军事进攻新四军的同时，还极力破坏中共军民之间的团结，企图使新四军不能在当地立足。如他们在向根据地进犯前，先派出大批汉奸向当地老百姓宣传什么"皇军专打新四军，对老百姓不烧不杀，买卖公平"，以笼络人心。另外他们还挑拨当地普遍存在的"大刀会"和新四军的关系，妄图用"大刀会"来牵制削弱新四军。

日军的军事"扫荡"和政治欺骗，给江南敌后的新四军带来了严重困难。但在广大人民群众的支持下，新四军采取灵活机动的战略战术，奔袭官陡门，奇袭东湾，激战延陵，取得一次又一次战斗的胜利，粉碎了日军一次又一次的"扫荡"，巩固了以茅山为中心的游击抗日根据地。

1938年9月11日，中共中央在延安举行了六届六中全会。会议批判了王明的右倾投降主义错误，重申全党独立自主地放手组织人民抗日武装的方针，决定将党的工作重点放在战区和敌后，大力巩固华北，发展华中。会议还决定撤销王明领导的长江局，设立中原局和南方局，由刘少奇领导中原地区的敌后抗战。

为了贯彻中共六届六中全会的精神，1939年初，陈毅命令新四军第1支队第2团和丹阳县游击队协同作战，冲破国民党限制，向苏北发展。该部出击扬中和大桥地区并迅速控制了这一地区。在此同时，陈毅又命令叶飞率领1支队第6团越过沪宁铁路，与无锡、江阴等地中共领导下的梅光迪游击队合编，组成"江南人民抗日义勇军"（简称"江抗"）向东作战。在无锡东北的黄土塘，"江抗"将士与数百名日伪军遭遇，并首战告捷，毙伤日伪近百人。此后，"江抗"在1个月之中，夜袭浒墅关火车站，全歼日军50余名和伪军1个中队，迫使沪宁线中断交通3天；挺进上海近郊，奔袭防守森严的上海虹桥机场，烧毁敌机4架。浒墅关战斗的胜利，壮大了"江抗"的军威，鼓舞了在日军铁蹄蹂躏下东路地广大人民的抗日斗志。

新四军东进淞沪，北渡长江，神出鬼没，机智灵活地打击敌人，鼓舞了沦陷区的人民，扩大了中国共产党和新四军的影响，也引起了国民党顽固派的嫉恨，他们不断向新四军寻衅，破坏新四军的抗日活动，并诬蔑新四军在江南抗战是"违反军令、政令"，是"越界活动"、"游而不击"等。

为打破日顽夹击，开展大江南北的抗日游击战争，1939年11月，新四军第1、2支队合并组成新四军江南指挥部，陈毅、粟裕分

途经茂林的新四军

任正副指挥，统一领导江南新四军。为贯彻执行中共中央向北发展的方针，"江抗"部队从淞沪西撤，与丹阳游击纵队合编为新四军江北挺进纵队，在叶飞、管文蔚率领下，渡江北上，在扬州、泰州地区开展游击战争。陶勇的苏皖支队则向扬州、仪征、六合、天长地区发展，以配合新四军第5支队在皖东立足。至此，江南新四军已完成了战略展开，足跨长江两岸，为发展苏北，沟通华中、华北两大战略区奠定了基础。

新四军第3支队在岩寺分兵，策应第1、2支队东进苏南之后，于1938年5、6月间进入皖南前线，开展对敌斗争。新四军军部也从岩寺迁至南陵县土塘村，7月1日又迁至安徽皖南的泾县云岭。

皖南，地处苏、浙、皖三省交界，境内山脉连绵，沟壑纵横，地形复杂。日军占领南京、芜湖后，这里成了与敌对峙的前线。在新四军来到皖南后，驻防皖南的国民党第3战区，为限制皖南新四军的发展，规定3支队活动地区是东起芜湖、宣城，西至青阳、大道镇，地跨宣城、南陵、泾县、青阳等县，横宽约一百公里，纵深约五六十公里的沿江狭长地带。该地区北依长江，东临强敌，背靠顽军，形势十分严峻。但新四军军部和3支队紧紧依靠当地人民，用自己模范的抗日行动，在消沉寂静的皖南山区，掀起了一股抗日洪流。

初到皖南的新四军，利用一切机会打击日军。1938年10月30日至11月4日，第3支队和第1支队一部在南陵县境内的马家园与日军激战四昼夜，歼灭日军300余名，显示出新四军不畏强敌、骁勇善战的铁军风范。

1938年底，国民党第3战区强令皖南新四军调至铜陵、繁昌间沿江地区，接受更为艰巨的阵地防务。

繁昌、铜陵，位于长江南岸，自古以来就是皖南的门户和水陆交通要道，是兵家必争之地。

南京、芜湖失守后，这里又成了皖南国民党第3战区的屏障，战略地位极为重要。

1939年初，新四军接防铜、繁地区。日军为确保长江交通，获得进攻屯溪、徽州的前沿阵地，对繁昌地区发动了五次大规模进攻。在1、2月间的两次反"扫荡"作战中，新四军与敌激烈争夺繁昌城，曾两失两克。5月，日伪2000余人，再攻繁昌，新四军又将其击退。11月，日军再次集结3000余人向繁昌发起第四次进攻，新四军先后在峨山头、汤口坝等地与日军激战，予日军重大杀伤。12月中旬，日军又以3000余人的兵力，在空军和炮兵的配合下，五犯繁昌，被新四军军民再次击退。

一年之中，新四军在皖南取得了五次保卫繁昌的胜利，给日军以沉重打击，振奋了皖南敌后人民。在繁昌保卫战中，新四军英勇顽强，不屈不挠，涌现出许多可歌可泣的英雄壮举。而第四次繁昌保卫战中的汤口坝血战，就是繁昌保卫战的一个缩影。

1939年11月14日上午8时，日军3000余人的精锐之师，在炮火的掩护下，向新四军守军发起了集团式冲锋。当敌人刚刚进入射程内时，新四军的机枪、步枪、手榴弹，雨点般地射向敌群。在新四军猛烈火力的打击下，一批又一批日军倒在阵地前。为了突破汤口坝，日军用大炮、掷弹筒、轻重机枪向新四军阵地轰炸扫射，造成了新四军守军的较大伤亡。但是，新四军将士并未屈服，营长牺牲了，由连长代理指挥；连长牺牲了，由排长代理指挥；排长牺牲了，班长又顶上……

阵地前的茅草、灌木在燃烧，到处是浓烟烈火，到处是吼声和鲜血。日军在炮火掩护下，突破了新四军第一道防线。当日军冲进新四军阵地时，双方展开了面对面的格杀。新四军将士子弹用完了，就用刺刀刺，刺刀弯了用枪托砸，枪打坏了用石头，石头打光了用拳头，负伤的战士则用牙咬，打退了敌人进攻。

时至黄昏，阵地上一切都静下来，只有断树、焦土、累累的弹坑和阵地前的300多具日军尸体在无声地诉说这场殊死搏斗。敌我双方都已筋疲力尽，双方在阵地前僵持着。晚上7时，天已昏暗，日军在援军的接应下，仓皇撤出阵地。

1940年4月，日军为巩固江防，雪繁昌战役失败之耻，调集第15、第17、第116师团各一部约万余人，在飞机掩护下，分三路向皖南进行空前规模的大"扫荡"。

日军"扫荡"开始后，驻守青弋江、南陵、繁昌、青阳等地的国民党军队迅速败退。日军轻易占领上述地区后，兵逼泾县云岭新四军军部。这时分布在云岭地区周围的新四军将士不足5000人，而且大多是军部文职人员。一场敌众我寡、力量悬殊的恶战又拉开了帷幕。

为保卫云岭，保卫新四军军部，阻止日军进犯，军部迅速制定"以营为单位分散作战，不与敌人作正面的攻防战，以游击战的方式与敌周旋于我军地区，吸引与迟滞敌人，袭扰与疲惫敌人，破坏与截击其运输供给，穷困与饿疲敌人，造成其弱点，打击和歼灭敌人"的作战方针，并调遣了所有机动兵力，完成了作战部署。

4月26日，日军步、骑、炮兵2000余人在4架飞机掩护下，向新四军第1团防御阵地发起进攻。

新四军第1团健儿在傅秋涛将军的指挥下，派出小部队不断袭扰敌人，并将敌诱至父子岭伏击圈。激烈的血战开始了。当时的《南繁战役详报》曾作如下记载：

> 敌人借飞机的扫射轰炸与炮火的掩护，逐渐迫近，一面以骑兵向我父子岭阵地猛冲，一面步兵主力向我吕山冲侧背突进。当时我军除以浓密的火力杀伤敌人外，即调隐蔽茶山附近之主力1连出击吕山冲内与敌展开激战，白刃肉搏，约经4小时之久。我因已经达到杀伤敌人目的，即以主力向庵基、紫石汤、许庄方向集结，吸引敌深入与之决战。

父子岭伏击战，持续8小时，新四军将士连续击退了日军十多次进攻，毙敌317人，缴获大量军用物资，顺利结束了战斗。

另一路日军约4000人，于4月26日上午分三路会攻南（陵）、青（阳）公路上的战略要地何家湾。新四军先以小股部队分散牵制敌人迟滞其前进，并截击各路向何家湾前进之敌。

4月26日中午，日军步、骑、炮兵，在空军配合下，向何家湾各战略制高点发起集团冲锋，激战至黄昏日军无法进占新四军阵地，被迫退却。敌此役伤亡指挥官3名和士兵300余人。

在繁昌地区的新四军第3支队在谭震林指挥下，在繁昌天门外、中分村、方村一带与敌展开肉搏战，歼灭部分敌人。

此外，新四军还在梅冲、纪家岭、九郎庙、汪家桥、铁门闩、长岭山、狮子山等地予敌以重创。此次反"扫荡"，新四军以劣势的装备和兵力，在皖南人民的大力支援下，取得了毙敌千余人的重大胜利。

但是，皖南"扫荡"的失利，使日军恼羞成怒，他们决心对皖南新四军进行报复。

10月上旬，日军经过半年准备，又重新集结了1万余人，再次"扫荡"皖南。

这次"扫荡"日军兵分两路。其中一路5000余人，在飞机掩护下，从南陵、铜陵、繁昌出发，直扑新四军军部驻地云岭。

新四军军部直属队和第1、3团等，在叶挺亲自指挥下，在云岭外围的田方、草鞋店、左坑、枫坑等布防设伏，截击敌人。

1940年10月16日的《抗敌报》曾载文对这场血战作了详细报道：

> 7日晨，占据三里店之敌5000余，炮70门，骑兵800余，在空军配合之下，分成三路前进：一路向东南窜田方，其余两路企图占领草鞋店两侧高地。我军早已看穿了敌军这些企图，预先已把重兵分布在田方、草鞋店、左坑等处高地，一场激烈恶战便从此开始。侵略田方的敌军，三次猛扑，都被我英勇击退，敌乃不得不放弃田方一线的梦想，以骡马拽尸回逃。而企图夺取草鞋店两侧高地的寇军，也遭我重大杀伤，弃尸累累。三路敌乃合成一路，猛向吕山我军阵地冲扑。我控守着两侧高地，以逸待劳，反复与敌肉搏。敌虽然凭借步、骑、炮、空联合兵种威力，终日死冲，仍然屡战屡败。……7日傍晚，敌在飞机狂炸之后，三度攻战虽夺汀潭，但看见汀潭南面一线我军重

兵控守，两侧又为我侧击部队所控制，知道前进是不可能，要想后退，其后路已为我军所堵截，而号称5000强敌，因终日经我围困作战，给养不便，又不能休息，实在已经相当疲惫了。入夜，我军自西南及东北各方同时向敌进行猛烈突袭，自7时至午夜，激战未已，杀声震荡山谷，死伤敌官兵在千余人之数。敌经此重创，已无恋战之意，8日1时，遂在炮兵乱弹轰击掩护之下，分三路向大岭头数度冒险死战而后窜走。我当即一面分兵割歼敌之后头部队，并将三里店、左坑、汀潭相继克复，一面以劲旅迂回小岭、枫坑堵截。8日拂晓，流窜敌寇又在小岭、汪义坑、梅家冲一带被我歼斩数百。我向枫坑挺进的追击部队，又在枫坑江畔歼敌数百。

进攻云岭失利后，日军即扑向泾县城。驻守泾县城的国民党军第52师未曾接敌，便弃城逃跑，日军轻易占领泾县城。

叶挺率新四军将士乘胜追击，并将日军包围。日军在新四军强大攻势下，弃守泾县城。残敌在炮火掩护下，窜至泾县至南陵的西峰山，新四军将其围困，激战两昼夜，敌死伤数百名。直到11日拂晓，日军才在数十架飞机掩护下，突围逃往南陵。

在云岭保卫战正在进行时，新四军第3支队亦在铜、繁地区展开激战，粉碎了敌人的"扫荡"。

这次日军的皖南大"扫荡"不但没有消灭新四军军部和皖南新四军，反而损兵折将，死伤近3000人。对新四军的这次胜利，蒋介石也不得不致电叶挺军长表示"嘉奖"。

皖南新四军反"扫荡"的胜利，给皖南人民带来了希望，他们积极参加新四军，支援新四军。到1940年秋，皖南新四军除原有的第3支队和第1团、第3团外，又组建了新1团、新3团，军部特务营也扩大为特务团。而各地的群众抗日武装则遍及皖南各地。

就在新四军第1、2支队挺进苏南敌后，第3支进驻皖南抗日前线，实施战略展开的同时，1938年2月，红28军和豫南红军游击队奉党中央命令，改编为新四军第4支队，高敬亭任支队司令员。新四军第4支队在皖西霍山的流波疃会师后不久，亦东进皖中舒城、桐城、庐江、巢湖、无为等地区，于5月12日首战巢湖南岸的蒋家河口，出敌不意，全歼40余名日寇。蒋家河口伏击战，规模虽小，但它是新四军组建后在抗日战场上打的第一仗。首战告捷，军威大振，各地纷纷发来电报祝贺，连国民政府也发来了嘉奖令。

第4支队在东进皖中后，主动出击，灵活巧妙地伏击日军，先后取得了大小关、范家岗、椿树岗、棋盘岭、铁铺岭、西三十铺、七圣岗、运漕等数十次战斗的胜利，打击了日军的嚣张气焰，坚定了皖中敌后人民的抗战信心。其中新四军第4支队特务营、第7团3营9月3日在安徽桐城县棋盘岭的伏击战，摧毁了日军从安庆方向开来的50余辆军车，毙敌70余人，获战利品不计其数。9月11日，第4支队7团再次在棋盘岭设伏，经过激烈搏杀，击毙敌联队长和中队长各1人，分队长2人，士兵80余人，击毁装甲车2辆及大量其他军用物品。此后新四军第4支队在皖中对日军频繁出击，对敌战斗120余次，歼灭日寇数千人，有力地牵制了日军的西征行动，迫使日军收缩兵力，加强点线防御。

1938年11月，第4支队第8团在周骏鸣团长的率领下，冲破日军封锁线，越过淮南铁路，在全椒、定远、凤阳等地开展皖东敌后抗日游击战争。但4支队主力由于司令员高敬亭恋战皖中，对中共中央和毛泽东命令其东进蚌埠、徐州、合肥三点之间的皖东地区作战的命令，迟疑拖延，未能利用徐州沦陷、敌后空虚的有利时机，东进皖东，建立抗日根据地。

1938年11月，新四军参谋长张云逸率军部特务营来到江北地区，组建江北游击纵队。1939年3月，周恩来来到皖南，同新四军军部领导商量确定了"向南巩固，向东作战，向北发展"的战略方针。

为了贯彻中共中央和新四军军部的战略方针，1939年5月，新四军军长叶挺，带着张云逸、邓子恢、赖传珠来到皖中庐江东汤池，成立了新四军江北指挥部，由张云逸兼任指挥，徐海东、罗炳辉任副指挥，赖传珠任参谋长，邓子恢兼政治部主任。在第4支队，叶挺召开了连以上干部会，传达了中央和军部的东进方针，批判了对东进迟疑不决的错误思想。

同时，叶挺以不执行军令为名电请国民政府处决战绩卓著的新四军第4支队司令员高敬亭。后蒋介石回电照准，叶挺奉命逮捕高敬亭并将其处决。一代战将，没有死在抗日战场却因叶挺的判断失误被误杀。1977年，高敬亭被平反，追认为革命烈士。高敬亭成为抗战时期被自己人错杀的最高级别的将领，死时年仅32岁。

高敬亭被杀后，新四军军部于6月底对部队进行整编：整编后，徐海东兼任第4支队司令员，辖第7、9、14团，负责开展皖东津浦路西地区抗战工作；整编时，还以第4支队第8团为基础，扩编成立了新四军第5支队，下辖8、10、15团，罗炳辉任司令员，郭述申任政治委员。

1939年7月，整顿后的第4支队和新成立的第5支队奉命开赴津浦路西和路东地区，在津浦路两侧展开了广泛的敌后游击战争。

第4支队挺进路西后，消灭土匪，打击日伪，迅速开辟了以定远藕塘为中心的津浦路西游击根据地。

新四军新成立的第5支队在罗炳辉率领下挺进津浦路东后，在来安、嘉山、盱眙、六合地区积极开展游击战争，迅速开辟了以来安东北半塔集为中心的津浦路东游击根据地。在开创路东的斗争中，罗炳辉将军指挥的第5支队战士火烧来安城，消灭日伪军100多名，拔掉了日军在长江以北、津浦路以东的重要据点——来安城。

1939年11月，中共中央代表、中原局书记刘少奇来到皖东江北指挥部，直接领导与指挥皖东地区的抗日斗争。在1939年12月到1940年2月间，刘少奇在定远县江北指挥部驻地，先后主持召开了3次中原局会议，传达贯彻中共中央六届六中全会精神，批判王明右倾投降主义的错误，强调在抗日民族统一战线中，必须坚持独立自主原则，准备对国民党顽固派进行反摩擦斗争。刘少奇强调要在皖东全境、江苏西部大力发展武装，创造一个巩固的抗日民主根据地，将第4、第5支队建设成为坚持皖东斗争的骨干和发展苏北的重要力量。在刘少奇的直接领导下，从1939年12月到1940年2月的3个月中，新四军第4、5支队获得迅猛发展，抗日游击队遍及各地，主力部队亦由当时的8500余人发展到15000余人，巩固了路西、路东的抗日根据地。

1938年5、6月间，徐州、开封相继沦陷，豫东、皖北、苏北陷入敌手，沦为敌后，开展这一地区的抗日游击战的任务十分紧迫。

徐州地区位于津浦铁路、陇海铁路、黄河及淮河之间，西有伏牛山脉，南有大别山脉，西北有桐柏山脉。这里交通发达，物产丰富，进可驰骋平原，退可据守山中，是连接华北与华中的纽带，战略位置极为重要。

徐州失守后3天，中共中央和毛泽东即发出在豫、皖、苏、鲁4省敌后发动和组织群众，建立游击区，开展对日斗争的指示。

根据中共中央的指示精神，中共河南省委在豫东迅速组织了两支抗日武装：一支是中共豫东特委书记沈东平领导的"西华人民抗日自卫军"（后改为"第一战区自卫军第7路"），约1500人；一支是原中共豫西特委书记吴芝圃领导的以睢（县）、杞（县）、太（康）地方党为基础组成的"豫东抗日游击第3支队"，千余人。7月2日，河南省委决定由萧望东率"先遣大队"70余人，从竹沟开赴睢杞太地区，协助吴芝圃开展游击战争。

1938年9月，日军沿平汉铁路线南下并沿长江西进，围攻武汉。周恩来，叶剑英指示河南省委将工作重心转移到豫东，创造苏鲁豫边新局面。

9月28日，彭雪枫在竹沟誓师，30日率"新四军游击支队"东进敌后。

彭雪枫曾任红军师长，文武双全，智谋过人，是红军中著名的青年将领。红军改编为八路军后，他出任八路军总部参谋处长兼驻晋办事处处长。1938年受命从山西来到河南竹沟，兼任河南省委军事部长。

10月1日，彭雪枫的"游击支队"到达豫东的西华。11日在西华县的杜岗，与萧望东为首的抗日先遣队和吴芝圃领导的游击第3支队会师。会师后的3支抗日武装奉命合编，仍名为"新四军游击支队"，彭雪枫任司令员兼政委，吴芝圃任副司令员，张震任参谋长，萧望东任政治部主任，下辖3个大队共千余人。合编后，游击支队继续东进，挺进豫皖苏边，打击日伪，发展人民抗日力量。

10月27日，驻淮阳东北戴集的日军第14师团一部骑兵百余名，在林津少尉的指挥下，向游击支队驻地窦楼进攻。为打击日军嚣张气焰，扫除东进障碍，彭雪枫、张震等身先士卒，亲自率部迎敌，经两小时激战，击毙林津以下日军10余名，获得了挺进豫东的首战胜利。

1938年11月上旬，游击支队继续向豫东、皖北地区挺进。在东进中，游击支队取得了夜袭芦家庙、苏木岗，奋战徐庄、黄庄、戴集，血战湖沟、砖角楼，两袭怀远，伏击常家坟等大小30余次战斗的胜利。在胜利中，新四军游击支队也由合编时的千余人发展到1939年1月时的12000人。11月2日，新四军游击支队奉命改番号为"新四军第6支队"，下辖3个主力团和3个总队。

1939年11月6日，刘少奇来到新四军第6支队驻地新兴集，传达了中共中央关于在华中敌后建立根据地的各项政策，并指示第6支队向东发展，创建苏北根据地。根据路西和皖东北斗争的实际情况，12月20日6支队派张太生率支队主力1团及党政军干部120余人，随张爱萍赴皖东北开展工作。张爱萍到皖东北后，组建了6支队第4总队，张爱萍任总队长兼政委。在皖东北，新四军粉碎了日军多次"扫荡"，坚持抗日民族统一战线政策，在有理有利有节的原则下，反击国民党顽军马馨亭部和王光夏部的挑衅，取得了徐圩、大柏沙等反摩擦的胜利，创建了皖东北抗日根据地，隔断了苏皖顽军的联系，为新四军东进开辟了新的前进阵地。

对于新四军第6支队在豫皖苏边区和皖东北地区的发展，日军寝食不安。为了保护其交通线的安全和对其占领区的统治，1939年12月至1940年3月，日军驻守徐州西南的第21师团在步兵、骑兵、坦克、飞机的配合下，以2000多人的兵力向新四军第6支队的主力驻地萧县、宿县、永城连续进行了3次大"扫荡"。第6支队在司令员彭雪枫的率领下，英勇反击，先后毙伤日伪1000余名，粉碎了日伪的"扫荡"。在反"扫荡"中，仅第1总队就击毙日军佐路联队长、北山大尉、板木什平少尉以下官兵数百人。日军在多次"扫荡"失败后，深感新四军已经壮大，并已成为心腹之患，遂又于4月1日纠集日伪3000余人，汽车30余辆，由永城、砀山、黄口、王白楼等地，分四路向新四军进行报复性"扫荡"。新四军第6支队第1总队、萧县抗敌总队、萧县支队及第3总队等部与日伪激战于永城以北山城集附近的磨山、僖山、李黑楼一带。自晨至晚，经反复冲杀，终于粉碎日伪进攻，歼敌300余人。但在这场血战中，新四军第6支队第1总队总队长鲁雨亭将军等200余人壮烈牺牲。

山城集的硝烟刚刚散去，一场大战又悄悄来临了。

6月1日，日军第21师团再次调遣千余人，分四路以快速部队合击新四军第6支队司令部新兴集。在彭雪枫指挥下，新四军将士沉着应战，在新兴集周围与敌展开激烈战斗，予敌较大杀伤，迫使其仓皇败退。至此，豫皖苏边区抗日根据地得到巩固和很大发展。对此，毛泽东曾于1940年4月致信彭雪枫，对豫皖苏边区的工作予以赞扬："一年来，豫皖苏边地区迅速得到发展，部队和地方武装不断扩大，你们的工作很有起色，中央对你们取得的成绩深表满意。"

在新四军第1、2、3、4、5、6支队在大江南北痛歼日伪的同时，在华中重镇武汉的外围又响起了新四军的抗日枪声。

1938年10月，长江中游重镇武汉沦于敌手。在中国共产党的领导和影响下，鄂豫边区人民纷纷起来战斗，他们集中了民间的枪支，捡起国民党军队溃逃时丢下的武器，建立了信阳挺进纵队、应城抗日游击队、湖北抗日游击大队鄂东游击挺进队、新四军第6游击大队等地方抗日武装。这些抗日武装的建立，初步形成了鄂豫边区开展敌后抗战的基本力量，揭开了威武雄壮的武汉及外围敌后抗日游击战争的序幕。

为了加强鄂豫边区抗日游击战争的领导，迅速形成一支能打开鄂豫边区敌后抗战局面的抗日武装，1939年1月，中共中央和中原局决定派李先念率部挺进武汉外围敌后，汇集党的武装力量。

1939年1月17日，一场大雪刚刚停息，漫野银白，朔风凛冽。以李先念为司令员，周志坚为参谋长的新四军独立游击大队160余人，迎风傲雪，踏上征途，挺进武汉外围敌后。这支部队绕道鄂东，联系了那里党的组织及其领导的武装后，于春夏之交到达鄂中。同年4月，中原局又派出一支武装护送陈少敏赴鄂中，任鄂中区党委书记。

1939年6月，鄂中区党委根据中原局指示，召开了养马畈会议，统一整编了豫南及鄂中党的地方武装，成立了新四军豫鄂独立游击支队，李先念任司令员，陈少敏任政治委员（不久由陶铸代行政委职务），下辖4个团队及应抗总队。

这支新诞生的游击兵团，高唱"挺进！挺进！挺进！让我们高唱抗战之歌，沿着江汉两岸，鄂豫之边，驱逐日寇出中国境"的《豫鄂边区挺进进行曲》，高举抗日义旗，向鄂中、豫南、汉水和淮河两岸挺进，开展机动灵活的游击战。

1939年8月1日，李先念率部来到平汉铁路上日军重要据点花园至襄阳的襄花公路一侧，并决定在这条公路上伏击日军，打赢进军鄂中的第一仗。

经过侦察，伏击地点选在憨山寺。

憨山寺一带丘峦纵横，山道陡突，松林茂盛。襄花公路从憨山寺的山沟中穿过之处有一个将近90度的急转弯，是实施伏击的最佳选址。

憨山寺，名虽如此，实则只见山，并未见寺。关于憨山寺，当地老百姓还流传着一个古老动人的传说。相传很早以前，有一位神仙挥动神鞭驱赶无数大山，昼夜兼程，东去填海。其中有一座大山，憨头憨脑，实在疲于奔波，行至此地，再也不肯动弹一下，留了下来。这就是今日的憨山。8月1日夜，豫鄂独立游击支队1团队和2团队一部就在憨山设下伏兵，等待日军的出现。

8月2日清晨，太阳冉冉升起，金色的阳光洒满树梢，山野静静地沐浴在夏日的晨雾中，周围除了战士们疲惫的喘气声和零星的几声鸟鸣，一切显得那么宁静、平和。一阵汽车的轰鸣声打破了宁静，5辆装满全副武装的日军和军用物资的卡车进入了新四军伏击圈。埋伏已久的新四军将士在支队参谋长周志坚的直接指挥下，从四面八方向日军一齐开火。日军被这突然袭击弄得晕头转向，忙乱中纷纷跳下车拼死顽抗，新四军伏击部队则以密集的火网压住敌人，踏着荆棘收缩包围圈，将大部分日军歼灭，摧毁5辆汽车。花园据点日军闻其部队在憨山寺被袭，派出大批骑兵，匆匆增援，赶往憨山寺。新四军伏击成功后迅速撤离阵地，留给敌人的是几十具尸体和烟高数丈的正在燃烧的汽车。

新四军首战鄂中的胜利,鼓舞了鄂中人民的抗日热情,扩大了新四军的影响。8月14日,新四军豫鄂支队血战朱堂店,击毙日军80余人;10月13日,李先念亲自指挥了新街反击战,毙伤日军20余名。在此同时,豫鄂支队还抓紧时机,消灭了鄂中孝感、应城等地的伪军,使应城、云梦、孝感各块游击根据地连成一片,建立了新四军在鄂中的前进阵地。而4团队为扩大影响,敲山震虎,则飞越汉水,痛击武汉附近蔡甸镇的伪和平救国军92师熊光部,将抗日烽火燃烧到武汉近郊,威震武汉三镇。

新四军豫鄂独立游击支队通过从敌人手里夺取武器武装自己,由小到大,由弱到强,至1939年底成为拥为6个主力团队的游击兵团。

对于新四军在大江南北跃马驰骋,勇克日伪,人民抗日武装力量不断发展壮大,国民党顽固派极为嫉恨。他们本欲将南方八省游击队整编后开往抗日前线和敌后,借日伪之手除去征剿多年而未铲除的心腹大患。但事与愿反,新四军不但未被消灭,反而越战越强,成为活跃在华中地区的一支实力颇强、影响最大的抗日武装。这对推行溶共、限共、防共、反共政策,视共产党为心腹大患的蒋介石来说是不能容忍的。于是在华中有了平江惨案,有了夏家山事件,有了竹沟惨案……

在鄂豫边区,当新四军挺进鄂中敌后时,蒋介石曾数次"电令"新四军军部,妄言"鄂中非新四军防区","鄂中新四军必须撤走",否则"以武力解决"。1939年9月,国民党顽固派在鄂豫边区制造了"夏家山事件",捕杀新四军将士和党的地方干部百余人。11月,又制造了震惊全国的"竹沟惨案",捕杀新四军伤病员及无辜民众200人。

为了集中力量打击日寇和制止国民党顽固派愈演愈烈的反共摩擦,根据中共中央和中原局的指示,成立不久的豫鄂边区党委,将鄂豫皖、豫鄂、鄂中3个地区的党的抗日武装统一编为豫鄂挺进纵队,由李先念任司令员,朱理治任政委。下辖5个团队和3个总队。

新四军豫鄂纵队成立后的1940年1月至4月,李先念指挥纵队主力,三越平汉路,予"夏家山事件"的制造者程汝怀部以歼灭性打击,为开辟鄂东根据地打下基础。与此同时,纵队的另一部以机动灵活、跳跃回旋的英勇姿态,飞越汉水,初战汉阳侏儒山,进击伪军汪步青部,直叩武汉门户,使武汉日伪胆战心惊,戒严了3天。5月,日军以6个师团的兵力,对鄂西北国民党正面战场发动了一次战役性进攻,为配合友军正面战场作战,新四军豫鄂纵队以大局为重,在日军西进时刻,主动骚扰敌后,回师路西,进军白兆山、京山、钟祥以南山区,粉碎了日军对白兆山腹地平坝镇的3次进攻,给敌以重大杀伤。随后不久,挺纵西渡襄河,奔袭荆南,血战天西,完成了在平汉铁路东西两侧、汉水中下游的战略展开。到1940年底,鄂豫边区根据地在敌伪顽军的夹击中发展到十几个县,部队也从一支分散的游击队发展为拥有10个团万余人枪的主力部队。这支部队在武汉外围和中原前哨的抗日斗争中,发挥着极其重要的作用。

在皖东和江苏西部,第4、5支队分区抗日,张云逸和徐海东等率第4支队在淮南津浦路西;邓子恢、罗炳辉等率第5支队在淮南津浦路东。到1940年3月,第4、5两支队已发展到1万余人。

1940年3月初,在蒋介石的策划下,华中顽军开始了大规模的反共进攻。桂系李品仙部138师,配合地方顽军6000余人,分头围攻位于合肥以北青龙厂一带的新四军江北游击纵队和定远以南大桥地区的江北指挥部以及4支队司令部;苏北韩德勤部也忙于进犯路东新四军第5支队。韩桂两顽企图东西夹击,消灭皖东新四军。

面对这一严峻的斗争形势,中共中央中原局和江北指挥部决定,集中主力于津浦路西,先反击对新四军威胁最大的桂顽,然后再挥戈向东,击破韩顽的进攻。

3月中旬,新四军集中第4、5支队兵力6个团,以及陶勇的苏皖支队主力,在定远反击桂顽。经过激战,攻下定远城沿线各要点,桂顽颜仁毅部被新四军全歼,颜本人逃往寿县。此役共歼顽军2000余人,生俘支队副司令以下1000余人。

当新四军正在路西鏖战之际,苏北韩德勤乘路东新四军主力离开之际,调集8个团万余人兵力,乘虚而入,直扑新四军第5支队指挥机关所在地——半塔集。

半塔集位于天长、仪征、六合、来安、嘉山、盱眙诸县之间,是一个东西短、南北长的小镇。镇内驻有第5支队教导大队。镇西南是5支队领导机关所在地。西北的光山是半塔的制高点,其东面及东北面是一片乱坟岗和小树林。

当时驻守在半塔集的新四军仅有第5支队的后方机关、教导队、特务营两个连约千人。双方兵力悬殊,局势非常紧急。

3月21日,顽军开始进攻。

刘少奇和江北指挥部果断决定:路东部队、机关应组织一切力量固守待援;江北指挥部立即率领第5支队及苏皖支队兼程东进,驰援半塔;调挺进纵队主力一部火速西援。

在顽军的强大攻势面前，半塔地区军民在邓子恢、郭述申、周骏鸣、张劲夫等指挥下，以积极防御手段，同十倍于己的顽军英勇奋战。时而主动出击，与顽军肉搏；时而凭险据守，顽强抵抗。在半塔地区人民群众的积极支援下，浴血奋战八昼夜，击退顽军数十次进攻，半塔集的核心阵地始终掌握在新四军手中。正当战斗最激烈的时候，江南指挥部的陈毅司令员电令叶飞率挺进纵队西援半塔。叶飞受命后率挺纵主力西渡运河，横跨天桥公路，日夜兼程，迅速到达指定位置，给予顽军致命打击。同时，路西援军在张云逸、罗炳辉、陶勇等的率领下，飞越津浦路，急援半塔，对顽军形成东西夹击之势，韩德勤为免遭全军覆没，仓皇后撤。新四军乘胜反击追歼顽军千余人。

半塔保卫战的胜利，奠定了建立淮南抗日根据地的基础，为实现开辟苏北、发展华中的战略方针迈出了重要的一步。

随后，淮南抗日根据地的军民团结一致，相继取得了路东和路西反"扫荡"、路西古城集反摩擦、路东平定8县反动地主武装暴动、路东粉碎日伪7路大"扫荡"等大规模战役战斗的胜利，巩固了淮南根据地，开辟了淮宝地区，配合了苏北黄桥、曹甸等反击韩顽战役。

在豫皖苏边区，针对苏北、皖北摩擦事件的不断发生，1940年6月，中共中央命令八路军第2纵队政委黄克诚率344旅及新2旅共5个团（12000余人兵力和500余名干部），迅速南下，协助新四军巩固和扩大华中抗日根据地。6月下旬，黄克诚部与彭雪枫的新四军第6支队会师新兴集，两支部队合编为"十八集团军第4纵队"，彭雪枫任司令员，黄克诚任政委。不久，又将八路军新2旅、687团、苏鲁豫支队、南进支队、新四军第6支队第4总队合编为八路军第5纵队。第4纵队在彭雪枫领导下，执行"向西防御"的任务，黄克诚则率第5纵队挥师东进，策应新四军第1、2支队发展苏北的行动。

苏北是一个有2000万人口，盛产粮、棉、盐等战略物资的重要基地，是控制日军沿江进出的重要侧翼，是连接新四军同八路军的重要纽带。苏北抗日局面一旦打开，向南可以与江南抗日根据地相呼应，扼制长江下游，直接威胁设在南京的日本侵略军总部和汪精卫汉奸政府；向北向西发展，可以与山东、淮南、淮北等抗日根据地连接，分别直通华北、中原。控制苏北，对于发展和积蓄抗战力量，更沉重地打击日伪，制止国民党顽固派反共投降都具有重要的战略意义。因此，苏北就成为三方必争之地。

1940年春，随着国民党在华中反共风云日紧，摩擦事件不断出现，江南新四军的处境日趋危险。为了实现发展华中的战略任务，中共中央1940年5月4日发出了毛泽东亲自起草的被称为"五四指示"的电报。"五四指示"要求东南局及新四军不应强调华中的特殊性，而坐失发展时机，在江苏境内，应不顾顾祝同、冷欣、韩德勤等反共分子的批评、限制和压迫，西起南京，东至海边，南至杭州，北至徐州，尽可能迅速并有步骤有计划地将一切可能控制的区域控制在我们手中，独立自主地扩大军队，建立政权。电报还明确规定，此指示在皖南由项英传达，在苏南由陈毅传达。

1940年6月，国民党蒋介石部署的由顾祝同、冷欣、韩德勤、李品仙从南、北、西三个方面向新四军进攻的阵势已将形成，新四军皖南、苏南部队已无法集中，江北几支部队协力发展华中的步伐因种种原因，进展不够顺利；新四军现有的力量已不大可能在大江南北同时对付顽固派的进攻。形势的发展，已经到了最后抉择的关键时刻，机不可失，时不再来。6月15日，陈毅当机立断，急电中央，表示决心部署北移，说再不下决心，必致苏北、苏南两方受损。经中共中央同意，陈毅、粟裕率领江南指挥部所属主力数千人向苏北挺进，仅留下了3个主力营和一些游击队在苏南茅山地区坚持。

当时，苏北地区由韩德勤指挥的国民党兵力有16万人，其中韩德勤系统8万人，号称10万，但派系繁多，矛盾重重。驻在泰州及其附近的鲁苏皖边游击总指挥部李明扬、李长江及曲塘一带税警团陈泰运等部，都是深受韩德勤排挤和歧视的中间势力。陈毅根据中共中央指示和对苏北力量的分析，提出了"击敌、联李、孤韩"的发展苏北策略方针。

1940年6月，苏北局势日益恶化。扬州日军集结兵力，准备"扫荡"新四军；韩德勤也在蒋介石指使下，表示愿意与李明扬、李长江"捐弃前嫌，重修旧好，共同反共"。

6月28日，李明扬、李长江部在韩德勤挑拨、煽动和压力下由中立转为反共，以13个团的兵力逼向在郭村暂时休整的叶飞、管文蔚领导的江北挺进纵队。陈毅在了解情况后，一面要求两李以团结抗战为重，立即停止对新四军江北纵队的进攻；一面命令挺纵坚守待援，并急调江南主力3个团和苏皖支队火速驰援郭村。

当时军事态势紧迫，挺纵兵力单薄，双方兵力悬殊太大。正如李长江气势汹汹地对新四军谈判代表所说的："你们是天兵天将也不过二三千人，我们鲁苏皖的部队就是豆腐渣，也有七八十堆，也要胀破老母猪肚皮的。"李长江错误地估计了形势，扣留了新四军谈判代表，并企图将挺纵围歼于郭村地区。

6月28日拂晓，李长江部完成对郭村的四面包围，并发动了十路进攻。叶飞当机立断，坚决自卫。新四军收缩于郭村、西周庄坚守。在地方党和人民群众大力支援下，叶飞利用李部各路互不配合的弱点，采取积极防御，逐次打击其突出的一路的战法，有效地稳定了郭村的阵地。在战斗最激烈的时候，奉命增援的苏皖支队，在陶勇的率领下，跨越天杨公路，夜渡邵伯湖，穿过日军防线，日夜兼程200里，突然挺进到李军的防区杨家桥一带，与挺纵内外夹击，冲进郭村，与挺纵会合，加强了郭村的防守力量。然后，挺纵与苏皖支队连续组织反击，先后歼灭李军3个团，致使李军全线动摇。此时，原由中共地方党组织领导的武装，为适应斗争环境而用李部番号的由陈玉生率领的一个团、王澄率领的一个营，举行阵前起义，这就进一步改变了战场态势。新四军遂反守为攻，对李部内外夹击，击溃其另外10个团，郭村保卫战取得决定性胜利。

7月3日，陈毅和惠浴宇来到郭村，致函"二李"，表达了联合抗战的诚意。

为了推动抗战，联合二李，陈毅还将郭村保卫战中俘获的李部人员全部释放，归还被缴获的部分枪支，并愿意将郭村、塘头等原二李防地全部让给他们。李明扬对新四军的诚意深受感动，立即表示愿与新四军合作，让新四军秘密东进，并表示在韩德勤一旦向新四军挑起摩擦时，严守中立。郭村保卫战是巩固苏北桥头阵地的第一仗，也是同韩德勤争取二李的关键一仗。这一仗因新四军坚持了有理、有利、有节的原则，孤立了韩德勤，争取了二李，为以后黄桥反摩擦的胜利，创造了重要条件。

7月8日,粟裕、钟期光率江南指挥部2团、新6团、9团北渡长江,与挺进纵队、苏皖支队在泰州西南吴家地区会师。为打开苏北抗战局面,中央指示,江南指挥部改称苏北指挥部,陈毅任指挥,粟裕任副指挥。指挥部将江北部队重新整编为3个纵队,共7000余人。挺进纵队为第1纵队,叶飞任司令员兼政委;以原2团为主成立第2纵队,王必成任司令员,刘培善任政委;苏皖支队为第3纵队,陶勇任司令员,刘先胜任政委。

为实现开辟苏北的战略意图,7月26日,新四军挥戈东进,3个纵队兵分数路,远道奔袭,直捣黄桥。部队通过二李防区时,李军如约让路,并朝天鸣枪,以障韩德勤耳目。

新四军冲破韩德勤的沿路拦截,顺利到达黄桥。稍事休整后,转向黄桥以南,连续攻克西来安日军据点、孤山伪军据点,粉碎了日军两次报复性"扫荡",肃清了乡间土匪,并在群众的大力支持下,建立了政权机关,组建了地方武装。

韩德勤未能阻止新四军东进。8月份,在泰州城东和营溪以西向新四军发起攻击,又被击退,韩德勤于是采取堡垒政策,欲将新四军压在沿江的狭长地带,以将新四军困死在黄桥地区。9月3日,韩德勤再次调集重兵分两路进攻黄桥地区,又被新四军击退。此后,韩德勤对黄桥地区实行武装封锁。

为打破韩德勤的封锁,教训韩德勤,陈毅命令部队拿下当地粮食进口重镇姜堰,并数十次致函韩德勤,再三表达新四军团结抗日的立场和愿望。同时,召开当地士绅会议,促成韩国钧、朱履先等各方人士出面调停,劝韩和解。韩德勤感到十分孤立,于是提出"只要新四军退出姜堰,万事皆息,一切均可商议,否则无谈判余地"。为顾全大局，争取中间势力的同情和支持，陈毅下令退出姜堰，以表明和解诚意。同时，陈毅在各界代表和士绅会议上亦慷慨陈词，表明了自己的立场：

> 我军为达到苏北合作抗战之目的，愿意退出姜堰，只要有利于抗战，有利于人民，我军虽血涂四野，万死不辞。但要求对方诚心履行诺言，不再逼人太甚。不逼我们退到黄河以北，不逼我们抗日无地到长江喝水的地步，我军还可以容忍退让；现在我军既见逼于江南，又被胁于江北，竟不许中国的抗日人民军队在祖国土地上有抗战自由的权力，那是不行的，不能再容忍的。即令我军可以牺牲，而中华民族的利益是不可牺牲的！如省韩必欲置我党我军于死地，只有自卫一途。即是说我军退到黄桥，绝不再退。

陈毅义正词严、掷地有声的一席话，赢得与会代表的同声赞誉。

早年追随孙中山、毕业于日本士官学校、辛亥革命的功臣，孙中山就任临时大总统阅兵典礼时的阅兵总指挥、苏北著名士绅朱履先说："如果你们退出姜堰，省韩还来进攻，则是欺人太甚，万分无理，不但欺骗了你们，也欺骗了我们，省韩必遭苏北人民共弃！"

9月30日，新四军如约退出姜堰。但韩德勤却视新四军退出姜堰为软弱可欺，进一步提出无理要求："新四军一定要撤出黄桥，开回江南，才可进行谈判。"

苏北各界人士闻之无不愤然。清末拔贡，民国初年任过安徽省民政厅长，又当过江苏省省长，在苏北上层人士中德高望重的韩国钧老先生闻之亦怒骂韩德勤："小子无义，天必殛之。"

针对韩德勤在苏北的所作所为，为发展华中，增援新四军，黄克诚奉命率八路军第5纵队进入苏北淮海区，并根据中共中央指示公开提出："韩不攻陈，黄不攻韩，韩如攻陈，黄必攻韩。"中原局亦指示，如韩德勤进攻，八路军第5纵队，新四军4、5支队主力应不顾一切，克服困难，全力增援陈粟，一举歼灭韩顽。

10月初，韩德勤不顾新四军的严正警告和各界士绅的劝告与努力，违背民意，以其嫡系部队89军的117师、33师，独立6旅为中央纵队，令李明扬、陈泰运为右翼，以5个保安旅为左翼，共3万余人，向黄桥新四军大举进犯。新四军苏北指挥部的第1、2、3纵队全力投入黄桥战役。黄克诚亦率5纵全部，以1支队为先头，从淮海区南下，直捣韩顽后背，一路杀向黄桥。

新四军苏北部队在陈毅、粟裕、叶飞等指挥下，以8000余人的劣势兵力与韩德勤的顽军在黄桥地区展开决战。泰兴日军一部则进至黄桥以西观战，企图坐收渔利。整个黄桥地区四种力量并在，形成了新四军与韩顽苦战，李明扬、陈泰运与日军观战的战场奇观。新四军3个纵队在援军未到的情况下连续苦战3天，歼灭韩顽1.1万余人。89军军长李守维在逃跑时溺水而死。韩德勤仅率千余人逃回兴化老巢。新四军则乘胜追击，直下海安、东台。

10月10日，黄克诚率领的八路军和苏北新四军在东台以北白驹和刘庄胜利会师。

黄桥反摩擦的胜利和八路军、新四军会师，迅速打开了苏北的抗战局面。为适应新的斗争需要，中共中央决定成立华中指挥部，叶挺、陈毅为正副指挥，刘少奇为政委，统一指挥华中八路军、新四军。在叶挺到达苏北之前由陈毅代理总指挥。11月以后,苏北新四军、八路军在陈毅、粟裕、黄克诚的率领下,纵横驰骋,歼灭日伪,反击顽军的反共摩擦,胜利完成了中共中央制定的发展华中、开辟苏北的任务。

从1938年春新四军誓师东进,到1940年底,新四军在中共中央和刘少奇、叶挺、陈毅、粟裕、彭雪枫、李先念、谭震林等的领导下,抗击日伪,反击国民党顽军的反共摩擦,坚决贯彻中共中央和中原局东进北上、发展华中的方针,并正确地选择了发展方向,取得了重大胜利。在此期间,华中新四军、八路军对日伪作战2400余次,毙伤俘日伪军5.1万余人,缴获了大量的武器弹药和军用物资,建立了以皖东、皖东北、豫皖苏边、苏北、鄂中为中心的华中敌后抗日根据地。这块抗日根据地南扼长江,北倚陇海铁路,津浦铁路、京汉铁路南段均受新四军东西夹击,并直接威胁着南京、上海、武汉等大中城市的日伪巢穴,牵制了日伪很大兵力,有力地配合了国民党正面战场的作战,形成了新四军在华中与日军直接对峙的局面。

九
峥嵘岁月

1941年和1942年，日军集中在华主力对中国共产党领导的抗日根据地进行大规模频繁"扫荡"，实行野蛮残酷、灭绝人性的"三光"政策。在此同时，国民党顽固派亦不从抗战大局出发，再次制造了一个又一个亲痛仇快的反共摩擦事件。

因此，在1941至1942年中，中国敌后抗战出现了前所未有的困难。在困境和挫折中，敌后军民以血肉之躯支撑着民族的希望，呼唤着胜利的曙光。让我们踏着历史的足迹去寻觅那峥嵘岁月里血与火的辉煌与悲怆。

1941年1月4日夜，在皖南战斗了3年的新四军健儿9000余人，为顾全大局，委曲求全，挥泪告别皖南父老乡亲，开始向南转移。5日下午，到达泾县茂林地区。

6日，新四军在茂林地区被8倍于己的顽军包围，蒋介石又打响了反共内战的枪声。

当天下午，新四军军部召开紧急会议，决定集中力量，分路突围。是日晚，崇山峻岭中枪声四起，新四军部队和国民党顽军展开了包围与反包围的拼杀。但由于新四军政委项英的犹豫不决和多次改变突围方案，丧失战机，全军处于国民党顽军的层层包围之中，难以脱身。

山高路窄，雨大路滑，新四军将士在泥泞的山道上，迎着顽军的密集炮火，浴血冲杀，伤亡惨重。经八昼夜拼死血战，皖南新四军9000余人，除近2000人突围外，其余7000余人均遭杀害和俘虏。军长叶挺被俘，副军长兼政委项英和政治部主任袁国平、参谋长周子昆等高级将领遇害。

震惊中外的皖南事变发生了！

皖南事变发生后，周恩来在重庆《新华日报》上愤然写下了"千古奇冤，江南一叶；同室操戈，相煎何急"的题词。而蒋介石得意忘形，于1月17日发布命令，公然宣布新四军为"叛军"，将叶挺军长交"军法"审判。蒋介石在发布上述命令的同时，又部署各路顽军向新四军、八路军大举进攻：以30万顽军进攻津浦路西豫皖苏边区；以40万顽军封锁陕甘宁边区，攻袭关中、三边、陇东分区；以30万大军在晋察冀、冀鲁豫挑衅、摩擦；在山东发起所谓"三月攻势"；等等。

对于蒋介石发动的第二次大规模反共摩擦，中共中央采取了军事上坚决自卫、政治上猛烈反攻的方针。

1月20日，中共中央军委发布重建新四军军部的命令，任命陈毅为新四军代理军长，刘少奇为政治委员，张云逸为副军长，赖传珠为参谋长，邓子恢为政治部主任，并将陇海路以南的新四军、八路军统一整编为7个师和1个独立旅。第1师由苏北指挥部所属部队编成，粟裕任师长，刘炎任政委，活动于苏中地区；第2师由江北指挥部所属部队编成，张云逸兼师长，罗炳辉任副师长，郑位三任政治委员，活动于淮南地区；第3师由八路军第5纵队编成，黄克诚任师长兼政委，活动于淮海、盐阜地区；第4师由八路军第4纵队编成，彭雪枫任师长兼政委，活动于淮北地区；第5师由豫鄂挺进纵队编成，李先念任师长兼政委，活动于豫鄂地区；第6师由江南指挥部所属部队及江南人民抗日救国军编成，谭震林任师长兼政委，活动于苏南地区；第7师由皖南突围部队、原第3支队挺进团和无为游击纵队编成，张鼎丞任师长（未到职），曾希圣任政委，活动于皖江地区；第115师教导5旅改称新四军独立旅，直属军部指挥。1941年1月25日，新军部在苏北盐城宣布成立，陈毅等宣誓就职。在此同时，中共中央不断揭露蒋介石制造皖南事变的真相和摧残人民抗日力量的大量事实，从而使中共获得了全国人民、民主党派及国际舆论的普遍同情和支持，在政治上使蒋介石处于极端被动地位。

就在蒋介石发动大规模的反共摩擦的同时，日军亦开始调整作战计划，集中主力对华北、华中八路军、新四军采取了大规模的"扫荡"、"清乡"。

在华北，1941年1月，日军大本营制定了《对华长期作战指导计划》，从华东华中调回两个师团的兵力到华北，并派遣号称日本军阀三杰之一的冈村宁次继多田骏任华北方面军总司令，对华北根据地进行大规模进攻，华北形势出现了紧张状态。

日军对华北抗日根据地进行的"扫荡"，是伴随着杀光、烧光和抢光的"三光"政策和所谓"治安强化运动"进行的。日军推行的这种"三光"政策和"治安强化运动"，是为了彻底消灭抗日根据地，摧毁抗日根据地军民的生存条件，控制华北，建立巩固的后方基地，实现其"控制南方，建立大东亚共荣圈"的梦想。为实现这一目标，日本华北方面军第 1 军 1940 年在其《第一期晋中作战复行实施要领》中规定，凡认为有"敌意"的 15 至 60 岁的男子一律杀戮，对根据地的武器弹药和粮秣一律没收带走，对所谓"敌性部落，要烧毁破坏"。

此后日军对根据地采取了毁灭性的"扫荡"，逢村烧村，见人杀人，铁蹄所及，生灵荼毒，村舍为墟。但是，根据地人民始终未被征服，他们在中国共产党的领导下，前赴后继，坚持抗战，以大无畏的精神与八路军、新四军并肩作战，痛歼日寇。

在晋察冀边区，1941 年 3 月，日军开始向根据地进行全面蚕食。其蚕食的方法有两种：一种是依托交通线、据点对八路军根据地进行"边缘蚕食"；一种是以"扫荡"为先导，深入八路军敌后根据地建立据点，进行"跃进蚕食"，借此打击和削弱八路军。

如日军为蚕食分割晋察冀边区的冀中根据地，通过修路、挖封锁沟、筑碉堡、浚河等所谓的"交通建设"，来分割孤立冀中根据地。仅 1941 年，日军为配合其蚕食政策，对冀中区进行了数百人至 2 万人以上的大小"扫荡" 68 次。

针对日军的"蚕食"和"扫荡"，冀中军民以广泛的游击战、交通战及地道战、地雷战等多种作战形式与敌展开激烈的斗争。冀中八路军主力部队在一年内对敌作战 1265 次，毙伤俘日伪军 18667 人，予日伪的蚕食"扫荡"以有力打击。但终因敌强我弱及对敌蚕食政策的严重性认识不足，整个冀中根据地形成了由北向南、由西向东的退缩局面。

1942年，日军对冀中区继续进行蚕食和"扫荡"，至4月底，根据地基本被敌分割。为了彻底摧毁冀中根据地，5月1日，日军集中约5万人的兵力和800余辆汽车，在飞机、坦克的配合下，由1941年7月接任华北方面军司令官的冈村宁次直接指挥，对冀中平原进行"五一大扫荡"，实施空前残酷的所谓"剿灭"作战。

从5月1日开始，日军开始为期10天的第1阶段"扫荡"。敌以重兵分别向潴龙河、滹沱河以北地区，石德铁路以南地区"扫荡"。随后，从边缘地区逐步增加据点，向冀中根据地中心区压缩，以求聚歼冀中领导机关和主力部队。

面对日伪的压缩、封锁和合围，冀中军区除留部分基干团配合地方部队，开展广泛的游击战争外，主力转向外线配合县、区游击队袭击、伏击敌之据点和交通线，策应内线部队的反"扫荡"斗争。从5月11日至6月初，日军将其部队分为"封锁部队"和"扫荡部队"，组成所谓"铁环阵"，对冀中中心区实行分区合围与"清剿"。敌人的每次合围，都是在飞机配合下，采取多梯队、多层次、大纵深的部署，进行"拉网"，逐步搜索前进，企图迫使八路军主力部队难以机动和转移，然后将其聚歼。

在日军的"拉网扫荡"中，冀中领导机关仍然坚持在中心区指挥战斗，主力部队突围至滹沱河以北地区。坚持内线斗争的部队，化整为零，以排、连为单位与民兵、群众相结合，开展地道战、交通战、麻雀战等多种作战方式顽强地同敌人进行斗争。在无极和密县之间的赵户村，八路军军民一次歼敌300多人；在深泽白庄，八路军军民利用村落地道，抗击1000多名日伪军的进攻，歼灭日伪军400余人。在此同时，八路军转到外线的主力部队也伺机回师伏击敌人，配合内线，对敌开展猛烈攻击，给敌以重大杀伤。至6月上旬，由于敌我力量过于悬殊，冀中中心区被日军控制，整个冀中根据地被敌分割为2670个小块。冀中地区，敌人据点碉堡星罗棋布，公路密如蛛网，封锁沟、墙纵横交织并点碉相连。在封锁区内，日军在村与村之间以骑兵、自行车队昼夜巡逻，同时以700辆汽车穿梭于各公路线上，压制八路军活动。至此，冀中已完全处在敌人的严密封锁和控制之下。为适应新的斗争环境和保存力量，冀中主力部队陆续向外转移。在转移中，八路军一部在深泽以北的宋庄遭2500余日伪军包围。这支部队依托村落和工事与敌激战，经过30余次反复争夺，歼敌坂本旅团长以下400余人。另一支部队亦在突围中，在冀南山南宫、威县之间的掌史村被1300余日军包围，该部依托临时构筑的工事与敌血战，共毙伤敌军300余人，并顺利突围。

主力部队突围后，留在冀中的部分主力及地方武装、游击队和广大群众，仍坚持抗战。在极端残酷的斗争环境中，他们逐步成功地转变了组织形式和斗争形式，开展广泛游击战争，使侵略者无安宁之日。至6月底，反"扫荡"基本结束。

冀中"五一"反"扫荡"的斗争，共历时2个月，作战270余次，毙伤日军坂本旅团长以下官兵8000余人，粉碎了敌消灭冀中党、政、军领导机关和主力部队的企图。但冀中党组织和军民亦受到重大损失，八路军减员16800余人，区以上干部牺牲三分之一，群众被杀被抓5万余人，造成了冀中平原"无村不戴孝，到处是狼烟"的悲惨景象。而冀中根据地亦变为游击区，有些地区完全沦为敌占区。

对晋察冀边区的其他根据地，日军从1941年起亦发起多次大规模"扫荡"。

1941年8月，日军集中在华北可能抽调的机动兵力共7万余人，对根据地进行"扫荡"，号称"百万大战"，意思是对八路军百团大战的报复。这次大规模"扫荡"，日军企图以绝对优势兵力，在2个月内彻底摧毁北岳和平西根据地。为达此目的，日军在军事上，采取分区"扫荡"、逐个歼灭的方针和"铁壁合围"、"梳篦式清剿"、"分进合击"等战法，兼之"三光"政策；在政治上，除施以惯用的欺骗、威胁等手法外，还设立伪政权，划分"治安区"和无人区的界限，胁迫群众迁徙"治安区"，以造成无人区，分离军民，孤立八路军；在经济上，日军则加紧掠夺破坏。同时，日军还大肆挖沟筑路，修建据点、碉堡，以利其对八路军封锁分割和各个击破。

面对强大的敌人，晋察冀边区军民采取游击战术，以分散对付敌人的合围，主力部队以营为单位，向敌之侧后出击。当敌深入根据地腹地分散"清剿"时，晋察冀部队则集中兵力歼其一部。第120师、第129师等部，则奉八路军总部命令，分别向平汉、正太、石德、同蒲各线出击，支援晋察冀边区的反"扫荡"。

当时，晋察冀军区领导机关为了指挥作战，吸引敌人，以利主力跳到外线去打击敌人，仍然坚守在根据地的中心区。当敌人把主要目标指向中心区时，发现军区机关的行踪，不断派飞机跟踪轰炸。军区机关和边区政府、中共中央晋察冀分局、北岳区党委等机关共1万余人，在转移至阜平以北30里的雷堡时陷入日军重兵合围之中。

局势万分危急，晋察冀边区的八路军中枢机关面临全军覆没的危险！

处惊不乱的军区司令员聂荣臻，在冷静地分析敌情后，立即命令一支小分队，带一部电台到雷堡东部山上，架起电台不断呼叫，而命其余电台关闭，以造成敌人判断失误，吸引其主力转向雷堡以东。随后，军区机关等约万人，从敌人不足1公里的空隙中，秘密迅速地向西撤出，一夜行军80里，隐蔽在深山中的小村庄常家渠，随即分散行动，终于跳出日军包围圈，使日军消灭根据地领导中枢的企图破产。

从9月4日起，日军进入第二期作战。北岳区的敌人把总兵力的2/3约4万人，陆续撤到各战略要点和交通干线上，一面伺机而动，一面继续对边区实施分割、封锁和"蚕食"。另以1/3的兵力约2.7万人，仍盘踞在根据地的中心区，一面实行"奔袭"、"清剿"、"辗转剔抉"，分区搜索，寻找八路军主力；一面破坏根据地设施，掠走粮食等物资。9月中旬，当第1军分区主力取得陈庄伏击战胜利时，日伪3500余人分数路围攻狼牙山。著名的狼牙山五壮士的英勇事迹就是在这次战斗中涌现出来的。

从9月开始，晋察冀军区外线部队转戈回击，予侵入根据地的日军以沉重打击，迫其撤退。11月1日以后，日军又对北岳、平西区，以原有据点为依托，修筑封锁沟、墙，继续对根据地进行"蚕食"封锁。在根据地军民的打击下，至12月10日，敌人的这次"扫荡"终于被粉碎。此次反"扫荡"，粉碎了日军合击歼灭晋察冀边区八路军主力的企图，共毙伤敌5500余人。但八路军亦付出了重大代价，根据地缩小了，各地区联系受到极大限制。

1942年，日军除对晋察冀的冀中区实行"五一大扫荡"外，还对冀东和平北地区分别进行了两次和四次大规模"扫荡"，制造了东西700里、南北80余里的无人区，使冀东、平北地区处于异常艰难的环境中。

在晋冀鲁豫根据地，1941年日军发起了残酷的"秋季扫荡"。

9月22日，日军集中2万余人兵力向晋冀鲁豫的岳南新区发动大规模"扫荡"，至10月2日，八路军粉碎了敌"扫荡"并巩固了岳南地区。10月，日军3万余人对岳北区进行所谓"铁壁合围"、"反转电击"大"扫荡"，经过1个月的斗争，根据地军民粉碎了敌之"扫荡"。10月31日，日军又以7000余人对太行区发动所谓"捕捉奇袭"扫荡，企图捕歼八路军总部、第129师首脑机关，摧毁其军工设施。

10月31日晚，日军4个大队首先从潞城出动，夜袭涉县赤岸村第129师师部所在地。11月1日，日军经东阳关向涉县进犯，在东阳关、响堂铺一线遭到阻击。2日，日军3000余人在飞机、大炮掩护下占领涉县。接着又以2000余人沿漳河北犯八路军总部西井等地，途中日军遭八路军顽强抗击。其中5日八路军在王堡、上温村、李堡等地与日军激战9小时，歼日军大队长以下近百人。5日晚八路军开始反击，日军被迫撤退。

11月9日，日军第36师团及津田独立混成第4旅团3000余人，分兵数路，杀气腾腾，直逼黎城、辽县一线，妄图一举摧毁黄崖洞兵工厂。

黄崖洞位于山西省黎城以北太行山山脉的黄崖峰上，海拔1600多米，山势险峻，地形复杂。抗日战争时期，八路军总部最大的兵工厂就设在这里。

11月10日下午，日军开始向黄崖洞兵工厂发起炮火攻击，揣摩试探，寻找突破之计。次日2时，日军先头部队兵分数路发动猛攻，主攻方向是通向兵工厂的必经之地——南口。八路军总部特务团近千人在第129师4个主力团配合下与敌展开激战。自10日到16日，八路军凭借险要的山势、复杂的地形，巧妙顽强地抗击敌人，击退敌人数十次冲锋，予敌重大杀伤。期间，日军为突破八路军防御阵地，用先进的武器和毒气弹向八路军阵地攻击。第一道工事被破坏后，八路军撤到第二道防线继续阻击敌人。八路军的阵地前，日军遗尸累累，山石上污血斑斑。战斗十分激烈残酷，多次发生肉搏战。16日，八路军守卫在水窑口阵地的战士击退三面进攻之敌数十次冲锋。随后敌人使用火焰喷射器，八路军阵地烈火熊熊，烟雾腾腾，但守卫战士并未退缩，他们面对乘机拥来的日军，跃出工事，带着满身烈焰向敌群射击、投弹、肉搏，直至壮烈牺牲。战士温德胜，则举起最后一颗冒着烟的手榴弹冲向狂叫的敌群，与敌同归于尽……

空中弹若飞蝗，炮似连珠。连续不断的炮弹、手榴弹、滚雷的爆炸声，震撼山谷。八路军将士面对民族敌人，以顽强的意志和献身精神，与敌血战。

17日，根据八路军总部的安排，八路军有计划地撤退。日军在付出惨重的代价后进入厂区。但厂区的兵工机械设备已全部转移。敌人一无所获，却遭到厂区地雷阵的大量杀伤和八路军游击小组的狠狠打击。

在黄崖洞保卫战的同时，八路军外线部队勇猛地向敌侧后袭击，攻克了10余个村落，夺得了敌"扫荡"之右翼阵地，支援了内线作战。日军在八路军内外夹击下撤出黄崖洞，途中又遭到八路军的伏击，死伤百余。11月20日，日军退回潞城。至此，以黄崖洞保卫战为中心的反对日军"秋季扫荡"的战斗全部结束。这次反"扫荡"共毙伤敌官兵1850余人，八路军伤亡350余人。

1941年，晋冀鲁豫抗日根据地军民，在与敌斗争中，共进行大小战斗2410次，歼日伪11270余人，摧毁日伪碉堡、据点500余处，开辟了岳南根据地。

面对失败，日军并未放下屠刀。1942年，日寇又对晋冀鲁豫根据地实施了更残酷的进攻。在冀南区，仅上半年，日军每日平均"扫荡"两次，其中千人以上"扫荡"达十次，万人以上"扫荡"两次。至6月底，日伪在冀南区已经碉堡、据点林立，公路沟墙如网，全区几乎都变成了游击区，人口减少了一半多。但冀南军民并未被残酷恶劣的环境吓倒，他们化整为零，分散游击，不断袭扰敌人。从7月至10月，冀南军民在反"扫荡"和对敌秋季攻势作战中，共进行大小战斗540余次，歼日伪4000余人，逐步在冀南地区开始恢复根据地。

在太行、太岳区，日军采取"捕捉奇袭、铁环合击、纵横扫荡、辗转清剿、反转电击、夜行晓袭"等战法，发动了春秋季"扫荡"和对根据地边缘地区的大规模蚕食。1942年2月，日伪集中1.2万人，对八路军太行地区主力和八路军总部进行"铁壁合围"，均遭失败。紧接着，日军又集中数万兵力，进行夏秋季大"扫荡"，以"铁桶合围"和"抉剔扫荡"等战法，合击八路军总部、中共中央北方局和129师师部所在的太行区、太岳区，八路军总部和129师师部多次遇险。

在反"扫荡"作战中，八路军将士浴血奋战，多次巧妙地伏击敌人，突破敌人的重围，并给敌以重大杀伤。仅129师在这次反对日军的夏秋季"扫荡"中就歼灭日伪5800余人。但由于双方力量悬殊，根据地的面积日趋萎缩，八路军的战斗减员十分严重，很多优秀的八路军高级将领，如八路军副总参谋长左权将军，太行3军分区司令员郭国言将军，新10旅旅长、太行6军分区司令员、著名抗日将领范子侠将军，新7旅政治部主任刘诗松，4军分区司令员杨宏明将军和政治部主任孙毅民等，都以身殉国，不幸阵亡。

但是，先烈们的血没有白流，日军的野蛮和灭绝人性的屠杀也未能摧毁根据地军民的抗日意志，他们掩埋好同伴的躯体，拿起刀枪，向民族的敌人复仇。"复仇，复仇，复仇"的呼声，响彻太行山，震撼清漳河。一场更大规模的抗日游击战争，在太行、太岳、冀南蓬蓬勃勃地开展起来。

在晋绥抗日根据地，1941年至1942年两年间，日军对晋西北抗日根据地进行了大小"扫荡"30余次，历时400天。

1941年3月，日军在第一次"治安强化运动"中，占领了平原游击区。在第二次"治安强化运动"中，日军对第5分区进行反复"清剿"的同时，还实行分区"扫荡"，构筑据点、碉堡，修筑公路和挖封锁沟，企图割断山区与平原区的联系，肢解根据地。在1941年1年中，晋西北根据地被日军严密封锁起来，八路军部队很难进入平原地区活动，根据地面积缩小16%，人口由150万减至100万。最严重时，晋中平原的第8分区只剩下17个村庄，第4分区离石、方山两县大部分沦为敌占区，晋西北根据地内的敌据点多达250余个。

1942年，日军又对晋西北发动了70余天的春季"扫荡"。

1942年1月31日至2月3日，日军集结了独立第3和第16混成旅团近万人，采取远距离奔袭合击的方式，企图一举歼灭八路军120师主力。2月4日夜，日军独立第16混成旅团独立步兵第85大队，奔袭兴县、李家湾和黄河渡口，6日占领兴县及李家湾。根据地军区指挥部转移到兴县西北的水江头，敌人尾随追来，被指挥部击退。与此同时，日军独立第3混成旅团分3路合击在保德东南地区的120师主力，又遭失败。此后，八路军120师分散伏击敌人，破坏公路，捣毁敌据点，与敌进行顽强周旋。这次反"扫荡"，晋西北军民共与敌战斗183次，消灭日伪军571名，迫使日伪退出了根据地中心区。

日军从根据地中心区撤出后，并不甘心失败，时刻准备奔袭驻兴县附近的八路军120师首脑机关。5月14日，日军村川大队及伪军1400余人，再次奔袭兴县军区机关。15日拂晓，敌进至界河口西南的李家庄，在高山密林中潜伏集结。17日，敌进占兴县空城。军区领导机关抓住战机，抽调部队回援，并以优势兵力将敌包围，经激战，杀敌过半。18日，日军利用武器优势，乘夜色从八路军接合部之空隙逃至田家会。八路军将士不顾连日作战的疲劳，穷追不舍，将700余日伪军包围在田家会这个弹丸之地，并控制了东北与西面的制高点，对敌形成居高临下之势。面对日寇，八路军将士咬牙切齿，决心要将被围之敌全部歼灭，为牺牲的战友和被日寇屠杀的无辜百姓报仇。弹尽粮绝的敌人拼死抵抗，但在八路军强有力的冲击下，日军的防御阵地被突破。到20日上午，除十余人逃跑外，余敌被歼。其中日军横尾、稻田中队长被击毙。是役，共歼灭日伪700余人，八路军仅伤亡75人。

田家会大捷一扫根据地的沉闷空气，振奋了晋西北抗日军民。

日军在山东蒙阴作战

八路军不断派出武工队，与主力部队相配合，展开反蚕食斗争，摧毁日伪据点，扩大游击区，恢复和建立抗日政权。

日军在对晋西北地区进行"扫荡"、蚕食和封锁的同时，对晋绥地区的大青山根据地实施了以"施政跃进"运动计划为主要内容的"总力战"，进行疯狂"扫荡"、蚕食和封锁，企图彻底摧毁根据地，以达到其"确保蒙疆自治区"的目的。顽军也趁机向根据地发动进攻。大青山根据地军民尽管英勇奋战，击退了日伪和顽军的多次进攻。但在日伪和顽军的夹击下，大青山根据地日益缩小，绝大部分变为游击区，绥中游击根据地被迫放弃，八路军仅能在绥西、绥南两块游击根据地坚持游击战争。10月，为了统一领导晋西北和绥远地区的军区工作，中央决定将晋西北军区改为晋绥军区，由贺龙任司令员，关向应任政委，统一领导晋西北和绥远的对敌斗争。

在山东，1941年日军集中兵力，先后"扫荡"了鲁西、鲁南、冀鲁边、清河、湖西、胶东与鲁中泰山区。其"扫荡"由"分散配备，集中突击"变为"分区围攻"，由"分进合击"发展到"铁壁合围"。1941年9月，根据中共中央指示，山东纵队和第115师两个军政委员会合组为山东军政委员会，罗荣桓任书记。山东纵队归115师指挥，以加强山东地区的军政领导和统一作战指挥。

1941年11月，日军调集日伪军5万余人，向中共山东分局、山东军政委员会、八路军115师和山东纵队等党政军领导机关所在地——鲁中抗日根据地（即沂蒙根据地）发动了空前规模的"扫荡"。他们企图以绝对优势兵力，以"铁壁合围"、"辗转电击"、"分割封锁"、"抉剔扫荡"等作战手段，一举歼灭山东党政军领导机关和主力部队，彻底摧毁沂蒙山区抗日根据地。

沂蒙山区，位于山东中部，方圆300余里，有72崮和大小7000多个山头，地势险峻，山上没有树木和花草，全是怪形黑石。这里自1938年以来，曾多次遭到日军"扫荡"，而尤以1941年冬季的这次"扫荡"最为残酷。

对于这次空前规模的"扫荡"，日军作了严密部署，以第17师团主力、第33师团一部，集结于临沂地区，向临沂以北及东北进击；以第32师团主力和独立混成第10旅团，集结于新泰、蒙阴地区，向蒙阴以东及以南进击；以第32师团一部集结于平邑、费县地区，向西蒙山进击；以第21师团主力和独立混成第5、6旅团各一部，分别集结于沂水和莒县地区，向沂水西南进击，以对鲁中沂蒙山区构成合围态势。同时，在外围抢修公路，构筑临时据点，遮断壕沟，防止八路军突围转移。

11月3日，日军特遣队首先行动，以大纵深包围的战法，于4日拂晓偷袭驻扎在马牧池的山东纵队指挥机关。山纵机关在警卫部队掩护下，分散向东南突围，经激战转移到敌人大合围圈之外。

5日，另一路日军2万余人，采取所谓"全面包围滚推式"战法，在7架飞机、10辆坦克、几十门大炮的配合下，分多路向中共中央山东分局和115师等领导机关驻地进行合围。同时，敌根据以往"扫荡"时八路军多向滨海区转移的规律，预伏重兵，布成口袋，待八路军向东南转移时予以歼灭。当日傍晚中共中央山东分局和115师师部在留田被敌包围。师部特务营4个连分守在留田四周山头和隘口化装警戒，机关和部队隐蔽在山沟里，情况万分危急。

面对强敌，山东军政委员会书记、第115师政委罗荣桓临危不惧，沉着冷静地分析了敌我态势：东面的沂河、沭河和台（儿庄）

潍（县）公路都被敌人严密封锁，北面敌人正向南压来，西面津浦铁路敌人碉堡林立，戒备森严，不易通过。只有西南面，敌人兵力正向中心区合围，后方必定空虚。因此，决定向敌人大本营临沂方向突围。是日夜，第115师师部和中共中央山东分局以及警备部队共5000余人向南转移，通过敌第一道封锁线时，大队人马组成3路纵队，在仅有的1.5公里间隙里迅速秘密地跑步通过，而敌人竟毫不察觉。随后，这支5000余人的部队在消灭敌人的巡逻兵后，从一个仅2.5公里的间隙中通过了第二条封锁线。这样，八路军没费一枪一弹，胜利安全地突破了敌人精心布下的口袋阵。当时，随军采访的国际友人、德国记者希伯曾著文，热情歌颂这次带有神秘色彩的突围行动是"无声的战斗"。

从11月中旬开始，日军进入"扫荡"的第二阶段。敌人合击失败后，即将沂蒙山区划分为4个"清剿"区。每"清剿"一地，日军都扶植伪政权，设据点，修公路，挨户搜查八路军地方干部、失散人员和伤员，大肆捕捉壮丁，实行"三光"政策，将根据地基本区内的村庄洗劫一空，多数房屋烧成灰烬，并屠杀当地群众3000多人，抓走青壮年近万人。

为了反击敌人的"清剿"，避免根据地遭受更大损失，山东分局和115师首长决定师部暂不向外线转移，改向沂蒙山中心区挺进，以配合内线部队的斗争。第115师主力一部随分局和师部返回中心区后，化整为零，在群众配合下，广泛开展游击战争，在半个月内，多次伏击"扫荡"和抢劫物资之敌，毙伤日伪军800余人。与此同时，还广泛发动群众坚壁清野，以"三空"（搬空、藏空、躲空）来对付敌人的"三光"政策。在反"清剿"斗争中，根据地的群众给主力部队以有力的配合。如沂南鲁山后、艾山后等5个村庄的群众冒着生命危险,分散掩护了八路军1300余名伤病员。为了保证伤病员的安全,一些群众宁愿自己家被毁,人被杀,亦不暴露八路军伤员的行踪。在军民协同打击下,敌人被迫从沂蒙山区撤退,但敌却加强了对沂蒙山区的封锁,增加了大量据点和碉堡,对根据地进行蚕食。12月8日,太平洋战争爆发,敌人除留6000余人在沂蒙山区巩固点线,防止八路军反击外,以部分兵力分别向天宝山区和滨海区进行"扫荡",掩护其主力撤出沂蒙山区。八路军一面尾追截击敌人,一面集中较大兵力袭扰留置于根据地内之敌,并乘势攻克敌据点,逐步恢复沂蒙山区根据地。

在这次历时50余天的反"扫荡"作战中,八路军共作战150余次,歼敌2300余人,连同邻近各根据地的配合作战,共歼敌4400余人,攻克敌据点160余处。但这次反"扫荡"作战,八路军亦付出沉重代价:伤亡1400余人。在战斗中,鲁中军区司令员刘海涛将军、第115师敌工部副部长王立人、山东纵队政治部宣传部长刘子超及德国友人希伯不幸殉难。根据地基本群众被杀害和抓走达1.4万人,鲁中根据地面积缩小了一半,根据地的对敌斗争也因此而更加困难。

1942年,日军对山东抗日根据地由频繁的"扫荡"发展为"拉网合围"。10月,日军调集1.5万余人再次合击山东分局和115师师部,并两次对山东根据地的首脑机关合围成功。在11月2日的合围中,山东军区特务营与敌展开了英勇顽强的肉搏战,打退了敌人8次进攻。当夜幕降临时,部队机关和抗大人员在特务营掩护下,冲出了敌人包围圈。最后掩护部队只剩下14人,战斗正激烈进行时,掩护部队子弹全部打光，被迫退至阵地东面的悬崖顶上，最后勇士们全体跳下绝壁，其中6名战士壮烈牺牲。这次突围战斗，八路军共毙伤敌600余人，八路军伤亡300余人。

与此同时，山东军民在外线积极配合沂蒙地区的反"扫荡"，他们四处出击，破袭交通线，攻克敌据点，有效地牵制了敌人。经过2个月的浴血奋战，到11月中旬，日军被迫结束了这次"扫荡"。但敌人却继续在边缘地区实行大规模蚕食。至1942年底，敌仍在鲁中、鲁南、胶东、冀鲁边、清河、滨海等区建立了3000余处据点，根据地大部分变为游击区，山东抗日根据地亦进入抗战的最困难时期。

在华中，皖南事变后，中共中央中原局和新四军军部根据皖南事变后的形势及中共中央、毛泽东的指示精神，确定新四军的任务是：坚持华中敌后抗战，阻止反共军的进攻，迅速加强根据地各项建设，积聚力量，与日、伪、顽进行长期斗争，一俟条件成熟，即向西、向南发展。各师的具体任务是：第2、4师分别在淮河南北，巩固津浦路东，坚持津浦路西，加强对西防御，随时准备迎击反共军的进攻；第5师独立坚持鄂豫皖边阵地，并以一部沿江而下，打通与第7师的联系；第7师发展皖中，坚持皖南敌后游击战争，积极打通与第2、5、6师的联系；第6师坚持苏南，阻止反共军北渡；第1、3师坚持苏北，建设巩固的根据地，建立强大的地方武装，以便主力机动作战，形成华中地区新的战略格局。

1941年春，日军叫嚣要"完成皖南事变未竟之功"，围歼新四军军部和主力，占领苏中、苏北根据地。1月下旬，日军第12旅团调至苏中沿江和运河沿线，并侵占了黄桥镇。同时，加紧诱降国民党顽军李长江部,准备在李投降后,立即大举进攻海安、东台、盐城等地。此时,国民党顽固派为实现其驱逐华中新四军至黄河以北,也配合日军乘机向新四军进攻。在蒋介石的统一部署下,汤恩伯对豫皖苏边区新四军实施战略进攻;韩德勤从背后袭击盐城新四军军部,策应汤军东进;顾祝同继续"清剿"皖南,进攻苏南;桂系李品仙则准备进攻皖中、鄂中的新四军。

面对如此险恶的环境,新四军军部决定给敌顽以沉重打击,保卫新四军军部和华中抗日根据地。

在日军的诱降下,李长江于2月15日在泰州率6个纵队万余人公开投敌,并就任伪军第1集团军总司令。18日,陈毅、粟裕指挥新四军第1师各部,从隐蔽集结的地区出击,发起讨李战役。仅3天,新四军即攻克李长江司令部所在地泰州城,歼灭其主力,俘虏李部官兵5000余人。在这次讨李战役中,曾发生了这样一个惊险而有趣的插曲——新四军的1名侦察员俘虏了伪军1个团。

讨李战役发起后,新四军侦察员陈永兴,骑着自行车,在从姜堰到泰州的公路上侦察敌情。一马平川,车轮飞驶,他竟然没有被李长江部队的哨兵发现,径直冲进了苏陈庄。这时,苏陈庄的庄头空地上,李长江部丁聚堂的一个团正在集合,几百人你呼我喊,乱糟糟地挤来拥去。陈永兴发现自己单枪匹马闯到敌人堆里来了,前进不行,后退不可。忽然他看见1个穿军官制服的人正在指手画脚,发号施令,就冲上前跳下车把此人抓住,掏出手榴弹,拉下弦线,大喝:"快下命令叫部队缴枪,否则,你死我也死!"此人吓坏了,乖乖地下令部队把枪堆在空场上,集合起500余人,集体成了俘虏。这位虎胆英雄后在车桥战役中与日寇白刃格斗时牺牲。

这个事例生动地说明了这样一个事实。战争中，没有正义就没有战斗力，就不能取得胜利。

就在新四军第1师发起讨李战役之际，日军为执行其既定的"扫荡"计划，救援李部，于2月18日由扬州、高邮、黄桥、如皋等地同时出动，乘虚侵占海安、东台等城镇，进窥盐城，并派一部驰援泰州，企图从侧背袭击攻城新四军。此时，韩德勤亦配合日军，以3个团的兵力乘机侵占新四军盐阜区的洪家桥、蒋营、凤谷林等地。2月21日，新四军1师在讨李战役目的基本达到后，主动撤离泰州城，按预定计划转入敌后，进行反"扫荡"作战，袭击破坏日伪交通运输线，攻击日伪据点，粉碎了日伪的"扫荡"。

7月20日，日伪抽调1.7万余人的精锐部队，装配了几十艘装甲汽艇，分几路进犯盐城、阜宁，妄图一举摧毁苏北根据地，消灭1941年4月成立的中共中央华中局（由中原局和东南局合并）和军部首脑机关。面对强大的敌人，新四军军部及机关撤出盐城，主力部队在陈毅、黄克诚指挥下，利用苏北河网港汊复杂地形，运用声东击西、南攻北守、首尾夹击、奇袭伏击等机智灵活的作战方法，使日军东奔西突，顾此失彼，连战皆北。在苏中的新四军第1师部队，为配合军部反"扫荡"作战，围困泰州、泰兴城和姜堰镇，攻克黄桥、古溪等日伪重要据点，并不断袭击南通、如皋境内的日伪据点和盐城至东台的交通线，迫使日伪兵力南移。苏北新四军则乘机转入全面反击，连续收复阜宁、东沟、建阳等城镇，使敌首尾不能相顾。至8月下旬，日伪对苏北盐阜区的这次空前大"扫荡"，在苏北、苏中军民协同打击下，被彻底粉碎。在这次1个多月的反"扫荡"作战中，新四军第1、3师等部共作战130余次，毙俘日伪军3800余人,击毁敌装甲汽艇30余艘,取得了华中反日伪"扫荡"斗争以来最辉煌的胜利。

日军在对苏北、苏中抗日根据地连续"扫荡"的同时,还以其控制的据点为依托,对苏北、苏中根据地进行"清剿"、蚕食,扩大伪化区,增设据点,修筑公路,封锁水陆交通线。将淮海区和盐阜区分割成许多小块,割断了苏北和苏中的联系,基本控制了苏北、苏中根据地内的大小城镇和主要交通线。苏北苏中军民则进行了坚决的反"扫荡"、反"清剿"、反蚕食斗争。他们分散游击,围困敌人,攻克据点,给日伪以沉重打击,但未能从战略上扭转被动局面。

在淮南抗日根据地,1941年3月至5月,新四军第2师击退日伪两次大规模"扫荡",予敌重大杀伤。此后又多次粉碎日伪"扫荡",并对顽军的进攻进行了有理、有利、有节的斗争,打击了顽军的气焰,保卫了根据地。

在淮北抗日根据地,1941年春新四军恢复了皖东北根据地中心区。随后,新四军第4师为牵制日寇,配合正面战场作战,控制某些军事要地,向西发展。2月10日,顽军在汤恩伯指挥下,将先头部队推进到涡河以南。4月初,顽军分3路向新四军发动猛攻。新四军将士尽管浴血奋战,但终因敌众我寡,被各个击破,伤亡严重,被迫放弃涡河以南地区。接着顽军又兵分3路北渡涡河,向新四军第4师大举进犯,并策动日伪对根据地"扫荡"。新四军第4师在日伪顽的夹击中,处境十分困难。在此种情况下,第4师主力及大批地方干部于5月先后分三批,转移到津浦路东,坚持和巩固皖东北根据地。在这次阻止顽军东进作战中,新四军第4师及豫皖苏边区党政机关损失4000余人,根据地也蒙受重大损失。

汤恩伯集团进占豫皖苏后，又妄图继续东犯苏北抗日根据地。韩德勤为接应汤恩伯东进，于7月间乘日军"扫荡"苏北根据地之机，率部先后侵占淮阴、大兴庄、张官荡等地，企图以陈道口为中心，控制运河两岸，构成一条横贯淮北、淮海根据地的东西走廊，为汤军东犯打开通道。新四军军部根据当时的战争态势，决心争取先机，收复陈道口。10月14日，新四军第2师、第3师、第4师各参战部队，在代军长陈毅的亲自指挥下，发起陈道口战役。新四军将士以勇猛顽强的攻势，突破顽军的深沟高垒，于21日攻克陈道口，全歼顽军1500余人。同时，各阻援部队，攻克大兴庄据点，击溃来自曹甸增援的顽军。陈道口战役的胜利，不仅挫败了蒋介石东西对进夹击新四军的计划，给韩德勤以沉重打击，而且巩固和扩大了淮海、淮北抗日根据地，打通了淮南、淮北、淮海、盐阜四大根据地的联系和北上山东的道路。

淮北抗日根据地的巩固和扩大，游击战争的广泛开展，使日军惊恐不安。1942年11月14日，日军第17师团、独立第13混成旅团各一部及伪军第15、第28师等部共7000余人，在飞机坦克等掩护下分五路向淮北根据地发动空前规模的大"扫荡"。面对来势凶猛的敌人，新四军第4师和根据地军民在彭雪枫、张震等统一布置和指挥下，首先将指挥机关、后方机关分路转移，跳出敌人包围圈。地方党政干部带领群众坚壁清野，领导地方武装就地坚持游击战争，配合主力作战。主力部队向日伪侧翼和后方进攻，迷惑和调动敌人。然后，抓住敌人兵力分散、常被袭扰、作战疲劳、补给困难等弱点，转入连续进攻，三打青阳镇，四打马公店，袭击金锁镇、归仁集、屠园圩等日伪新据点。敌人为挽回"扫荡"的失利，于12月9日夜，以日伪军千余人，分3路合击驻朱家岗的新四军第9旅第26团。该团指战员在团长罗应怀指挥下，扼守村落围寨，反复与敌肉搏，激战18小时，打退敌人十余次冲锋，毙伤日伪200余人，迫使日伪弃械遗尸狼狈溃逃。与此同时，新四军第11旅第32团，袭击马公店，重创日军，使其死伤甚重。接着，彭雪枫、张震又根据"敌进我进"的方针，乘胜扩大战果，拔除据点，收复失地。到12月16日，根据地军民与敌激战36次，歼灭日伪军800余人，拔除青阳镇、马公店、金锁镇等多处据点，胜利结束了历时33天的反"扫荡"斗争。

在鄂豫边区，皖南事变后，豫鄂挺进纵队编为新四军第5师，继续在鄂豫边地区进行游击战争，打击日伪，反击顽军的进攻，拔除了许多日伪据点，建立了鄂南等游击根据地，对武汉之敌构成严重威胁，并多次粉碎了日伪的"扫荡"、蚕食和"清乡"。其中，著名的侏儒山战役，自1941年12月7日开始，至1942年2月4日结束，对日伪大小战斗共14次，歼灭伪定国军第1师5000余人，击溃伪第2师1000余人，生俘伪军950余人，打退日军数次增援，毙伤日军200余人。从1942年5月至12月，新四军5师将士面对日伪顽的夹击，马不停蹄地挥戈四战，终于粉碎了日伪包括万人大"扫荡"在内的连续"扫荡"，毙伤俘日伪官兵900余名，同时打退了顽军以庞大兵力对边区发动的持续8个月的围攻，在战斗中获得发展和壮大。

皖南事变后，新四军第6师坚持苏南地区的斗争。1941年5月，汪精卫在南京设立"清乡委员会"，自任委员长，企图以军事、政治、特务等各种力量的联合进攻，一举摧毁苏南根据地。日伪先在苏（州）常（熟）太（仓）地区的外围增设大量据点，以河流、公路、铁路为依托，对根据地构成大面积的包围圈。7月1日，日伪1.8万余人对苏常太地区的新四军，以闪电战术，突然四面合围，反复进行梳篦式"清剿"与搜索，跟踪追击，寻歼6师主力；继之增设据点，在据点间用铁丝网、电网、竹篱等构成小的封锁圈，进行分区"清剿"；同时派出大量"清乡"人员，编组保甲，建立伪化统治。在反"清乡"斗争中，由于敌我力量悬殊和准备不充分，第6师主力和地方党组织蒙受重大损失，难以在苏常太地区继续坚持。8月下旬，主力北渡长江，执行开辟新区任务。新四军第6师第16旅仍坚持苏南抗战。但不幸的是16旅旅长罗忠毅将军和政委廖海涛将军在11月28日的溧阳塘马战斗中，被3000多日军和一部分伪军包围，两位将军及270余位新四军战士在与日军血战中以身殉国。

在皖南和皖中，新四军第7师和地方武装，坚持斗争，在日伪顽夹击中顽强战斗，至1942年底完成了创建皖江敌后根据地的任务，并打通了与新四军第2、6师的联系。与此同时，在中共中央和毛泽东的指示下，浦东特委领导下的游击支队，创立了浙东游击根据地，成立了浙东区党委和三北游击司令部，开辟了新的敌后战场。

总之，1941年和1942年，是中国敌后战场在抗日战争相持阶段中最困难的时期，也是中国共产党领导的敌后人民革命力量由发展变为下降的时期。

在这一时期，日军极力实行所谓军事、政治、经济、文化、特务一体的"总力战"，集中在华日军主力对敌后抗日根据地连续进行大规模"扫荡"，实行灭绝人性的"三光"政策，企图彻底摧毁敌后抗日根据地和坚持抗战的八路军、新四军。同时，国民党制造了震惊中外的皖南事变,并在各根据地向八路军、新四军发起摩擦进攻。这样,在日伪顽的夹击和自然灾害的影响下,敌后抗日根据地和八路军、新四军面临着巨大挑战和前所未有的困难。根据地的人口由1亿减少到5000万,八路军、新四军由50万下降到40万。但是,各敌后抗日根据地的军民未被困难吓倒,他们在中国共产党的领导下,认真贯彻中共中央为战胜困难而提出的各项方针和政策,如对敌斗争、精兵简政、统一领导、拥政爱民、发展生产、整顿三风、三三制、减租减息、时事教育等,广泛开展群众游击战争,创造了武工队、地雷战、地道战、麻雀战等斗争形式,涌现了一批取义成仁的抗日民族英雄,发挥了人民战争的巨大威力,坚持了敌后抗战。在这两年中,据不完全统计,八路军、新四军及中共领导下的地方部队共对敌作战4万多次,毙伤日、伪军27万余人,顶住了日伪顽的夹击,坚持了抗日阵地,为战胜困难,渡过难关,恢复和发展人民抗日武装力量奠定了基础。

十
反攻前夜

　　1943年春,世界反法西斯战争转入战略反攻,欧洲法西斯战争机器已分崩离析。太平洋战场上,1942年6月至1943年2月,美军连续取得中途岛和珊瑚海海战的胜利,乘胜在瓜达尔康纳尔岛登陆,给日军以重创,迫使日军逐步转入战略防御。

　　太平洋战场美军的战略性胜利,对中国战场产生了直接影响。日军为挽救其灭亡的命运,在中国战场一方面对中国共产党领导的敌后战场进行更加残忍的"扫荡"、蚕食,对国民党继续进行逼降和诱降,以巩固占领区,迫蒋投降,结束对中国的战争;另一方面又从中国的华北和华中抽调兵力驰援太平洋战场,并企图集中兵力打通大陆交通线,建立与东南亚的陆上联系,扭转太平洋战场的战争态势。这样,1943年尽管中国敌后战场的斗争形势仍很严重,条件仍然困难,但日军兵力的抽调,相对地减轻了中国敌后战场的压力,有利于中国敌后抗日根据地的恢复和发展。

　　在华北,中共中央北方局根据中共中央的指示精神,明确提出:"1943年华北党的基本任务,在于进一步巩固敌后抗日根据地,坚持敌后抗日游击战争，克服困难，积蓄力量，为反攻及战后作准备，以便迎接伟大的新时期之到来。"

为贯彻上述指示精神，华北各抗日根据地结合自己的特点，以灵活机动的作战方式，开展对敌斗争，逐步渡过难关，进入恢复和再发展时期，为对日反攻作战做好了必要准备。

晋冀鲁豫边区，从1943年开始进入了恢复与再发展时期，敌我双方斗争亦发展到空前尖锐阶段。1943年初，边区各根据地已被敌人分割，平原地区变成了游击根据地；山地抗战的游击性增大，作战规模缩小。敌人对根据地频繁"扫荡"，继续加紧边地蚕食，在占领区疯狂掠夺。在冀鲁豫第1军分区，日伪据点、碉堡就有500余处，兵力达2.2万余人。在冀南，日军推行所谓"堡垒封锁"政策，公路沟、墙成网，全长竟达10.4万余里。据点、碉堡与公路、沟墙构成对八路军进行封锁的小格子网。当时，有首歌谣生动地反映了八路军武装的困难处境："日住碉堡下，夜观护路灯，行军必经过，天天闹敌情。"与此同时，国民党顽固派还操纵特务组织与日、伪勾结，大肆散布所谓"曲线救国论"，积极制造摩擦。

为扭转根据地日益缩小的被动局面，制止日伪军的蚕食，晋冀鲁豫边区各根据地加强了对边缘区的斗争和开展敌占区的游击战争。他们根据敌进我进的方针，派遣近千支小股部队和武工队，在边缘区和敌占区，进行除奸反特，争取和瓦解日伪军工作，同时发动群众，恢复和建立党的组织和群众组织，建立秘密群众武装和隐蔽的抗日游击根据地。

经过半年多艰苦灵活的斗争，根据地形势发生了显著变化。如太行区至1943年9月底，收复了254个村庄，扩大了6775平方公里的土地，取缔52个"维持会"，处决了一批罪大恶极的汉奸。冀南区，1943年共逼退和拔除日伪据点140多个，恢复和发展了10个县，约占冀南全区面积的五分之一。同时，冀鲁豫第1分区，也恢复和发展到1140个村庄，使原有的基本区大部分恢复，并新开辟了一块纵横六七十里的游击根据地。

1943年，晋冀鲁豫边区各根据地，在争取和瓦解伪军伪组织，对日军采取政治攻势等方面也取得了较大成效。如冀南军区1943年春天发动的"第六次中国人大团结反对敌人奴化运动"中，被瓦解的伪军达9097人。仅1至4月，冀南军区利用伪军"关系"配合军事行动达177次，拔除据点109处。还有很多伪军集体杀死据点里的日本守军，然后反正投向八路军，参加抗日。

伪军伪组织的瓦解，是敌后战场无声的战斗。日军对此无可奈何，当年的日军华北特别警备队曾经哀叹道：

中国方面职员（指伪军伪组织人员）的服务态度愈益消沉保守，其政治力量不能与我方作战密切配合，给敌方以进行活动的空隙。加之接近敌地区的民众，由于经济反封锁而造成的生活困难，其两面性色彩更加浓厚，以致我方的治安圈逐渐缩小。

1943年春，晋冀鲁豫边区各根据地的恢复和发展，引起了日军的警惕。他们认为："太行军区的共军一向被称为该边区、军区中的最尖锐部队"，"该部虽屡遭日军扫荡，但因巧妙地运用退避战法，保持了战斗力，现正通过'精兵简政'以图再起"。日军为防八路军129师等部的"再起",又企图用"肃正作战"迅速剿灭八路军。

5月,日军经过周密策划和准备,集中1.5万人以上兵力,对太行区实施大规模的"毁灭扫荡"。八路军总部和129师的刘伯承、邓小平在日军主力部队和挺进队出动之前就获取了敌人行动的准确情报。八路军总部于5日晚西移太岳区,129师乘敌合围圈尚未形成时,先行转移,跳出合围圈,转到外线与敌人周旋。

在这次反"扫荡"作战中,仅太行区民兵和留下的部分主力部队与敌战斗就达2000余次。敌触雷达1900多个,死伤2000多人。主力部队跳出合击圈后,积极向白晋线、平汉线进击,在地方游击队配合下,破击日军补给交通线,袭击其后方。在八路军内外线打击下,"扫荡"日伪军且战且退,于5月20日撤出太行区根据地。7月19日,太行区八路军主力乘胜追击,集中相当于6个团的兵力,发起了蟠(龙)武(乡)战役,毙伤日伪军500余人。

就在太行军民浴血奋战,反击日伪"扫荡"时,国民党驻太南、豫北地区的新5军孙殿英部、第24集团军庞炳勋部在"曲线救国"的掩盖下率部投敌,经整编改旗号为"和平剿共军",下辖新5军、7军、27军、40军和太行保安队等部,分布在新乡、安阳间平汉路各要点及其两侧地区,积极配合日军向八路军进攻。

7月10日,盘踞路西的伪新5军、伪7军和太行保安队等部,共约2万余人,在日军第35师团3个步兵大队的配合下,侵占太行区的林县及周围地区;盘踞路东的伪暂27军杜淑部,勾结浚、滑地区的伪独立第1、第2旅,共8000人向冀鲁豫区卫河以南地区大举进犯。

为了给日军和庞、孙两部以迎头痛击,八路军总部指示冀鲁豫军区和太行军区适时发起卫南战役和林南战役。

7月30日，冀鲁豫军区指挥第16团、第21团、新4团、卫河支队、骑兵团一部和部分地方武装率先发起卫南战役。

7月30日，伪暂27军杜淑部主力2000余人孤军深入，被八路军歼灭过半。7月31日、8月2日到19日，各参战部队，乘敌兵力分散之机，运用强袭、远途奔袭、集中兵力、各个歼敌等战术，先后将敌第46师师部、独1旅和46师残部及独立2旅大部消灭，计歼敌5600人。残敌向卫河以西逃窜。此役，八路军将日伪侵占的卫南地区完全收复，并新建了滑县等3县抗日政府。

8月18日零点30分，八路军太行军区主力发起林南战役。是役旨在歼灭平汉路以西的伪军庞炳勋、孙殿英主力。

庞炳勋投敌前曾任国民党河北省主席。投敌后，他想借日军力量消灭八路军第129师，侵占太行根据地。为了赢得日本主子的欢心，他曾向日军夸下海口："共军好比老鼠，日军好像狗。不管狗多厉害，对于捕捉动作敏捷的老鼠也无能为力。我可以像猫那样，巧妙地捕捉老鼠。"

八路军第129师参加林南战役的主力，分为东西两个集团，根据刘伯承、邓小平的指示，在李达将军的直接指挥下，采取了集中兵力，将敌分割包围，先歼其一部，然后迅速逐次予以歼灭的战法，首先向庞孙部发起攻击。对日军则用小部队进行钳制和围困，切断其与伪军的联系。为策应林南战役，太行区的地方武装和民兵、武工队破袭交通、阻击援敌，牵制和袭扰日伪。太岳区的部队则向白晋路的日伪军出击，以配合东西集团作战。

林南战役从8月18日揭开战幕，到8月26日胜利结束，八路军各参战部队密切配合，英勇战斗，以伤亡790余人的代价，共歼灭日伪军7000余人，缴获大量军用物资和武器装备，攻克和收复据点80余处，解放人口达40余万。

卫南和林南战役，是晋冀鲁豫边区1943年规模较大的战役行动。由于这两次战役的胜利，八路军不但恢复了根据地的基本区，还开辟了卫南、豫北、太南广大新区，为继续向南发展打开了局面。

就在卫南、林南战役前后，冀鲁豫部队配合陕甘宁边区制止了国民党顽军发动的反共摩擦，击退了国民党第28集团军李仙洲部对冀鲁豫边区的进攻，毙俘李部顽军5000余人，并由此开辟了南北长百里、东西长40余里的新区，使冀鲁豫中心区和山东微山湖以西的湖西根据地连成一片。

10月初，日军集中了山西日伪军2万余人，在日本华北派遣军总司令冈村宁次的亲自指挥下，对太岳区进行"铁滚式三层阵地新战法扫荡"。这次"扫荡"，日军计划以第一线兵力分路出击，寻找八路军主力作战；第二线兵力"抉剔扫荡"，烧毁村庄，抢掠物资；第三线兵力分散"清剿"，捕捉我零散人员及小股部队，最终建立所谓"山岳剿共实验区"。

日本东京参谋本部非常重视冈村宁次的这一"杰作"，特地抽调120多名军官，组成军官战地观战团，由少将旅团长服部直臣带领，前来太岳前线"观战"。

10月1日，日军自平遥、介休、南关等地同时出动，以梳篦队形漫山遍野向南滚进。15日至17日先后推进至临屯公路两侧。太岳军区各部队在民兵配合下，节节阻击，予敌有力打击。但由于一开始不熟悉日军的战法，八路军一度陷于被动。17日以后，各军分区主力部队转入外线，打击日伪的补给线和后方据点，迫敌抽兵回顾其后方，以策应内线部队的反"扫荡"作战。

正当太岳区的反"扫荡"作战关键性的时刻，国民党顽军发动大规模反共摩擦，并将进攻的主要矛头指向陕甘宁边区。10月中旬，八路军太岳军区主力386旅第16团奉令向延安开进。

16团在团长兼太岳军区第2军分区司令员王近山的率领下，跳出重围，于10月18日晚逼近日军前敌指挥部所在地临汾。22日黄昏秘密抵达临汾东北方向的韩略村附近。经过对地形的侦察，王近山决定在日军指挥中枢附近韩略村打一个伏击战。

24日上午8时，王近山瞅准战机，伏击了日军的一个车队，经激战全歼这支车队乘载的日军120余人。

战后查明，这股日军是由日本东京参谋本部组织，专程赶到太岳区来参观"铁滚扫荡"的"战地观战团"。它的成员是日本"支那派遣军步兵学校"的5、6两个中队及其他军官一部，其中包括少将旅团长1名、联队长（大佐）3名，其余都是日军中队长以上军官。

"观战团"的覆灭，令冈村宁次极为震惊，他闻讯后立即将日军担任侦察任务的6架飞机及正在"清剿""扫荡"的日军近3000人调回，四处追寻八路军伏击部队。但第16团在伏击结束后，顺利摆脱重围，北上陕甘宁地区了。

对于这次惨败，冈村宁次大动肝火，认定是出了内奸，他亲自对第69师团司令部及周围敌伪人员，进行了一次大"甄别"，卒将师团长清水中将撤职，第1军参谋长调职，伪翼宁道（临汾）道尹也被罢官。过了很久以后，冈村宁次想起这次惨败时还心有余痛。

《冈村宁次回忆录》提到这次秋季"扫荡"的时候，曾经透露：

> 1943年秋，又将方面军战斗指挥所迁到保定，在我亲自统率下，对盘踞在太行山脉的共军主力进行2个月的清剿作战……共军的确长于谍报（在其本国以内），而且足智多谋，故经常出现我小部队被全歼的惨状。

冈村宁次虽然讳言"韩略伏击战"，但是这次伏击战在他心理上所造成的"惨状"，已跃然纸上。

这次伏击战胜利的意义远未如此，它有力地配合了太岳区的反"扫荡"斗争，打乱了日军的军事部署，为反"扫荡"取得最后胜利起了较大作用。这次太岳军民反"扫荡"战役，历时53天，共对敌作战725次，毙伤日伪3500余人。

1943年9月，中共中央决定让彭德怀、刘伯承回延安学习。10月又决定将太行分局与北方局合并，由邓小平代理北方局书记。第129师师部与八路军总部合并，保留第129师番号，成立太行军区，由李达任军区司令员，太行区党委书记李雪峰兼任政治委员。

1943年秋，在太岳区反"扫荡"胜利的同时，冀鲁豫区也歼灭日伪4000余人，取得了反击日伪万人大"扫荡"的胜利。

1943年，晋冀鲁豫边区不仅恢复了原来的根据地，而且还开辟了新区，扩大了根据地，最终渡过了极其困难的时期。

晋察冀边区1943年也逐步进入了恢复和发展阶段。

1943年3月至7月，冀东区派出大批小部队和武工队深入敌占区，不但在冀东平原恢复了原来的基本区，还开辟了北宁路南和滦

地道战模型

河以东等地区，形成了比较稳固的大块游击根据地。冀中军区则利用纵横交错的地道先于春季打开了平、津、保三角地带的局面，并于夏季恢复了原有游击区，使大部游击区变成游击根据地。是年秋冬之间，冀中军民粉碎日伪40余次"清剿"，毙伤日伪军3500余人，攻克据点碉堡300余处。至年底，冀中军民共攻克敌据点碉堡600多个，恢复和扩大了2500多个村庄，全部收复了1940年以后被敌蚕食所损失的地区，使许多小块根据地连成一片，并完成了配合北岳区反"扫荡"的作战任务。冀中军民在对敌斗争中，利用平原作战的特点，创造了令敌人胆战心惊、闻之色变的人类战争奇迹——地道战。

早在1942年"五一"反"扫荡"前，冀中人民就挖了许多土洞和地窖坚持斗争。"五一"反"扫荡"后，随着斗争的日益残酷，八路军领导人民群众把简单的土洞和地窖，发展成家家相通环绕全村的地道。村落地道再向田野延伸，与邻村的地道衔接起来，构成了村村相连的地道网。地道内设有许多秘密瞭望孔、射击孔，可以眼观四方，枪打八面。有的地道挖成上下两层，平行几条，设的翻口可以上下翻、左右翻，既利于隐蔽转移，又便于出击歼敌。许多地区还把发展地道与改造村落相结合。在村的四周筑起围墙，在村内用墙堵塞街口，临街的房屋垒起夹墙，层层构筑工事；在坚固的高房上构筑房顶堡垒，各幢房屋之间架搭天桥，互相连接；各家掏墙连院，构成了房顶、地面、地道和村沿、街内、院内纵横各3层的交叉火网，然后再以野外地道为纽带，把村庄、野外、地道组成了一个连环的"立体"作战阵地。敌攻我一村，各村即予支援，展开村落连环战，陷敌于层层包围之中。还可以依托四通八达的野外地道封锁敌人的岗楼，实行"堵门伏击"。如在高阳县皮里村，冀中区第9军分区司令部依托该村地道与近千名日伪军整整对峙了1天。日军使用了水攻、火攻、烟熏、施放毒气等手段，但都无可奈何。而该村军民则从村外到村内，从房顶到院内，从院内到地道，袭击敌人。最后，日伪在天黑前只得丢下几百具尸体，狼狈而逃。

冀中区在对敌斗争中，也和其他各根据地一样获得了人民群众的无私支持。如在"扫荡"中，八路军万一被日伪军发现，父老姊妹即挺身而出，将其认作自己的儿子或丈夫，任敌酷刑折磨，死不改口。深南县王家铺村群众为掩护八路军表现出惊天动地的崇高气节。日军为捕捉隐蔽在该村的八路军伤员，抓了村内27名群众，以杀头威胁，要他们说出八路军伤员的隐蔽地点。杀1个，不说；杀了2个，还不说；一连杀了14个，英勇的人民始终只字未吐。

冀中区在1943年恢复发展根据地的斗争中，各军分区从残酷的斗争中成长起来的县、区游击队和广大民兵，在主力部队带领下，以三级武装联合作战的阵势向敌进攻。民兵广泛出击，平毁封锁沟，展开破击战，围困袭扰日伪据点。武工队插向敌后之敌后，打击小股出扰之敌，发动和组织群众，争取瓦解伪军伪组织。主力部队则穿插于敌之点线之间袭击敌伪据点，消灭驻守之敌，以伏击手段消灭运动之敌。游击队进攻矛头所向之处即形成对敌人的包围。因为，游击队可利用优越的群众条件、强大的政治优势，封锁敌人，欺骗敌人，造成敌人的错觉，把敌人变成聋子、瞎子之后，才挥拳猛击。这就使冀中平原游击战争取得了主动，在战争过程中创造了许多神话般的奇迹。到1943年底，冀中群众性的游击战争已发展到只要枪声一响，四面八方的民兵便不约而同地向枪响的地方围过去，协助

抗日武装自制地雷

八路军消灭敌人的人类战争奇观。

北岳区军民从1943年1月中旬起，一面围困打击根据地内的敌据点，一面派出大量小部队和武工队深入敌占区打击敌人。1943年秋，日军为了掩盖由华北抽调3个师团南下的企图，对晋察冀军区领导机关所在地——北岳区，发动了大规模的毁灭性"扫荡"。

9月中旬，4万多日伪军从各据点同时出动，封锁了根据地各个山口，而后以飞机配合地面部队，逐沟逐坡"清剿"，其重点是彻底破坏根据地的各种设施和掠夺物资。

面对敌人大规模的进攻，晋察冀军区以大约三分之一的兵力，跳出封锁线外袭击铁路、公路沿线据点，破坏敌人后方，主力部队一度攻入保定等城市，武工队也在敌占区开展政治攻势，瓦解日伪军。内线部队则在当地民兵配合下，以游击战、地雷战，掩护群众，打击和阻滞敌人。"地雷战"在这次反"扫荡"中，发挥了巨大的威力。在根据地基本区，敌人所到之处，都受到地雷的杀伤，陷入地雷阵不能自拔。如日军走路，脚底下地雷炸；挖窖，窖口地雷炸；推门，门框上吊的地雷炸；抓鸡，鸡窝里拴的地雷炸；到菜地里拔萝卜，萝卜下面的地雷炸。日军最后在"扫荡"时草木皆兵，甚至不敢走路，不敢进屋住。当日军逃出根据地中心阜平时，民兵们提出"敌人到哪里，地雷响到哪里"的口号，各民兵中队加强飞行爆炸组的活动，运用"引诱爆炸"、"驻地爆炸"、"迎头爆炸"、"尾追爆炸"等方法炸伤炸死敌人。

面对人民战争的神奇力量，日军独立第3旅团第6大队代理大队长菊池重雄在日记中写道："地雷战使我将官精神上受到威胁，使士兵成为残废。尤其是要搬运伤员，如果有5人受伤，那么就有60

个士兵失去战斗力。""地雷效力很大,当遇到爆炸时,多数要折骨大量流血,大半要炸死。"

在全民族的抗战中,晋察冀边区人民武装创造的地雷战、地道战、交通战、麻雀战等各种作战方式,是战争史上的奇观,显示了人民战争的无穷威力。正是在人民群众的配合下,晋察冀边区才能在1943年的反"扫荡"作战中,恢复和开辟1万多个村庄,拔除日伪据点1500多个,攻占县城24座,光复国土35000平方公里,并使日伪一旦进入根据地就寸步难行,在军事上和精神上受到沉重打击。

晋绥抗日根据地的恢复和发展,主要是通过"挤"敌人的方法实现的。1943的1月,晋绥军区制定了对敌斗争的统一计划,决定以离(石)岚(县)、忻(县)静(乐)、五(寨)三(岔堡)3条公路及第8专区交城以西山地,为挤敌人的主要方向。根据地内凡被日伪占领的每一条公路两侧、每一个据点周围都布置了武工队。武工队深入敌后发动与组织群众,建立各种秘密组织,摧毁敌之特务网,镇压罪大恶极的分子,争取伪组织、伪人员为我所用。同时,根据地以武工队、民兵和部队相结合,封锁围困敌人据点,摧毁敌之"维持会"或变其为革命的两面政权,孤立敌人,使敌处于风声鹤唳、四面楚歌的境地。至6月中旬,晋绥军区第2、3、6、8等军分区,共对敌作战700余次,毙伤日伪军1500余人,敌人基本上被"挤"到汾(阳)离(石)、离(石)岚(县)、忻(县)静(乐)和五(寨)三(岔)等公路线上。7月以后,岔口和芝兰等据点亦相继被拔掉,整个晋西北的形势由"敌进我退"的被动局面,转为"敌退我进"的主动局面。

日军为寻找八路军主力部队作战,9月23日以独立混成第3旅、第69师团对晋绥根据地进行分区域连续"扫荡",实行反挤。面对强大的敌人,根据地军民尽量避免与其正面交锋,采用伏击、袭击等战术,主力部队、游击队、民兵密切配合,消耗与疲惫敌人;对孤军深入之敌,则抓住时机,利用敌撤退的有利战机,集中优势兵力歼敌一路。在2个月的反"扫荡"作战中,晋绥军民共进行了大小战斗200余次,歼敌1300余人,并先后取得了甄家庄包围战和阳会崖伏击战的重大胜利,制止了敌人的蚕食,粉碎了敌人的"扫荡"。

山东抗日根据地到1943年初形势仍很严峻,根据地仍处于敌人的严重分割和封锁状态。到1942年底,敌人的据点已增加到2400多个,公路增修到7000多公里。平均每两平方公里就有敌人的一个据点,每走30公里,要过8条公路,5条封锁沟。真是"出门见碉堡,处处是公路,抬脚就遇封锁沟",根据地我军活动极度困难。

为了反击敌人的蚕食,贯彻"敌进我进"的方针,山东八路军提出了"翻边战术",即敌人打进根据地来,游击队打到敌人那里,以分散的群众性游击战争和强大的政治攻势反击敌人,把斗争的焦点引向敌占区。在敌占区,武工队创造了"红黑点"、记"善恶录"等办法,争取日伪军,打击死心塌地的汉奸,并采取破铁路、炸火车、夺取军用物资等办法,打击和威胁敌人。

在向敌人后方进军中,武工队的活动,有力地震慑了敌人,保护了群众,它们像一把把刺向敌人心脏的匕首。在小部队和武工队的活动中,闻名中外的鲁南铁道游击队是一面鲜明的旗帜。他们那种可以在火车急驰时跳上跃下的超人本领,创造了许多神话般的奇迹。

在津浦路鲁南段和临（城）枣（庄）线上，人们时常会看到正在疾驶的火车突然出轨，车头忽然相撞，满载物资的列车忽然前后脱节。日军补给前线的武器、弹药、布匹、医药，就这样经过游击队员们之手送往根据地。有时候，敌人赶到出事地点搜捕，然而车皮早已化为灰烬。追到微山湖边，也只看到一片茫茫湖水。这些英勇的游击队员们还常常出入敌占城镇，杀敌夺枪，猎取情报，破坏敌人的仓库，捕捉汉奸、特务，开辟敌占区工作。愈演愈奇的活动方式，使敌人防不胜防，又怕又恨，多次奔袭，希望一举消灭他们。但是，这支铁道游击队每进入一个地区，和他们鱼水相依的群众都自觉地封锁消息，站岗放哨，使他们避开了多次危险的袭击。在人民群众的支持和爱护下，铁道游击队犹如利剑，插在敌人的交通大动脉上，他们机智斗敌的神奇故事也越传越多，传遍鲁南，传遍山东，传遍全国。

在武工队和民兵广泛开展游击战的同时，山东八路军主力采取适当集中，寻机歼灭孤立之敌的战法，有效地反击了敌人的蚕食，恢复了大片地区。

为加强对敌斗争和各方面工作的统一领导，中共中央1943年9月决定：将八路军第115师与山东纵队合并为山东军区，任命罗荣桓任中共山东分局书记兼新建立的山东军区司令员和政委。此后，山东抗日根据地内实行了主力部队地方化，撤销第115师、山东纵队所属各旅和各支队的番号，部队编为13个兵员充实、领导坚强、战斗力很强的主力团，其余部队编为地方武装，以加强地方武装和民兵建设，更好地开展对敌斗争。

11月，日军经过充分准备，对山东的鲁中区和清河区相继展开了大规模的"扫荡"。11月9日,日军首先以万余人的兵力"扫荡"鲁中区。在"扫荡"前,日军以伪军吴化文部佯动迷惑八路军,引诱主力作战,而日军却在蒙阴、土门(新泰东)、沂水等地隐蔽集结,伺机围歼八路军主力。

八路军处于合围圈内的主力部队巧妙地转移至外线,避开了敌人的锋芒。敌人合围失败后,遂在根据地内大肆"清剿",烧杀奸淫,无恶不作。这时,八路军留在内线坚持的小部队积极打击敌人,配合外线部队作战。英勇的"岱固连"故事就发生在这次反"扫荡"斗争中。

11月18日,日伪"扫荡"鲁中区9天以后,突然将兵力转向清河区,并且将兵力增加到2.6万余人,汽车900余辆,另有坦克和骑兵配合,由山东敌酋12军团长亲赴前线指挥。

这次"扫荡"历时20天,是日军对清河区的一次规模最大、最残酷的"扫荡"。日军在合围时,仍然使用"拉网"战术,并以飞机配合侦察、轰炸,竭力捕捉八路军主力部队与领导机关,发现八路军突围部队后,即以骑兵进行追击。

从11月18日至12月10日,清河区军民在反"扫荡"中共对敌作战230余次,毙伤日伪军600余人,炸毁汽车35辆、火车1列,击落击伤敌机3架,攻克与迫退敌据点10余处,给敌以有力打击。

日军由于兵力不足,在对鲁中、清河区"扫荡"时,在其他地区则取守势。山东军区旋即命令各军分区,积极出击,以策应鲁中、清河区军民的反"扫荡"作战。如鲁南八路军歼灭了伪军刘桂棠部千余人,滨海区八路军发起赣榆战役,解放了赣榆城;鲁中区则发起第二次讨伐吴化文部战役,歼灭吴部伪军800余人。

在山东抗日根据地军民协同打击下,"扫荡"清河区的日伪军,在 12 月 13 日被迫全部撤出。日军精心策划的冬季轮回大"扫荡",以彻底失败告终。

1943 年是华北敌后战场由困难走向胜利的关键性一年。在这一年中,八路军在中共中央的正确领导和华北人民的无私支援下,各军区在"敌进我进"、把"敌人挤出去"的方针指导下,积极有效地开展全面对敌斗争,共对敌作战 2.48 万多次,攻克据点 740 多处,粉碎了敌人的多次大规模"扫荡",打破了敌之蚕食政策,使山区各抗日根据地获得发展,平原抗日根据地得到恢复,逐渐摆脱了 1941 年以来的被动局面,为局部反攻和走向抗日战争的全面胜利奠定了基础。

1942 年冬,日本中国派遣军为贯彻其大本营"对华新政策"和 1943 年度《对华作战指导计划》,将"扫荡"、"蚕食"的重点转向华中敌后具有重要战略地位的苏北、苏中和苏南抗日根据地,以确保其江苏省北部与上海、南京、杭州之间的占领区及长江下游的交通安全,加强对东部沿海重要港口的控制。为实现此战略意图,日军将华中兵力保持在 11 万人,伪军扩展到 22.8 万多人,以对华中新四军作战。与此同时,国民党顽军继续执行消极抗日、积极反共政策,不断向各根据地进犯,使华中新四军处于日伪顽的夹击之中。这样,华中敌后抗日根据地在 1943 年仍未走出困境,继续处于严重困难的局面。

1943 年初,日军在华中"扫荡"目标首先指向中共中央华中局和新四军军部所在地——盐阜区。

此次日军"扫荡",由日本中国派遣军总司令部拟定战役计划,调集了日军万余人及伪军9000人，在海空军配合下，于1943年2月，对盐阜区分进合击，自北至南构成一弧形大包围圈，并以舰艇封锁沿海港口，在飞机掩护下，实行"梳篦式"的反复搜索。

为适应斗争需要，华中局和新四军军部早在1942年底已转移到淮南路东。日军"扫荡"开始时，新四军第3师长黄克诚率师部和区党委机关跳出敌包围圈外。第3师主力在副师长兼第8旅旅长、盐阜地委书记张爱萍统一指挥下，首先避敌锋芒，采取内线与外线、分散与集中相结合的战法，开展反"扫荡"斗争。在敌人合围时，新四军以一部主力沿途阻击、消耗、疲惫敌人，大部主力则转至敌侧后，寻机反击。敌合击失败后，又实行分区"扫荡"。新四军则相对集中兵力，袭击敌据点，予敌沉重打击。地方武装和民兵则积极展开袭扰战，陷敌于四处挨打的境地。同时新四军第1、第2、第4师部队也积极向正面之敌发起攻势，予盐阜区反"扫荡"以支援配合。至3月中旬，敌被迫开始撤退，新四军集中主力进行反击，并取得了陈集、八滩、黄营子、单家港等战斗的胜利。至4月中旬，历时2个月的盐阜区反"扫荡"胜利结束。这次反"扫荡"共毙伤日伪军1800余人，攻克日伪据点30余处，争取了一批伪军携枪反正。

在这次反"扫荡"中，新四军将士英勇作战，涌现出一批可歌可泣的英雄事迹。其中新四军第3师第7旅第19团4连血战刘老庄、以身报国的事迹，被朱德总司令赞为"我军指战员的英雄主义的最高表现"。

这次反"扫荡"的胜利，大大提高了新四军的威信，鼓舞了士气。盐阜区的一些著名士绅称颂新四军："运用游击战术，不断打击敌人，时分时合，神出鬼没，或攻或守，将卒用命，民族精神发扬无余，民气鼓励，收效甚宏，于此足知中国之不会亡。"救国会领袖邹韬奋先生目睹反"扫荡"的胜利，喜不自胜，感慨地说："新四军与士绅朋友密切配合，能与生死之际互相信托，于敌伪高压之下毫无背离，此乃中共统一战线政策之伟大成功，绝非谎言，余不到敌后根据地，余亦不信能做到如此成功之地步。"

日伪在"扫荡"盐阜区的同时，还错误地判断新四军军部已西移皖中。为此，日军调集6000余人，于3至4月对皖中抗日根据地进行了连续"扫荡"，并抽调兵力相继对苏南和苏中进行"扫荡"，结果均为新四军击溃。

日军以盐阜区为中心的1943年春季大"扫荡"失败后，遂加强了对华中各根据地的蚕食和"清乡"，并对淮海、盐阜、淮北分区分期实行"治安肃正"计划。同年春，日伪确定除在苏南进行"清乡"、在浙东部分地区进行实验外，将"清乡"的重点转移到苏中根据地。

1943年4月，日伪纠集1.5万余人，首先对苏中4分区所辖的南通、如皋、海门、启东等地进行残酷"清乡"，并将这一地区作为"苏北第一期清乡实验区"。

4月11日，日伪军在日军第61师团师团长小林信男指挥下，兵分10路，开始对苏中4分区进行"军事清乡"。日伪军用密集的"梳篦"、"拉网"战术，寻歼新四军主力，合击中共苏中党政机关；沿"清乡"区边缘修筑篱笆，实行武装封锁；在"清乡"区内增筑据点、"检问所"，3至5里即有一处。此外日伪军与特务、汉奸混编的"清乡"队，不分昼夜挨村挨户搜捕中共党员、干部和民兵，所到之处，捕捉壮丁，抢掠财物，奸淫烧杀，无恶不作。

面对来势凶猛的敌人，新四军在苏中4分区的主力及时转移到"清乡"区外，相机在外线打击日伪军，策应"清乡"区内军民的斗争。在内线坚持的少数主力部队、地方武装和民兵，依靠群众掩护，就地坚持，露宿荒野，昼伏夜行，在日伪军空隙中灵活穿插，攻击敌人防守薄弱的据点。大批精干的政治保卫队、锄奸队、狙击队则潜入敌占区和据点内，袭击"清乡"机关，创造了"钓乌龟"、"赶鸡入窝"、"老鹰抓鸡"、"扎粽子"、"包馄饨"等10多种捕敌杀敌手段，严厉打击了"清乡"和汉奸、坐探，使日伪人员坐卧不安，胆战心惊。

在反"清乡"斗争中，苏中4分区仅4至5月就有10万多人参加了100多起破击活动。最为壮观的是7月1日夜，苏中第4军分区在陶勇和姬鹏飞（时名吉洛）的指挥下，各级武装分段警戒，数万群众分成几十路同时行动，锯倒电杆，割断电线，挖毁公路，焚毁篱笆。日寇苦心经营3个月用了大约500万根毛竹的封锁篱笆，一夜之间在滚滚浓烟中化为灰烬。

日军"军事清乡"没有达到预期目的，紧接着又实施"政治清乡"。强行登记户口、编组保甲、张贴门牌，实行互保连坐，进行欺骗宣传和奴化教育，离间中共新四军与人民群众的关系，以摧毁抗日民主政权，建立伪化统治。所谓的"政治清乡"，日伪搞了4个月，也在苏中军民的打击下失败。随后日军又进行了所谓"延期清乡"、"机动清乡"、"经济清乡"和"高度清乡"等，其结果也被迫宣告破产。

苏中4分区军民在反"清乡"的8个月间共对敌作战2100多

次，毙伤日伪军及"清乡"人员 2400 多名，争取了大批伪军和伪职人员的反正、投诚，最终挫败了日伪建立所谓"清乡实验区"的阴谋，保存了有生力量，坚持了原有阵地。在苏中反"清乡"的同时，苏南、浙东军民也展开了反"清乡"斗争，制止了日伪扩张和分割瓦解、摧毁根据地的险恶用心。其中，苏南根据地军民 1 年中与敌作战 290 余次，毙伤日伪军 2500 余人，俘日伪军 1800 余人；开辟了大块新解放区，使苏南抗日根据地面积扩大了 1 倍，为以后新四军向东南敌后的发展创造了极为有利的条件。

在淮南津浦路东，1943 年 5 月伪军在该地区的桂子山"扫荡"抢粮。新四军第 2 师在罗炳辉的直接指挥下，血战桂子山，毙敌 500 余人，胜利粉碎了"扫荡"。

新四军反击日伪"扫荡"的斗争，在鄂豫边区也在激烈进行。1942 年 12 月，日军以第 3 师团全部、第 4 师团和伪 1 师约 2 万余人，附炮 80 门，分 14 路合击"扫荡"鄂豫边区，企图围歼新四军第 5 师领导机关和主力部队。师长李先念当即决定把全部战斗部队和区党委行署机关分成若干小股，以迅雷不及掩耳之势跳到外线去，然后再派部队插进日伪军兵力已经空虚的后方，进行四面开花的袭击，以退为攻，以粉碎日伪的大"扫荡"。根据这一战略布局和作战原则，新四军第 5 师主力和边区机关跳出了包围圈。留在根据地的只有一些化整为零的小部队，与 2 万敌人展开了漫山遍野的麻雀战。

正当大悟山上的新四军小股部队与日伪军纠缠时，各跳出包围圈的部队，向着敌人空虚的后方发起了猛烈的攻击，使敌人在后方四处挨打，八方告急，最终迫使"扫荡"之敌撤回，宣告"扫荡"失败。1943 年冬，新四军第 5 师又挟胜利雄风，集中兵力，以狂风扫残雪之势，经侏儒山、仙桃镇等连续数战，使敌溃不成军，望风而逃，巩固和发展了鄂豫边根据地。

至1943年底，华中各根据地军民粉碎了日伪的多次"扫荡"，基本上制止了日伪的蚕食和"清乡"，逐步度过了困难时期，斗争形势向有利于华中抗日军民的方向发展。

就在华北八路军、华中新四军反击日伪"扫荡"，与敌浴血奋战的时候，蒋介石于1943年3月发表了反共反人民的《中国之命运》，同时调集重兵向华北八路军、华中新四军发起进攻，掀起大规模的第3次反共摩擦。中国共产党及其领导的人民武装，以抗战大局为重，以"有理、有利、有节"为原则，予以了必要的反击，打退了国民党顽军的军事进攻和政治挑衅，为1944年中国敌后战场进入局部反攻和走向最后胜利奠定了基础。

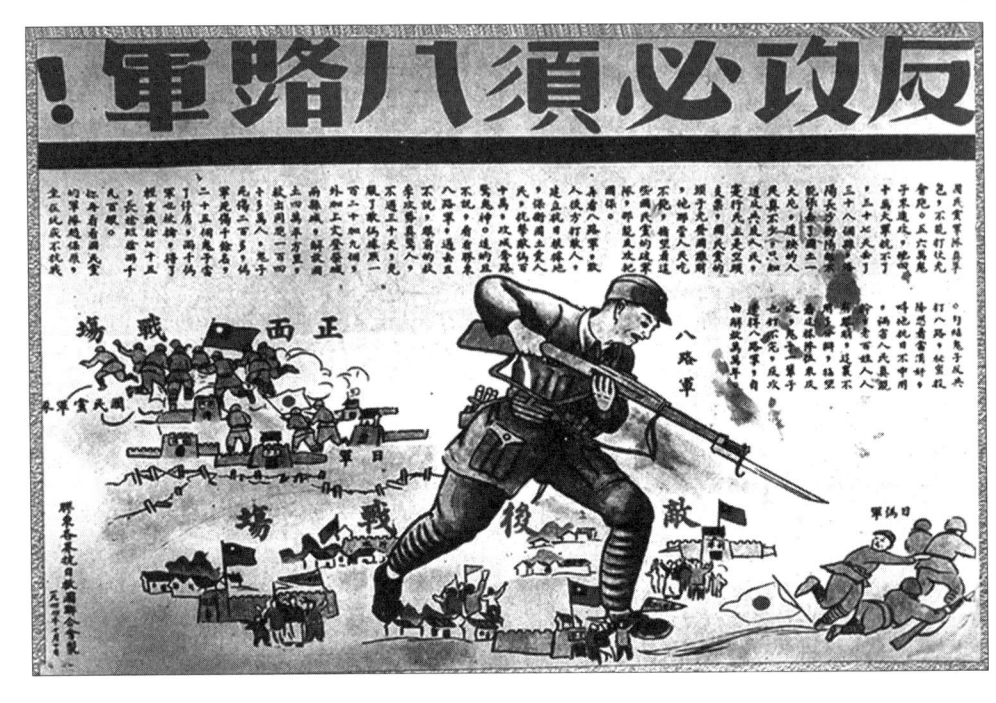

山东胶东抗日救国会出的墙报

十一
苦战华南

抗日战争时期，中共领导下的革命武装，除八路军、新四军和东北抗日联军外，还有坚持在华南地区的东江纵队、琼崖游击队和珠江游击队等。朱德总司令在《论解放区战场》中，将其合称为"华南抗日纵队"。

早在1936年，中共中央北方局即派人到广东，进行恢复党组织的活动。1938年4月，张文彬根据党的指示，在广州召开了代表会议，宣布撤销"南委"，成立中共广东省委员会，张文彬任书记。这次会议，号召党员重视军事问题，把建立民众抗日武装定为当前中心任务。1938年，中共广东省委军委书记林平、组织部长李大林根据中央和省委的指示，召开了广州周围几县党的军事工作会议。会议决定，各地党组织要想方设法建立民众抗日武装，推动国民党当局进行民众抗日的军事训练，各党员更应积极参加军事工作，学习军事。六七月间，叶剑英批准了广东省委在日军入侵后开辟罗浮山、桂山抗日游击根据地的计划。在中共的领导下，华南人民有了进行抗日武装斗争的准备。

日军占领广东省政府

1938年10月12日凌晨,日军第18师团、104师团和及川先遣支队在广东大亚湾登陆。21日,日军占领广州。与此同时,日军还向广州周围其他各地进军,仅10多天时间,广东五分之一的人口陷于日军铁蹄之下。

日军一登陆,中共东莞中心县委即召开紧急会议,决定成立抗日武装。10月13日,东莞抗日模范壮丁队即在东莞中山公园成立,由王作尧任队长,袁鉴文任政训员,全队共150人。10月24日,香港中共海员工作委员会书记曾生受广东省东南特委的派遣到达坪山之后,成立中共惠宝工作委员会。他们积极发动群众,向国民党驻军借了15支步枪,加上地方党组织送来的七八条枪,组织了惠宝人民抗日游击总队,曾生为队长,下有100余人。1939年1月,中共广东省委召开了第4次执委扩大会议,会议确定党的基本方针是:积极在战斗中发展自己的力量,准备在抗战最后阶段起决定作用。根据这次会议的精神,东莞模范壮丁队、东莞常备壮丁队及增城、宝安等地中共领导下的游击队合编为东宝惠边人民抗日游击大队,王作尧任大队长,何与成任政训员,黄高阳任党总支书记。

上述游击队和中共领导下的其他游击队一起,从一成立,就对日军展开勇敢的作战。1939年4月,王作尧部取得国民党第4战区游击纵队指挥所第4游击挺进纵队直辖第2大队的合法名义(简称第2大队)。5月,曾生部获得第3游击挺进纵队新编大队的合法名义(简称新编大队)。王、曾部队先后取得合法名义之际,中央和南方局派出以延安警备区参谋长梁鸿钧为首的卢伟良、李振亚、邬强一行到广东加强军事工作。

从1939年夏天开始,新编大队和第2大队在大小梅沙、葵涌、

广东的抗日游击队

沙头角、横岗、东莞、宝安一带积极打击日军。9月12日，新编大队夜袭葵涌，敌仓皇从海上逃窜，游击队缴获一批军用物资。9月15日，新编大队在马栏山地进行伏击，打退了攻击坪山的日军500余人。12月，新编大队在横岗鸡心石伏击日军，毙伤日军30余人，毙战马3匹。在一连串的战绩面前，国民党也不得不承认"新编大队最能执行命令，最能打击敌人，最能得到准确情报，最能在军风纪上起模范作用"。新编大队连奏凯歌之际，第2大队也勇敢杀敌。8月上旬，他们摧毁了大涌桥，使日军由南头至深圳的交通、通信瘫痪。11月，他们包围南头，断敌粮食供应，迫其逃出。于是，第2大队取得广东地区首次收复县城的重大胜利。

通过艰苦的战斗，第2大队和新编大队在坪山圩和乌石岩建立了根据地，队伍发展到700余人，这就引起了国民党顽固派的忌恨。1940年2月，香翰屏命令曾、王两部到惠州"集训"。经游击队副大队长周伯明侦察，集训地点在湖中的小岛上，顽军企图以"集训"为名消灭游击队。于是，游击队坚持要求原地整训。香翰屏见阴谋破产，率军3000余人，于3月8日游击队抗日军民举行"三八"妇女节大会时将游击队包围。游击队分别向东突围。途中，国民党围追堵截，游击队分别在爷头山、水口、五指嶂、布仔洞、莲花山、黄沙坑等遭受损失。中队长叶清华、卢仲夫，大队政训员何与成，大队副官李燮邦等壮烈牺牲。此后，新编大队移至海丰县的石山附近，第2大队移至大安洞的北山附近，部队仅剩170余人。

在这艰难的时刻，6月初，廖承志从香港转来中央书记处5月8日的电报。电报在分析了全国的抗战形势后，要求曾、王两部仍回东惠宝地区，不在国民党后方停留，要敢于反摩擦。8月下旬，两部

100余人又秘密地回到宝安县上下坪村。接着,东江特委于1940年9月在上下坪召开了干部会议,决定坚持在东江地区,对国民党在斗争中求团结,并决定放弃国民党的番号,改名为"广东人民抗日游击队",原新编大队改为第3大队,第2大队改为第5大队,分别开往大岭山、阳台山开辟根据地。

第3大队开到大岭山区后,日、伪军立即前来。11月初,日军200余人闯入大迳村,第3大队手枪队即与之在村边激战,第1、2中队分别从两侧迂回。4小时后,游击队毙伤敌数十人,随即转移黄潭,打退追击的日军。1941年5月24日,东莞伪军刘发如部200余人向游击队进袭,游击队将其击溃,并追至东莞城下。28日,刘发如部又犯,仍遭败绩。不久后,游击队又击退顽军黄文光大队的进攻。在与敌人激战的同时,第3大队深入群众,组织抗日团体,建立抗日自卫队,争取爱国、开明士绅,成立"三三制"抗日民主政权。

第5大队进入阳台山区后,首先锄奸肃特,巩固后方。1941年初,成立了民运队,深入乡村,组织了抗日自卫队总队,与部队一起作战。1941年1月,日军一小队来到上下坪村,被游击队伏击后,即以100余人发动进攻,被游击队以麻雀战撵回。不久,顽军千余人来犯,游击队大踏步迂回,袭击其苦草洞武器库,全歼守敌,缴获轻重机枪6挺、步枪数十支和大批弹药。苦草洞战斗后,周伯明率小分队前去惠阳、淡水发展,在差池、马拦头迭挫顽军,发展到100多人。到1941年5月,第5大队已发展到3个中队,600余人枪。

游击队开辟根据地的成功,引起日军不安。1941年6月10日,东莞日军长濑大队400余人及伪军200余人，分两路奔袭大岭山中心区百花洞。11日拂晓，两路日军抵达时，遭到早有准备的第3大队和抗日自卫队的密集火力射击，日军连忙占领村前左侧小高地顽抗，第1中队立即从侧后发起冲锋，毙敌军官1名，2、3中队也占领百花洞至大环一带，对敌形成包围。日军困兽犹斗，直至广州、石龙日军1000余人来援，游击队才撤出包围。这次战斗，毙伤敌50余人，日军大队长长濑亦亡，日军公开承认："这是进军华南以来最丢脸的一仗。"第3大队奏捷之后，日军于1月7日，出动400余人对阳台山区进行"扫荡"，游击队集中兵力打击龙华一路日军，敌逃回南头；另一路在望天湖遭游击队自卫队抗击，亦退出。7月10日，南头日军100余向龙华再攻，在龙塘被5大队铁路中队痛击，死伤十余人。8月15日，日军300余人再次进攻，游击队在乌石岩击毙敌指挥官，在泾背也打退了日军，共毙伤敌20余人。8月16日，驻深圳、布吉日军450余人，向龙华进攻，游击队于牛地埔附近与敌激战竟日。第2天，敌被毙伤30人后逃走。8月18日，日军450余人，又向龙华进攻，游击队分头阻击，日军又伤亡20余人。经过这一系列的反"扫荡"战斗，阳台山根据地傲然屹立。

到1941年8月，第3、5大队共发展到200余人，另有民兵1000余人，东莞地区的抗日形势日益高涨。

1941年12月8日，日军偷袭珍珠港，太平洋战争爆发。同日，日军15000余人向香港发起进攻，25日，香港英军向日军投降。游击队立即进入港九地区，肃清土匪、汉奸，收集武器，扩大武装，发动群众。在这当中，营救滞留在香港地区的文化界知名人士和爱国民主人士。从1942年1月到6月，包括何香凝、柳亚子、茅盾、邹韬奋、胡绳、夏衍、戈宝权、张友渔、黎澍、沈志远、千家驹、刘清扬、胡仲持、胡风、萨空了、廖沫沙、任白戈、宋之的、金仲华、范长江、叶浅予、金山、胡蝶等在内的300多人在游击队的掩护下顺利撤出香港，国民党上将陈济棠和第7战区司令余汉谋的夫人上官德贤也在其中。

1942年春，广东军政委员会成立，统一指挥东江地区的抗日部队，原第5大队改为主力大队，其余分别编为第3、惠阳、宝安、港九4个大队。部队刚刚整编完，日、伪、顽就发动了联合进攻。1942年4月，顽军187师、独9旅、独20旅、保安第8团及徐东来、梁桂平两支地方武装5000余人首先向根据地发起进攻，占领阳台山区的龙华、乌石岩。5月14日，驻横岗日军一个骑兵连到碧岭抢粮，游击队惠阳大队在铜锣径设伏，毙伤敌30余人，打死战马30多匹。6月，顽军再攻大岭山区，游击队在大环、大朗、红山等地与敌激战，指导员李守仁、中队长胡东等牺牲。7月，顽军见进攻不成，假意与游击队谈判。10月，顽军发起新的进攻，并仿效日军，对根据地实行"三光"政策，游击队活动范围大幅度缩小，军民生活困难。

在这极为困难的时刻，南方局、周恩来发来指示，要求对顽军针锋相对地展开斗争，并传达了全国敌后抗战的困难形势和我党我军的总方针。根据上级指示，1943年1月，广东军政委员会在九龙乌蛟腾村召开干部会议，决定在部队中开展政治教育，提高认识，发动进攻。从1943年1月开始，游击队开始反攻，在福永、沙井、塘厦、丹竹头、篁村、茶山、北栅、坝光坳、南澳、马鞭岛、坳头墟、三洲田、启德机场、上下南、铁场等地连挫日、伪、顽，战斗

70余次，毙伤俘敌军1000多人，缴重机枪1挺、轻机枪18挺、步枪500多支。

1943年11月，日军近万人对广九铁路两边发起大"扫荡"，国民党军不战而溃，游击队却勇敢地与之战斗。11月19日，游击队主力大队在莲花山毙敌十余人，转向大岭山。第3大队在连平等地毙敌50余人后，也转向大岭山。日军乃将游击队重重包围于大岭山区。当夜8时许，游击队分3路突出重围，分别返回宝安、东莞地区，扰敌后方，日军反复捕捉游击队主力不能得逞，被迫撤走。

粉碎日军"万人大扫荡"后，根据中共中央的指示，1943年12月2日，广东人民抗日游击队东江纵队正式公开宣布成立。曾生为司令员，林平为政治委员，王作尧为副司令员兼参谋长，杨康华为政治部主任，他们发表了《东江纵队成立宣言》。纵队成立后，开展了轰轰烈烈的杀敌竞赛，2月，在平湖凤凰山全歼日军1个班，在九龙山区粉碎日军1000余人的搜索。3月，在黄猄坑歼顽军2个连。4月，在茹屋村击毙日军少佐以下70余人。5月，在马山毙伤日伪军100余人，在厚街歼伪军1个连。7月，袭击广九铁路平湖站，俘伪军90余人，在石马桥全歼日军1个班。8月，海上队袭击日军船舶，击沉2艘，毙25人，俘13人。经过一系列的战斗，游击队迅速发展，抗日根据地的民主政府也相继成立，人民抗日团体风起云涌，减租减息运动深入开展，东江地区和海南、珠江等地区一起，成为"敌后三大战场之一"。

1944年8月，广东省临委和军政委员会根据中共中央1944年7月25日对东江纵队的指示，召开了土洋会议。会议之后，东江纵队组织了粤北先遣队。9月，解放了清远县城。与此同时，广九沿线部队打退伪45师等2300人和日军藤本大队等700余人的联合"扫荡"，毙敌伪团长以下200余人，俘伪中尉以下40余人。9月，东江纵队进行了整编，下辖7个支队、4个独立大队和抗日先遣队。之后，游击队展开了猛烈的反攻作战：10月，在沙井、新桥打退伪军三次进攻；11月，突袭新塘火车站，活捉日军阿南中佐以下数十人，并控制了大鹏半岛全部；12月，强袭沙井，毙伪大队长以下70余人，俘68人；1945年1月，破袭广九铁路线，全歼高埗伪军250余人；2月，歼田利喜雄少将以下9人，争取了麦定唐部起义，在流中圩击沉日船2艘；2月至4月，开辟了罗浮山抗日根据地；5月，在竹山毙日军35名，在宝太沿线毙敌100余；6月，在肖屋楼歼日军一个小队，争取了黄松部起义。

1945年7月6日至22日，广东省临委在罗浮山召开干部扩大会议，为即将到来的全面反攻作了思想和组织上的准备。8月11日，朱德总司令命令粤汉路、广九路、潮汕路两侧之游击队积极大举进攻，迫敌伪投降，如遇抵抗，坚决消灭。当天，曾生、林平、王作尧、杨康华向东江纵队各部发布紧急命令。8月14日，广东党组织发出紧急指示。东江纵队立即发动反攻：8月13日，歼灭官涌坳、太平镇伪军。19日，消灭东莞、篁村出动的日军，收复翟家村、西乡、固戍，歼灭日军一个中队，解放宝安县城南头。20日，收复深圳、厚街，伪45师1个营投降。21日，收复博罗，日伪军投降，海丰田墘的日军亦投降。22日，增城日军投降。23日，收复沙头角。9月3日，元朗日军24人投降。27日，博罗伪联防队投降。在稔平半岛，稔山300余日伪军被歼灭，游击队还收复澳头、三门岛、铁涌、暗街、梅陇、赤石。

在 8 年艰苦的抗战中，东江纵队作战 1400 余次，毙伤日伪军 6000 余人，俘虏、接受投诚 3500 余人，缴枪 6500 余支、炮 25 门。从日军战俘集中营中救出各国友人 81 人，营救盟军飞行员 8 人，并向盟军提供了大量珍贵的情报。东江纵队共建立解放区 6 万余平方公里，人口 450 余万，为坚持华南抗战做出了重要贡献。

珠江三角洲是抗日战争时期广东地区的另一个斗争中心。广州沦陷后，党派林铿云在顺德建立了一支游击队。另一支较有影响的游击队是南海农运领袖吴勤在中共帮助下建立的，叫广州市区游击第 2 支队（简称"广游" 2 支队）。林部曾于 1939 年 5 月袭击过日军，在当地颇有影响，但人数有限；吴部人数很多，曾达 2000 余人，但吴勤能指挥的只有数十人。两支队伍都缺乏有坚强党性的骨干分子。1940 年初，中共中央指示广东省委加强对他们的领导，帮助他们建立根据地。1940 年夏，广东省委派谢斌、谢立全到珠江三角洲，将南顺工委改为南右中心县委，廖承志也给予了关心。不久，林铿云部与"广游" 2 支队一部合编成"广游" 2 支队独立第 1 中队，作为其骨干。另外，中山县也组成了游击队，中共在珠江三角洲掌握的武装达 300 余人。

1940 年 10 月，独立第 1 中队进军西海，建立了"广游" 2 支队的司令部，宣传"抗日、团结、爱民"三大主张。这年冬，"广游" 2 支队主力以西海为中心，向周围扩展，开展群众工作，建立统一战线。到 1941 年 7 月，"广游" 2 支队发展到 200 多人，建立了民主政权。这就引起了日军注意。从 1941 年夏开始，伪军 2000 余人对西海展开了包围姿态。游击队面临困境，乃以 70 余人跳出圈子，到中山县五桂山地区，和当地游击队一起开辟了新的根据地，以牵制敌军。10月,伪军对西海主力发动了进攻,游击队利用平原水网和甘蔗林与敌周旋,并得到国民党军林小亚部的合作。17日,游击队与伪军展开激战,将其压制在鱼塘、稻田中加以歼灭,毙伪团长以下300余人,俘300余人,缴枪300余支,胜利地粉碎了敌人的围攻。

敌人见明攻不成,即于1942年5月将"广游"2支队司令吴勤暗杀。中共立即派林锵云接任,并派中区特委书记罗范群为政委以加强领导。由于敌强我弱,到1942年10月,西海地区形势日见恶化。南顺中心县委决定将主力转向五桂山。

游击队主力到达五桂山后,与原来的部队会合,锄奸肃匪,以山区为依托,向平原发展,并于1944年1月,成立了"中山人民抗日义勇大队"。与此同时,中共加强了对中山、番禺、顺德、南海等地游击队的领导,成立了"南番中顺游击区武装指挥部",指挥林锵云,政委罗范群。整个珠江三角洲中共领导下的抗日武装发展到2000多人。1944年2月,日伪军2000余人对五桂山进行"扫荡",游击队伏击敌先头一部后,即跳到外线,扰敌后方,日、伪军被迫回援,五桂山根据地得以巩固。

此后,游击队展开攻势作战。1944年4月,游击队袭击横门。6月,破毁敌公路桥一座和若干伪据点。7月,打破敌对南番顺根据地的"扫荡"。1944年10月,广东省临委和军政委员会决定,珠江三角洲地区的人民抗日武装在内部改称"广东人民抗日游击队中区纵队",共2700余人。纵队成立后,一部坚持在珠江三角洲,一部组成西进部队,挺进粤中新会等地。1945年1月,西进部队和粤中部队合编为"广东(粤中)人民抗日解放军",梁鸿钧任司令,罗范群为政委。留在珠江三角洲的部队正式命名为"广东人民抗日游击队珠江纵队",林锵云任司令,梁嘉为政委。粤中部队坚持在四邑和高明、鹤山等地;珠江纵队一部进至西江,与广宁、四会起义部队会师,一部与东江纵队开至粤北,一部坚持在原地。此后,广宁、四会间部队向曲江、乳源挺进,准备接应八路军南下支队;粤中部队于5月移至新鹤继续斗争。不久,他们和华南其他抗日游击队一起,参加了对日寇的最后一战。

在琼崖地区,中共斗争的历史非常悠久,但抗日战争刚刚爆发时,只剩下以冯白驹为首的30多人的游击队。他们根据中共中央建立抗日民族统一战线的政策,向国民党提出停止内战、团结抗日的主张。黎民、冯白驹先后与国民党进行了长达1年又4个月的谈判,终于在日军侵琼的前夕,达成了协议。1938年12月5日,琼崖红军游击队在琼山县云龙圩改编成"广东省民众抗日自卫团第14区独立队",冯白驹任队长,下辖3个中队,全队约300人。因当时国共合作气氛很浓,国民党方面派了副队长。

1939年2月10日,日军台湾混成旅团、海军第5舰队及几十架飞机大举入侵海南,一部在北部天尾港登陆,一部在南部三亚登陆,国民党军一触即溃;抗日独立队勇敢地在琼山县潭口渡抗敌阻其渡江,拉开了海南抗战的序幕。1939年3月,独立队改编为独立总队,冯白驹任总队长,下辖3个大队,1000余人。

独立总队成立后,1、2大队活动于琼文地区,3大队活动于澄临儋等地。1939年3月中旬、5月、6月,游击队连续在罗牛桥、长村桥、罗板埔、文昌北门取得胜利,予日军以重击,并在琼山县的树德、咸来、道崇、云龙、苏寻三和文昌的大昌、潭牛、南阳等乡建立了海南第一块抗日根据地。琼崖地区抗日形势的高涨,鼓舞了南洋等地的琼侨，他们组织了240多人的"琼崖华侨回乡抗日服务团"，在符克、符思之、陈琴、梁文墀等率领下，1939年夏回到海南参加抗战。1939年10月，独立总队第3大队联合当地国民党军和群众，对海南西北重镇那大发起围困战，将日军100余人及伪军1个中队赶走，缴枪数十支。在战斗中，琼崖游击队壮大了，发展到3000多人，在美合周围地区建立了稳固的根据地。随后，中共派庄田、李振亚前去加强领导，把部队编成2个支队、1个特务大队和1个独立大队（第4大队），庄、李分任副总队长和参谋长。

但这时国共关系恶化了。1939年6月，吴道南到海南任专员，他说中共及其游击队是"逆党逆军"，停发弹饷，扬言"反共灭独"。1940年8月，顽军将华侨回乡服务团团长符克和琼山县三区区长韦义光杀害。1940年10月，顽军开始积极准备摩擦。远在延安的毛泽东和中央书记处及时电示琼崖特委：

> 琼崖逆流高涨，是与最近国民党在全国发动反共新高潮有关系的，因此，你们必须随时警惕反共顽固派有武装袭击我军的可能。……你们应从军事上、政治上加紧准备，粉碎其进攻，其方法是待其进攻时，集中主力，打击其一部，各个击破之。

果然，1940年12月25日，琼崖顽军3000余人和各县游击队1000多人分5路向美合根据地发起了进攻。游击队主力向琼文根据地转移，顽军穷追不舍。1941年2月15日，琼崖特委在琼山县中心村召开执委会，决定由庄田指挥，歼敌一部。庄田不负众望，率军在罗蓬坡、青草坡、大水等战斗中，给顽军一系列重创，毙顽军保安第7团团长李春农以下400余人，痛快淋漓地粉碎了围攻。战斗中，琼崖特委根据毛泽东"琼崖有党、有军队，也有群众，但缺少政权"的指示，建立了琼崖东北区抗日民主政府和各县民主政府。

在顽军不断袭扰的同时，日本侵略军也加紧了对海南的进攻。1940年9月，日海军部将原琼崖基地升格为"海南警备府"，并于1941年，从其国内和浙江调了3个特别陆战队到琼崖。从1942年春开始，日伪军8000余人在飞机、坦克、大炮的配合下，以琼山第3、4区和文昌第1、5区为主要目标，对游击队琼文根据地发动猖狂进攻，杀害群众3000余人、干部400余人。他们还划出"无人区"，实行"三光政策"。1942年6月15日，日军飞机炸毁了琼崖特委的唯一一部电台。在日军进攻的同时，又发生了严重的自然灾害，根据地军民处境极为困难。

面对危境，特委决定：各支队、大队积极主动出击，牵制、分散敌军；动员群众，开展破击战，使敌军交通断绝，配合主力作战。根据特委指示，覃威大队转移外线，在竹崀桥伏击日军运输中队，毁汽车3辆，缴重机枪4挺、步枪20多支，歼敌30余人，从而吸引了敌人从根据地转向其后方；1支队相机攻击灵山、美兰、大致坡、塔市之日伪据点，并在永兴、大桥、石桥、重兴消灭不少日伪有生力量；3支队先后攻下万宁县城和龙滚市；2支队奔袭灵山，歼伪军1个连，威胁海口，也吸引了文北平原的日军主力转向海口。

在遭到一定程度打击后，1942年10月，日军调集15、18警备队2000余人，在伪军配合下，大举"扫荡"琼文根据地。中共特委连续发出反"蚕食"的《指示》、《再指示》和《再三指示》，决定外线作战与内线作战相配合，把战争引向全海南。根据指示，吴克之率第 1 支队开辟了儒万山、六芹山新根据地；符荣鼎、符振中率 2 支队向琼东、安定挺进；留在琼文根据地内部的军民则开展"白皮红心"工作；4 支队在马白山率领下转战于儋临昌地区。经过 6 个月的作战，粉碎了日、伪军"扫荡"。

1943 年 2、3 月间，日军又集中兵力向海南西部游击队各根据地重点进攻，游击队日益成熟：以 4 支队向四里、东城南丰推进，开辟新根据地，击溃顽军唐燊帮部后，又捣毁勾结敌伪的儋县政府，接着转战石碌矿，连战皆捷；2 支队在美格村突破日军包围，毙敌 70 余人，转进南丰、兰洋、白沙；另有一部南下昌江，吸敌向西南。日军四处围堵，不胜困扰，被迫撤退。

1943 年秋，日伪军 1000 余人向六连岭根据地推进，构筑碉堡，企图将游击队 3 支队压而歼之。3 支队除留一部坚守原地外，主力挺进外线，开辟了陵水、保亭、崖县新根据地。日军在加仁地区就被地雷炸死了 20 余人，无法前进，被迫龟守据点。

到 1943 年底、1944 年春，国际形势发生了变化。海南各地日军先后收缩、调离。以庄田为首的军政委员会立即决定抓住战机，扫清六连岭附近敌伪据点，3 支队在广大兵民的配合下，拔除了 10 多个据点，胜利地结束了反"扫荡"。与此同时，琼文根据地和琼西各根据地也相继告捷。

1944 年春，琼崖独立总队改编为"广东省琼崖人民抗日游击队独立纵队"（简称琼崖纵队），冯白驹任司令员兼政委，庄田任副司令，李振亚为参谋长，下辖 4 个支队，共有 4000 余人。整编以后，第 4 支队一部进入白沙县，建立了阜龙乡文头山根据地；第 2 支队一部和 4 支队一部进入那繁、来苗，和地方党组织一起建立了县政府。1944年冬，盟军在太平洋地区展开了强烈的攻势，日军判断海南岛必成攻击目标，于是在琼岛大修工事、机场，抢掠物资，准备顽抗到底。琼崖特委号召军民配合盟军反攻，开展"一弹反攻运动"（即每户捐一粒子弹或以钱物代替），积极破袭敌人，抢救出英、美、荷、澳、印等国战士、飞行员、机师等28人和大批外籍劳工。

1945年1月，琼崖党政军领导机关率1、2、4支队的3个主力大队进驻阜龙根据地。2月6日，庄田、李振亚指挥游击队，在黎、苗人民起义领袖王兴国部的配合下，向兴雅、牙利、那雅、可情等地的顽军守备第2团发起总攻，然后，又攻向白水港、罗任、南挽等顽军，白沙地区尽为游击队所有，白沙县抗日民主政府正式成立，五指山中心根据地初步建成，这是琼崖人民抗日战争史上的一个里程碑。

1945年8月23日，琼崖特委从缴获的国民党文件中得知日本已无条件投降，立即召开紧急会议，决定琼崖军民立即展开军事进攻，命令日军无条件投降，如遇抵抗，坚决消灭，摧毁敌伪组织，建立民主秩序，扩大部队和解放区，相机占领三亚、榆林、海口等重镇。游击队立即展开，参加了对日寇最后一战。

琼崖军民在以冯白驹为杰出代表的中共领导下，抗战时期共作战2000余次，毙日伪军5800余人，牵制了近3万日军。琼崖纵队发展到7100余人，加上武装基干队2000余人和反攻预备队9000余人，琼崖中共领导下的武装力量已近2万人。抗日根据地遍及16个县，占全岛总面积的2/3，人口100多万，占总人口的半数以上。

除了东江纵队、珠江纵队和琼崖纵队以外，抗日战争时期华南中共领导下的游击战还很多：在南路，中共应著名爱国将领张炎要求，派出共产党员，1939年建立了近千人的学生总队和各县游击队。1940年，由于顽固派的破坏，张炎解散了学生总队，但中共毫不气馁，1943年2月，又组织了抗日武装。1945年春，中共帮张炎、詹式邦建立了高雷人民抗日军，张炎宣布接受中共领导。1945年夏，南路人民抗日解放军成立，周楠任司令员，部队共4000余人。在潮汕，1939年6月，中共潮汕中心县委组建了潮汕青年抗日武装大队，共100多人，并取得了国民党独立第9旅游击队的合法番号。1940年3月，该游击队被迫解散，但游击小组仍坚持活动。1945年2月，在东江纵队帮助下组建了抗日游击队韩江（上游）纵队，李碧山任司令兼政委。不久，韩江（下游）纵队也宣告成立，林美南任司令兼政委，抗战结束时，部队发展到了2000余人。在粤北，1945年夏，广东西北区人民抗日同盟军宣告成立。此前，中共建立了始兴风度人民抗日自卫大队等武装，后来，这些部队均编入东江纵队。在西江，中共也建立了郁南民众抗日游击队。

华南中共领导下的各抗日武装，远离主力和党中央的领导，但他们根据当地的斗争形势，制定了正确的斗争策略和战略，有力地配合了全国抗战，扩大了党的影响和抗日民族统一战线，沉重地打击了华南地区的日伪军，为后来解放华南准备了重要的基础。

十二
走向胜利

1944年,世界反法西斯战争形势发生重大变化。在苏德战场,苏军完全掌握了战争主动权,希特勒正面临总崩溃的前夜。在亚洲太平洋战场,美军反攻不断胜利,并轰炸日本本土,迫使日军节节败退。与此同时,英军和中国的印缅远征军在印缅战场向日军展开大规模反攻;中国敌后战场也积极向日军发起攻势作战,使日本法西斯陷入了完全被动的局面。

为了扭转被动局面,摧毁华南美军机场,打通平汉、湘桂两条铁路,以便在海上交通被美军切断时,能由大陆交通线补给东南亚各地日军,日本大本营于1月24日发出打通中国大陆交通线的作战命令。明确其作战目标是"摧毁敌空军主要基地"、"击溃敌军,占领并确保湘桂、粤汉及平汉铁路南部沿线的要地"等。为实现该战略意图,日军从华北、华中调集重兵于1944年春开始向平汉、湘桂、粤汉铁路沿线的国民党军发动了进攻。

根据国内外形势的急剧变化,中共中央多次发出指示,明确1944年的斗争方针是:继续团结国民党共同抗日,集中力量打击日

八路军战士

伪军，巩固与扩大根据地。同年4月，毛泽东指示全党全军："我们要准备不论在何种情况下把日寇打出中国去。为使党能担负这种责任，就要使我党我军和我们根据地更加发展和更加巩固起来，就要注意大城市和交通要道的工作，要把城市工作和根据地工作提到同等重要的地位。"

为贯彻中共中央指示精神，各抗日根据地军民自1944年起在敌后战场发起局部反攻，打击牵制日伪军，扩大抗日根据地，配合国民党正面战场作战。但由于当时敌强我弱的基本形势尚未根本转变，所以1944年八路军、新四军等人民武装的攻势作战是以集中适当兵力作战与分散的群众性游击战争相结合，军事攻势与政治攻势相结合来进行的。到1945年初，敌后抗日根据地经过1年的局部反攻和整风、生产运动，在政治、军事、经济等方面都获得了很大的加强，根据地已拥有9000万人口和200多万民兵。正规部队不但在数量上增加到78万人，而且经过攻势作战和练兵运动，军政素质和装备质量已有显著提高。这就为开展更大规模的攻势作战，扩大根据地，创造了极为有利的条件。

在此同时，日军由于在太平洋战场连续失利，在中国战场上发动的打通大陆交通线作战消耗了大量兵力，在敌后战场亦遭受沉重打击，占领区日趋缩小，面临全面失败的绝境。

为挽救败局，日本大本营于1945年1月决定建立日本本土及中国、朝鲜等占领区的防御体系，准备与同盟国军队决战。同时还指令其中国派遣军以美军为主要作战对象，以华北、华中和华南沿海地区为防御重点，力求挫败美军登陆中国和中国军队反攻的企图。为实现此目标，日本中国派遣军开始调整部署，整编部队。1945年春，日军先后组建了 6 个师团、13 个独立混成旅团和 13 个相当于旅团的独立警备队，总兵力约 100 万人。此外，伪军也增至 80 余万人。但此时的日军士气和战斗力已明显低落和下降，日伪矛盾也日益加深，总的战略形势已明显对日本法西斯不利。

面对国际国内形势的发展，毛泽东于 1944 年 12 月 15 日，在陕甘宁边区参议会上发表了《1945 年的任务》的演说。在演说中，毛泽东提出全国"唯一的任务是配合同盟国打倒日本侵略者"，解放区军民的首要任务是"消灭敌伪，扩大解放区，缩小沦陷区"，要开展更大规模的攻势作战，"把一切守备薄弱，在我现有条件下能够攻克的沦陷区，全部化为解放区，迫使敌人处于极端狭窄的城市与交通要道之中"，待机将敌完全驱逐出去。

此后，各抗日根据地根据毛泽东的指示，从各自的实际出发，制定 1945 年的具体作战方针和计划，领导本地区军民，展开了大规模的攻势作战。

1944 年，华北敌后战场的抗战局势有了惊人变化。一方面，日军为巩固其占领区，采取以攻为守的手段，对华北各抗日根据地局部地区进行反复"扫荡"；另一方面，各根据地军民利用日军着力打通大陆交通线，从华北调走 1/2 近 9 个师团的精锐部队，兵力相对不足的有利时机，在各个战场上积极出击。日军面对整个战争局面的颓势，被迫实行重点配备的战略，将扩大治安区的方针改为确保城市交通要道与资源地区的安全。在根据地军民的反攻下，根据地边沿区变成了中心区，一些被分割的地区也连成了一片，各抗日根据地普遍扩大了。

1944 年，华北敌后战场的中心移至山东地区。山东八路军不断出击，展开强大攻势，大大改变了敌我双方的态势。

山东日军在1943年蚕食政策破产后，为防守其交通干线、战略支点及工矿资源区，并便于向根据地实施机动"扫荡"，采取了"重点主义"配备策略，在全山东共设有重点47处。为加强这些重点，山东日军从1943年12月起即开始收缩兵力。至1944年2月，仅津浦路以东地区，日伪放弃与被八路军逼撤据点即达264处。1944年春，日军将山东战场的近1/2兵力调往正面战场，留在山东的日军仅2.5万余人，而伪军则增至20余万人。此时，日军尽管兵力不足，战斗力减弱，但并未丝毫放弃向根据地的进攻。1944年日伪对根据地千人以上的"扫荡"，即达49次，比1942年还多9次。不过此时日伪的"扫荡"规模已明显减小，时间也持续较短。同时，日军还依靠其设置的重点，在根据地边沿区实行所谓"九分政治，一分军事"的策略，加强其特务、伪化、会道门的活动，采取以游击对游击、以"突击队"对小部队、以政治攻势对政治攻势、以一元化对一元化的斗争。

根据上述情况，山东军区及时布置和发动了1944年春的局部反攻。

山东战场的局部反攻，从1944年春季鲁中区八路军第三次讨伐伪军吴化文部战役开始。吴化文部为山东伪军的主力，总兵力共万余人，主要分布于鲁山南麓的鲁村、南麻、悦庄（均在沂水西北）及其周围2000余平方公里的地区内。其主要弱点是兵力分散。3月下旬，鲁中八路军主力发起讨吴战役，经两个阶段的艰苦作战，至4月下旬，战役取得决定性胜利，共歼敌7000余人，攻克据点50余处，并给驰援吴部的日军以有力杀伤，使日军多年苦心扶植的山东伪军主力遭到毁灭性打击。此役的胜利，打通了沂山、鲁山、泰山和蒙山各山区根据地的联系，基本上收复了鲁中全区。

继讨吴战役胜利后，为配合正面战场作战，保卫夏收，扩大根据地，在山东军区的统一指挥下，山东各军分区相继发起了夏季战役攻势。

5月上旬，鲁南区八路军主力发起讨伐伪军荣子恒战役。是役，歼灭荣部主力2000余人，控制了崮口山区，改变了鲁南根据地被分割的态势，对坚持鲁南抗日阵地有重要意义。

8月中旬，鲁中军区发起沂水战役。沂水城是鲁中山区重要的交通枢纽，有5条公路与益都、临沂、蒙阴、博山、莒县相连接。日伪在鲁中区的高级指挥机关均设于此，城内共有日伪军1000余人。8月15日，鲁中军区经认真准备，集中主力和地方武装，对沂水城展开了大规模的攻坚战。经12小时激战，全歼守城伪军近千人。随后，八路军攻城主力围攻日军南关围寨。守寨日军以控制的碉堡为掩护，以猛烈的火力和施放毒气阻止攻城部队前进。八路军战士发扬连续作战、不怕牺牲的精神，至17日6时，全歼守敌。外围部队也击溃了前来救援的日军，并攻下了沂水城外围的一些重要据点，取得了首次对有日伪联合守备的城市攻坚作战的胜利。攻下沂水后，八路军将士发扬了革命的人道主义精神，将俘虏中的7名重伤员释放，并将17具较完整的日军尸体，洗净用白布蒙上，附以反对战争的宣传文件，用担架送到莒县日军驻地，将其余日军尸体，合葬在5个坟墓中，埋在沂水城内，放上花圈，写了"祭文"，随即主动撤出沂水城。

此后，渤海区八路军在8、9月间发动秋季攻势，收复了利津、乐陵、南皮等4座县城，对天津、德州和济南日军构成了极大威胁。胶东军区军民也于8、9月间对日军展开连续攻击，收复了荣成、文登两县，攻克据点200余处、碉堡600座，使胶东半岛绝大部分地区被八路军控制。在此期间，鲁中军区主力在沂水城西北的葛庄、陶沟等地，设伏"扫荡"滨海地区回窜之敌，歼灭日军300余人、伪军1000余人。鲁南区八路军主力也不失时机地向日伪军展开攻击，攻克中心城镇梁邱、白邱和沂河平原，并挺进到滕东、枣北地区。秋季攻势胜利后，山东军区部队又发起以夺取莒县为重点的冬季攻势。

莒县是山东的一个大县，有人口90余万。地处鲁中、滨海区的连接部，东可控制沿海平原，西可拱卫沂蒙山区，地位非常重要。日军自1939年占领莒县城后，即在此修建了兵营、飞机场、弹药库，并修筑了台潍、莒日公路，莒县城遂成为日军历次对鲁中、滨海两区进行"扫荡"的战略基地和南北运兵要道。城内日军驻地，有碉堡、围寨、铁丝网、地雷网、壕沟、地下堡等构成立体交叉火网。如果硬攻必然造成八路军重大伤亡。经过积极准备，八路军对守城伪军莫正民部3500余人的争取工作取得重大进展，于是山东军区遂集中八路军主力和民兵万余人，于11月发起莒县战役。是役从14日开始，至29日结束，歼灭了守城日军大部，对日军援兵进行了有效阻击，并争取了伪军莫正民部的反正，使滨海、鲁中两区连成一片。

为策应莒县战役，在莒县战役打响以后，鲁中、鲁南、胶东、渤海等军分区亦组织力量对日军控制的据点、交通线展开攻击，并取得较大战果。

八路军解放山海关

山东战场八路军经过1年的攻势作战，根据地军民共歼灭日军4800多人，伪军5.4万人，争取伪军1.1万人反正，收复9座县城，解放国土4万多平方公里，根据地面积比1943年扩大了1.5倍，胶济铁路路南的3个军分区基本连成一片，路北两个军分区也打破了被敌分割的局面。

1945年初，为了贯彻毛泽东"扩大解放区，缩小沦陷区"的指示，山东军区向日伪发动了更大规模的攻势作战。

2月21日，胶东军区集中主力，发起讨伐伪军赵保元部战役。该股伪军总兵力达1.7万余人。经1个星期的攻坚战，19日歼灭赵部主要力量，毙伤伪军2000余人，俘伪军7370人，残敌逃往莱阳城。在此同时，鲁南军区集中主力，在鲁中军区配合下，发起讨伐伪军荣子恒部战役，全歼盘踞泗水城的荣部伪军。鲁中军区也于3月中旬发起蒙阴战役，全歼守敌，毙俘日军100余人，伪军1300余人。滨海军区则在诸城附近歼敌一部，争取伪诸城保安队1300余人反正。

4月中旬，日军向山东增兵，并以"扫荡"形式调整部署，以强化其沿海守备，抗击美军可能的登陆作战。山东军区根据敌情的变化，立即停止对敌攻势，转入反"扫荡"作战。至27日，共毙伤日伪军5000余人，并攻克蒙阴、邳县两城及大小据点140余处，粉碎了日军企图控制山东东南沿海的计划。6月5日，山东八路军再次发起攻势作战，鲁中军区集中主力和地方武装万余人，发起讨伐驻守鲁东的伪"和平救国军"厉文礼部的战役。经20余天激战，共歼灭伪军7300余人，攻克敌据点60余处。7月中旬，鲁中军区又乘胜发起临（沂）费（县）战役，拔除日伪据点数处，扩大了鲁南与鲁中区的联系。

与胶济路南攻势相呼应，胶东军区、滨海军区、渤海军区等也发起夏季攻势，予所在地区的日伪军以歼灭性打击。如胶东军区在6、7月间即歼灭日伪5400余人，滨海军区歼日伪5000余人，渤海军区歼灭日伪军6400余人。

山东战场的八路军从1944年初至1945年夏季，在山东军区的统一领导和具体部署下，在局部反攻中取得辉煌胜利：共歼灭日伪军近12万人，先后解放了18座县城；解放区的面积，由1944年初占津浦路以东地区的35%扩大到80%以上，使胶济路以南的3个战略区完全连成一片，胶济路以北的两个战略区也扩大了联系，进一步巩固和扩大了山东解放区；日伪军几年来在山东苦心修筑的用以分割、封锁、蚕食各根据地的许多据点、碉堡、公路、沟墙、封锁线等大多被摧毁，日军的所谓"重点守备计划"亦随之破产。

晋冀鲁豫边区，在克服了由于日伪军"扫荡"和自然灾害造成的困难后，于1944年春夏之交积极展开局部反攻。

1944年2月至4月，晋冀豫太行军区部队先后向蟠（龙）武（乡）、榆（社）武（乡）、水（治）林（县）各公路沿线发起攻势作战，扫除日伪据点，收复了蟠龙镇、榆社城、林县城及水治镇。在此同时，冀南、太岳军区和冀鲁军区部分主力，在地方武装和民兵配合下，向日伪据守的城镇据点展开攻势，先后攻克朝城、沁水县城及据点、碉堡200多处。

5月11日，原冀南区和冀鲁豫区根据中共中央北方局的决定，合并组成新的冀鲁豫分局和新的冀鲁豫军区。从5月中旬开始，冀鲁豫军区八路军在昆（山）张（秋）地区发动新一轮攻势，一周之内连克寿张集等50多个据点，收复了昆张地区。随后，冀鲁豫军区又进攻清丰城，歼守敌1200余人；6月，湖西地区八路军展开了反碉堡战役攻势，解放了微山湖以西、陇海路以北的鱼台、曹县、沛县一带；8月上旬，又歼灭了郓城伪军刘本功部，收复了肖垓、刘口、傅庄等战略要地；在夏季攻势中，八路军又收复了莘县，打破了汶上至郓城200里长的日伪堡垒线，使湖西地区与鲁南解放区连成一片。11月，八路军又收复了濮阳、寿张两城，扩大了黄河故道以北的解放区。1945年1月，在春季攻势中，冀鲁豫军区于1月16日一举攻占大名县城，随后又发起南东战役，歼敌3400多人，解放了大名、南乐两城及濮阳西南的大片领土，使冀鲁豫区的中心地带范县、濮县、观城、朝城、莘县、寿张、清丰、内黄、濮阳等县与冀南的10余县连成一片。此后在五六月的夏季攻势中，八路军又连克了南宫、新河、东平、阜城等6座县城。7月中旬，冀鲁豫军区八路军主力发动了阳谷战役，一举攻克了这座深入冀鲁豫中心区的日军据点，全歼阳谷日军守敌，并乘势收复了巨鹿、广宗、馆陶、冠县、武城等县城，巩固和扩大了根据地。

太行军区部队在围困榆社、林县获得胜利后，又展开了保卫麦收的作战行动，加强了对腹地城镇敌人据点的围困。6、7月间，又在平汉路西侧发起新的攻势，攻克日伪据点10余处，开辟了新辉地区。至8月下旬，基本摧毁了平汉路西侧日伪军的第3道封锁线。1945年1月至3月，太行军区为开辟道（口）清（化）铁路两侧的豫北地区，打通太行根据地与豫西根据地的联系，发动了豫北战役，消灭了盘踞在道清铁路及其两侧地区的日军第117师团和伪第5方面军各一部约2500余人，扩大解放区2000余平方公里，解放人口

75万，使以新乡为交点的平汉、道清、新（乡）汴（开封）3条铁路均暴露在八路军的直接打击之下。

第一次豫北战役结束后，太岳军区又集中八路军主力和地方武装，在道清铁路以西的沁阳、济源、孟县之间，发起了第二次豫北战役。是役从4月3日开始到月底结束，八路军共攻克日伪据点40余处，歼灭日伪近4000人，控制了黄河北岸的济（源）垣（曲）沁（阳）等地的广大乡村。

两次豫北战役，八路军共歼敌7900余人，开辟了3800余平方公里的豫北地区，使黄河以北的太行、太岳和黄河以南的豫西根据地连为一体。

太行、太岳八路军主力在开辟豫北的同时，还对深入根据地内日伪的孤立据点展开了围困。著名的"沁源围困战"就发生在这一时期。

早在1942年底，太岳军区就先后围困了阳城、沁源敌第36师团、第64旅团和府城。其中围困沁源，开始较早，历时较长，战绩显著，可以称为围困战中的典型。

从1942年底到1945年4月，历时30多个月的沁源围困斗争中，民兵们用各种各样神奇的地雷布下了天罗地网，配合主力部队作战2730多次，杀伤日伪4000余人，最后迫使敌人在极度恐慌中，在援兵的接应下，以沉重代价，狼狈逃窜。

在这次围困战中，民兵们在埋设地雷方面有很多发明创造，显示了劳动人民的智慧和力量，创造了花样繁多的埋雷方法。比如，敌人害怕踏雷，就强迫民夫在前边开路，于是，民兵们就研究了一种"踏拉雷"，前边的人踏上了，后边的地雷爆炸。这样，民夫走过去了，却炸死了敌人。以后敌人听到前面公路上地雷爆炸，就迅速跳到路旁沟里躲避。民兵们又发明了"连踏雷"，埋在公路上和沟里的雷连在一块炸，使敌人无法藏身，叫苦不迭。敌人吃尽了苦头后，就搞来了地雷探测器，边测边挖。谁知，民兵们又想出了对付这洋玩意儿的土办法，造了一种"雷上雷"，也就是埋两层地雷，上下联结。敌人用探测器探到地雷，急忙挖出，不想却牵动了下边的地雷，被炸得血肉横飞。地雷阵的威力，令日伪军惶惶不可终日，为围困的胜利立下奇功。

4月至5月，太行军区八路军攻占陵川、左权、和顺3座县城，并对日军插入太行区的平（定）辽（县）线和白晋铁路进行了全线大破袭。为进一步扩大解放区，太行军区于6月底到7月初集中9个主力团和部分地方武装共万余人，在3万多民兵和自卫队的配合下，在李达司令员的亲自指挥下，发起了以肃清安阳城以西外围日伪军为目标的安阳战役。盘踞在这一地区的是日军独立混成第1旅团一部、伪剿共第1路2个旅和伪第6方面军暂9师及伪林县总队等部，共约7000人。长期以来，日伪在安阳以西地区大修据点、碉堡，构成了一条对太行根据地的封锁线，企图阻断八路军山区和平原之间的联系。所以，此次战役的目标是：以盘踞在平汉铁路以西、观台以南、鹤壁集以北地区之敌为目标，力求消灭伪剿共第1路李英部和日军独立混成第1旅团一部，摧毁敌之封锁线，解放与巩固这一地区。

安阳战役从6月30日开始到7月9日胜利结束，八路军基本达到了预期战役目的。此役，八路军共毙伤日伪军800余人，俘虏日伪军2500余人，击溃伪军1900余人，攻克据点30余处，并进一步逼近平汉铁路和安阳敌军据点。这次战役还锻炼、提高了太行军民的攻坚能力和连续作战能力，为大反攻的到来作了一次预演，使太行军区八路军从游击战、麻雀战的阶段，开始进入野战阶段。

在太行军区发起安阳战役的同时，冀鲁豫军区八路军主力，在平汉铁路东侧发起夏季攻势，攻克敌据点20余处，歼敌1500余人。太岳军区则攻克日伪据点30余处，打通了太行和太岳之间的联系。

从1944年初到1945年夏，晋冀鲁豫边区军民密切配合，对日伪军进行了持久、顽强的进攻，取得了辉煌的战绩。据不完全统计，仅1944年晋冀鲁豫边区军民即毙伤日伪3.8万余人，俘日伪军3.49万余人，收复10余座县城，解放人口500多万，收复国土6万余平方公里。在这1年半中，根据地获得迅速发展，很多地区改变了被分割局面，各战略区联系更加便捷，日伪处于更加被动和孤立的地位。

晋察冀抗日根据地在粉碎日军1943年的"扫荡"和蚕食后，不断地恢复和发展根据地。1944年开始向日军发起连续攻势，在春季和夏季攻势中，八路军共攻克20多个县城。为适应局部反攻的需要，9月，晋察冀军区设立二级军区，将北岳区分为冀晋、冀察两个分区，冀中区不变，冀东区改为冀热辽区。

冀中区军民在春季作战中，攻克日伪据点158处，歼灭日伪军近千人，并攻克任丘、河间等县城20余座。12月，八路军奇袭日军重兵把守的石家庄日军监狱，救出抗日干部和群众8000余人。到1944年底，冀中区已恢复到"五一大扫荡"前的局面。1945年，冀中区又发动春季和夏季攻势。在春季攻势中，先后发动了任（丘）河（间）战役、文（安）新（镇）战役和饶（阳）安（平）战役，歼灭了大量敌人，进一步扩大了根据地。在夏季攻势中，冀中军区集中主力发动了子牙河东战役、大清河北战役、德石路战役、安博蠡战役等规模较大的战役，共歼灭日伪军1.1万余人，解放了11座县城。游击区扩大到北抵北平、南越沧石、东达渤海边、西至平汉线的广大地区，八路军已控制了冀中平原的绝大部分地区，并与冀热辽区相连，为围困平津做好了准备。

北岳区军民在5、6月间保卫麦收作战中，消灭了日伪军1500余人，袭击了保定、石家庄、清风店等火车站；7月间，又攻克了易县、徐水、蔚县等县城，打下了遂城、北楼、户木、高林营等日军重要据点。1944年1年间，北岳区军民共对日伪作战1384次，歼敌7267人，攻克据点、碉堡411座，收复村庄1600个，解放国土1万多平方公里。

北岳区分为冀晋和冀察两个军分区后，在1945年春连续向敌据点发起攻势，为开辟雁北和向张家口以南方向发展新区创造了条件。4月，为开辟平绥铁路南北的雁北和绥东地区，冀晋军区于5月中旬集中主力发起雁北战役，经50多天连续作战，冀晋军民共攻克和逼退日伪据点40多处，歼灭日伪军近千名，扩大解放区5000多平方公里，解放人口约40万，为进一步开辟绥东地区及平绥路以北地区奠定了基础。在此同时，冀察军区亦于5月中旬发起察南战役，经15天激战，冀察八路军主力歼灭日伪军673名，攻克与收复怀安、涞源等县城及据点40余处，并攻入宣化南关，兵逼张家口。6月中旬，冀察军区为配合热辽战役，发展察北，开辟热河西南地区，又发起平北战役，歼日伪700余人。通过夏季攻势，冀晋军区部队打破了日伪军由山阴至广灵和在桑干河上的封锁线；冀察区打开了察北、热西、平西的局面，与冀晋新解放区连成一片，日伪军大都被压缩在张家口和铁路沿线及少数城镇里。

冀东军民在对日伪作战中，根据地和游击区不断扩大。1944年，冀东八路军越过长城向冀东中部挺进，同时派出部队进入伪满地区作战，在开辟了通县以南地区之后，打通了与冀中区的联系。1945年2月至5月间，粉碎了日伪军2万余人的大"扫荡"，巩固了冀东根据地；6月，八路军组织了3支北进支队，进入锦承路北的围场、赤峰、朝阳、锦州一带，发动了热辽战役，开辟了热中和辽西地区，为挺进东北打开了通道。

晋绥根据地军民1944年继续实行"把敌人挤出去"的方针，使根据地逐渐扩展。1944年3月至8月，由于日军抽兵南下，晋绥地区日军兵力明显减少。面对敌我双方态势的变化，根据地军民抓紧时机，对日军展开大规模反攻。从1944年春季开始，晋绥军区部队开始对根据地内孤悬的日伪据点实施围困、封锁，仅1至8月就挤退日伪据点58个；在秋季攻势中，八路军将分割晋西北根据地的重要交通线离（石）岚（县）、忻（县）静（乐）等公路彻底破击，收复村庄400多个，攻占了战略要地汾阳城的外围据点。在1945年的春季攻势中，八路军连克方山、岚县、五寨3城，解放村庄700多个，并打通了第2、第3及第8分区与该区的联系；在夏季攻势中，八路军对忻静公路实行大破袭，攻克了根据地边缘区的一些日军重要据点，予日军的交通线和日伪武装以有力打击。此外，晋绥区的大青山根据地，经过1年多的斗争，到1945年春，绥中、绥西、绥南3块游击根据地已完全打通，并对日伪的据点进行了围困、封锁和进攻，迫使日军不得不将兵力收缩集中于铁路沿线大据点，作最后的顽抗。大青山根据地抗日斗争步入由分散游击进入稳固发展时期，为大反攻做好了准备。

华中敌后战场到1944年春随着太平洋战场和中国战场形势的变化，出现了恢复和再发展的势头。

1944年初，为打破日伪"扩展清乡"、"治安肃正"和在沿海地区实行"屯垦"计划，新四军军部根据形势的变化和中共中央的有关指示，决定主动地有重点地对日伪展开攻势作战，以争取新的发展。

1944年1、2月间，苏中新四军乘日军调整部署之机，以高邮、兴化、宝应、东台以北和泰州、泰兴、如皋地区为重点，对日伪发动连续攻势，攻克据点17处。随后，新四军第1师又在淮安、宝应以东发动车桥战役，揭开了华中敌后战场局部反攻的序幕。

在车桥战役中，苏中军区新四军在叶飞指挥下共歼灭日军465人（内俘中尉以下24人）、伪军483人，缴获大量军用物资。对于此役，第18集团军总政治部在《抗战8年来八路军新四军》一书中曾经指出："在抗战史上，这是1944年以前，在一次战役中生俘日军最多的一次。"

日伪在车桥战役中遭到沉重打击后，收缩防线，放弃一些次要据点，继续进行"清乡"、"屯垦"。在"清乡"中日伪还经常兽性大发，杀人放火，奸淫掳掠，对根据地进行疯狂破坏。

日伪的暴行，更坚定了根据地人民的斗争意志。苏北、苏中、淮北、淮南等根据地军民，从1944年初起，连续发起新攻势，痛击日伪，恢复和扩大根据地。

苏北军民在1944年初，展开了反对日伪"第二期治安肃正"的斗争。经过3个月的艰苦斗争，苏北抗日根据地恢复了1942年冬日伪大"扫荡"时占去的大部分地区，粉碎了日伪的"治安肃正"计划。此后新四军苏北军区又以主力一部对高沟、扬口地区伪军发起进攻。经连续作战，先后攻克高沟、扬口等14个据点，歼伪军2000余人，并予援敌以有效杀伤。这是华中敌后战场继车桥战役后又一较大战役的胜利，打通了淮海、盐阜两分区的联系，开辟了广大地区。

淮北根据地新四军第4师于3月下旬，在民兵和地方武装配合下，在西至津浦铁路的广大地区内，对守备薄弱的日伪据点展开进攻。经过2个月的战斗，攻克日伪据点51处，歼灭日伪军近2000人，解放了泗（县）灵（璧）濉（溪）之间广大地区，切断了濉泗、睢灵和泗宿公路，控制了一段运河线。6月下旬，淮北新四军主力又进行了以夺取泗（县）北之张楼据点为主要目标的攻势，一举歼敌500余人，控制了濉泗公路全线，解放了整个泗北地区。

鄂豫边区新四军第5师主力在粉碎日伪"扫荡"和顽军进攻后，于5、6月间积极主动打击敌人，袭击据点和破坏交通运输达30余次，歼日伪军千余人，牵制了日军向河南、湖南的进攻。10月，为适应斗争形势发展需要，中共中央军委决定，成立鄂豫皖湘赣军区，新四军第5师领导机关兼军区领导机关，下设9个军分区。

此外，苏南新四军在粉碎日伪"扫荡"、"清乡"后，8月发动攻势作战，攻袭溧水、溧阳两县城，攻占据点26处，歼日伪1个团5个营，解放了溧阳以南地区，扩大了苏南解放区。皖江、淮南、浙东抗日根据地的新四军，在反击国民党顽军进攻的同时，也不断向日伪发起攻势作战，坚守和发展了抗日根据地。

1944年全年，华中敌后战场军民，共作战6500余次，歼灭日伪军5万余人，解放人口160余万、国土7400余平方公里，制止了日伪对各根据地的进攻，沟通了津浦路东各根据地的联系，彻底粉碎了日伪的"清乡"和"屯垦"计划，恢复和发展了抗日根据地，大大改善了各地区的斗争局面，为进一步开展对日伪的军事和政治攻势，执行发展东南的任务，创造了条件。

1944年，就在华中各抗日根据地向日伪发起局部攻势的同时，根据中共中央和华中局、新四军军部的指示，新四军第5师主力一部挺进豫南，予豫南一带日伪军以重大打击，并在豫南敌后开辟了东西70余公里、南北近100公里的抗日根据地，建立了7个县的抗日政权，为发展豫南，迎接八路军南下支队创造了条件。新四军第4师4个主力团和1个营，于1944年8月15日在师长彭雪枫率领下，从泗洪县东南的半城集等地出发西进。21日，西征主力拔掉西进之拦路虎小朱庄据点，歼顽军一部，打通了西进道路，震惊了路西萧县、宿县和永城等地顽军。尔后，彭雪枫在迅速粉碎日伪2000余人的跟踪"扫荡"后，随即对日伪发起攻势，连克黄庄、菊集、马庄等重要据点，恢复了萧（县）永（城）宿（县）地区。但是国民党顽军企图乘新四军立足未稳，组织重兵西犯，以将新四军逐出该区。对于顽军的进犯，新四军予以有效痛击后，即布置兵力，准备攻占日伪据点八里庄。在彭雪枫、张震亲自指挥下，新四军将士与八里庄守敌展开血战，经一昼夜攻坚战，全歼守敌伪军李光明部。但就在战斗即将结束的时候，一颗罪恶的流弹，击中彭雪枫师长腹部。彭雪枫就这样在硝烟未散的战场上，为中华民族的解放事业流尽了最后一滴血，时年37岁。

一代名将彭雪枫的不幸阵亡，令陈毅悲伤不已，他闻讯后，当即作了一首《哭彭雪枫同志》的诗以志悼念。

> 吾党匡天下，得君亦俊才。
> 壮哉身殉国，遗爱万人怀。
> 雄气压陇海，英风断淮河。
> 荣哀何有尽，万众泪滂沱。

在1945年2月中共中央办公厅、八路军总部为彭雪枫举行的追悼大会上，中共中央对其一生予以了高度评价。中共中央送了挽词：

> 为民族，为群众，二十年奋斗出生入死，功垂祖国；
> 打日本，打汉奸，千百万同胞自由平等，泽被长淮。

毛泽东、朱德、刘少奇、彭德怀、陈毅还共同为彭雪枫写了挽词：

> 二十年艰难事业，即将彻底完成，忍看功绩辉煌，英明永在，一世忠贞，是共产党人好榜样；
> 千万里破碎河山，正待从头收拾，孰料血花飞溅，为国牺牲，满怀悲愤，为中华民族悼英雄。

9月11日彭雪枫以身殉国后，9月13日中共中央电令张爱萍调任新四军第4师师长，韦国清任副师长。张、韦率部击退了顽军进攻，基本上恢复了豫皖苏边区根据地，并使淮北抗日根据地获得较大发展，扩大了新四军在西线战略反攻的前进阵地。

1944年，华中局和新四军军部根据形势的发展和中央的指示，决定第1师抽调3个主力团组成第一批南下部队，会同第16旅执行南进任务，采取逐步发展逐步巩固的方针，首先打开苏南浙西局面，再与浙东打通联系，控制全浙江，然后相机向南发展。

1944年12月27日，粟裕率新四军第3旅南下渡江，于次年1月到达浙西长兴地区，与16旅胜利会师，发展了太湖西南地区，形成与浙东抗日根据地互为依托的战略态势。1月13日，华中局根据中央决定，下令成立苏浙军区，以粟裕为司令员，谭震林为政治委员，下辖3个纵队。3月，叶飞率新四军第1师教导旅等南下，组成第4纵队。同时，中共中央任命叶飞为苏浙军区副司令员。苏浙军区的成立，统一了苏南、浙西、浙东地区的党政军工作，加强了对苏浙地区抗日战争的领导。

此时，华中地区日军为阻止新四军攻势和防止美军登陆，采取了一系列防御措施。从1944年冬开始，在沿海进行所谓"决战措施"的防御部署，将连云港至温州沿线海岸，以上海为分界，划分南北两个"海防区"，调集重兵，增筑工事。同时，加强陇海、津浦、宁沪、沪杭等铁路及长江沿线各要点的守备，并企图打通和控制淮河、运河及重要公路，以保障沿海与纵深地区的"安全"和交通运输的通畅。此外，为弥补沿海兵力不足和加强对伪军的控制，将驻苏中的伪第5集团军番号撤销，调其一部前往浙江；将原驻河南开封一带的伪第2方面军孙良诚部调至苏北。孙到苏北后，加紧对根据地进行"扫荡"，企图扩大占领区。

为准备战略反攻，争取抗日战争的最后胜利，执行中央"消灭敌伪，扩大解放区，缩小沦陷区"的指示，新四军在1945年发动了春季和夏季攻势。

苏北根据地军民，针对伪军孙良诚部的活动，不断地予以打击，迫使其主力龟缩在盐城、阜宁及其周围地区和公路沿线。1945年4月24日，新四军第3师集中11个团的兵力，发动阜宁战役。此役经3天激战，共毙伤伪军339人，俘伪军2073人，攻克阜宁县城及其外围据点22处，解放阜宁城及500多个村庄，切断了联结苏北与苏中的南（通）赣（榆）公路，扩大了苏北根据地。

4月中旬，淮北新四军主力在淮南新四军配合下发起春季攻势，大规模地采取破袭公路、伏击和围困等手段，给日伪军以有效杀伤和消耗。淮北军区在历时1个月的作战中，歼敌3000余人，攻克泗阳县城及大店、丘集等21处据点，使睢宁之敌陷入包围之中。

为给睢宁之敌以歼灭性打击，6月中旬，新四军第4师及淮北军区部队一部在津浦路东侧发起睢宁战役，至7月上旬战役结束，共歼灭伪军2200余人，攻克日伪据点18处，解放了睢宁城。在此同时，新四军第4师及淮北军区主力共1.3万人，在张爱萍、张震等指挥下发起宿南战役，歼灭伪第15师大部2100余人。这一胜利，不仅巩固了涡河以北的根据地，而且开辟了宿县以南地区，使津浦铁路以西的8个县连成一片。

在苏南，蒋介石命令三战区司令顾祝同调集54个师，向天目山地区大举进攻，企图聚歼新四军苏浙军区主力，进而使新四军全部退出江南。在此严重形势下，苏浙军区根据敌强我弱形势，决定在强敌面前，采取后发制人策略，暂时退出天目山地区，待顽军深入进犯时再寻机作战。新四军面对顽军的进攻，一让新登，二让临安，三让天目山，接连后退200多里，给顽军造成溃退的假象。6月18日，顽军左右两兵团继续追击。20日夜，苏浙军区设伏于孝丰城郊，坚守孝丰城，经两昼夜激战，共歼顽军突击第一纵队少将副司令以下6800余人，粉碎了顽军企图驱逐新四军出江南的阴谋。

在此同时，苏中军区在兴化西南的三垛至河中设置了7里长的伏击圈，出其不意，速战速决，在运动中予调防日伪以沉重打击，毙日军240人，俘7人，歼灭伪军1600余人。皖江部队攻克巢县、无为间的交通枢纽盛家桥据点。淮南和淮北军区共同粉碎了日伪打通淮河交通线的企图。

华中新四军在军事上打击日伪军的同时，各根据地军民还广泛地开展了政治攻势。新四军敌军工作部与"日本人反战同盟"密切协同，采取各种方式，对敌官兵进行了大量宣传工作。如对伪军、伪组织人员采用散发宣传品、张贴标语、送贺年片、释放俘虏、写信、喊话等方式，争取伪军、伪组织人员反正投诚，仅1945年1至8月，华中新四军就争取了4700余伪军投降反正。

总之，1944年春至1945年夏，华北八路军和华中新四军，在中共中央的领导下，在敌我力量对比并未发生根本性转变的情况下，适时地抓住战略上的有利时机，采取内线和外线相结合方式，集中主要兵力于主要进攻方向和目标上，并贯彻由内向外，逐步推进和先打弱敌、后打强敌的原则，逐步实现了由抗日游击战向抗日正规战的军事战略转变，在敌后各个战场发起了大规模的局部攻势，令日伪首尾难顾，既在战略上对国民党正面战场和英美盟军对日作战起了重大配合作用，又扩大了解放区，缩小了沦陷区，并形成对日军占领的许多中心城市、交通线和海岸线的包围。

至1945年8月,抗日根据地已遍布19个省区,面积已近100万平方公里,人口达1亿多,控制的县城有100多座,抗日根据地的人民武装力量也获得了较大发展,军队达93万多人,民兵达220余万人。这一切为对日全面反攻,争取抗日战争的最后胜利准备了必要的条件。

十三
历史作证

1945年上半年,在苏、美、英盟军的强大攻势下,德意法西斯相继覆灭。

德意法西斯的覆灭,使日本法西斯陷入内外交困、四面楚歌的境地。然而,日本的实力还没有遭到致命的打击。日军大本营还在准备进行所谓"本土决战",并组织240万兵力建立了以菲律宾吕宋岛经台湾、琉球群岛至小笠原群岛的防线。在中国东北及朝鲜北部,日军还配备了75万兵力,企图以此与日本本土及外围诸岛联成一体,坚持长期作战。

在此期间,亚洲太平洋战场上的中、美、英等同盟国军队向日本法西斯展开了强大攻势。6月下旬,美军进攻并占领冲绳,完成"越岛进攻"的最后一战,直逼日本本土。

在中国战场上,国民党军队的主力分布在西南、西北地区,远离抗日前线,更未作充分的反攻准备。与此相反,中国敌后战场的人民抗日武装力量,在继1944年的攻势作战以后,又发起了1945年春、夏季攻势作战,歼灭和牵制了大量日伪军,迫使其退守主要交通线、重要城市和沿海地区。

德意法西斯的垮台，美军在太平洋战场对日作战的成功，中国敌后战场的强劲攻势，加速了日本法西斯末日的到来。1945年7月26日，美、英、中三国发表《波茨坦公告》，促令日本无条件投降。但是，日本政府发表声明，对《公告》"不予理会"。8月6日和9日，美国先后在日本广岛和长崎各投下一枚原子弹，两地共死伤数十万居民。

美国原子弹的攻击，震动了日本朝野，对日本显示了一定的威慑作用。在此同时，苏联亦根据雅尔塔协定，于8月8日对日宣战——宣布从8月9日起，苏联与日本进入战争状态。9日，苏联军队从东、西、北三面沿1200里战线进入中国东北，向日本的战略后备队关东军大举进攻。苏军的对日作战，使盘踞在中国东北企图顽抗的日本关东军遭到沉重打击。8月10日，日本政府发出乞降照会，14日宣布接受无条件投降。9月2日正式在投降书上签字。

面对国际形势的发展，8月9日，毛泽东发表《对日寇的最后一战》的声明，号召"中国人民的一切抗日力量应举行全国规模的反攻，密切而有效力地配合苏联及其他同盟国作战。八路军、新四军及其他人民军队，应在一切可能的条件下，对于一切不愿投降的侵略者及其走狗实行广泛的进攻"，"全国人民应该加强团结，为夺取最后胜利而斗争"。8月10日。中共中央指示，应立即动员一切力量向日伪进行广泛进攻，以正规部队占领大城市及交通要道，以游击队、民兵占领小城市。10日至11日，延安总部朱德总司令向各抗日根据地所有武装连续发了对日反攻作战的七道命令，要求各解放区抗日武装部队向其附近日伪发出通牒，限他们于一定时间内向人民军队缴械。如遇日伪武装部队拒绝投降缴械，即应予以坚决消灭。

然而，此时仍在峨眉山上的蒋介石却于8月10日发布三道命令：令日伪"负责维持地方治安"，对解放区抗日军队的反攻作"有效之防御"，等待国民党军收编；令解放区抗日军队"原地驻防待命"，不许"擅自行动"；令国民党各部队"积极推进，勿稍松懈"。他企图利用合法地位，垄断受降权利。8月10日，美国参谋长联席会议指示驻华美军司令魏德迈，要他指挥美军"控制中国战场的关键港口和交通枢纽"，表示美军所控制的地区和受降的日本军队只转交给国民党政府。8月15日，美国总统命令所有在中国的日本陆海空军（东北除外），只能向国民党政府及其军队投降，不得向中国人民的武装力量缴械。同时，美国用各种方法把国民党军队运往大城市和主要交通线去"接收"。另外，日本宣布投降后，日军并没有停止作战。8月16日，日军大本营在命令各地日军"停止战斗行为"的同时，又令日军"在不得已的情况下，为了自卫可采取行动"。

面对上述情况，毛泽东指示全党："抗战的胜利应当是人民的胜利，抗战的果实应当归给人民。"8月13日，朱德、彭德怀致电蒋介石，坚决拒绝他的错误命令。15日，朱德总司令命令在南京的日本中国派遣军总司令冈村宁次及其所属一切部队，停止一切军事行动，听候八路军、新四军及华南抗日纵队的命令向人民军队投降。同日，朱德致美、苏、英三国政府说帖，声明中国人民抗日武装力量，在延安总部指挥之下，有权接受被共产党军队包围之日伪军队的投降，有权派遣中国共产党的代表参加同盟国处理日本投降事宜。

八路军与苏联红军在张北会师

中共中央和延安总部的指示和命令下达后，各解放区立即组织反攻大军，向日伪发出通牒，并陆续发起猛烈反攻。

8月11日，晋察冀军区向日本华北方面军司令官发出最后通牒，限其在48小时内缴械投降。日军拒降后，晋察冀军区以主力11万余人和民兵63万余人，在广大群众的支援下，对日伪发起全面进攻。23日，解放察哈尔伪省会——"蒙疆自治政府"首府张家口市，随后解放了察哈尔全省和绥东地区，使晋察冀和晋绥两大解放区连成一片，为进军东北创造了条件。

在此同时，冀中军区八路军向德石线、平津线、平汉线发动反攻。在德石线上，八路军拔除大部据点，兵逼石家庄。在平汉线上，23日八路军在北冉村东，歼灭日军230余名，同日晚，夜袭保定伪司令部，毙伤俘伪军200余人，平汉线北段全部被切断。在津浦线上，八路军攻占了许多重要据点，并于19日集中13个团的兵力，在150余里地带发起攻击，切断了平津路、津浦路，从南、西、北三面包围了天津。冀察和冀中部队还共同向北平进军，8月12日占领了北平西南20里的坨里车站，进抵南苑，先后解放了平西的门头沟和北平东北的顺义县，对北平形成包围之势。冀热辽军区8月12日成立了"东进工作委员会"和"东进纵队"。19日，军区主力、朝鲜义勇军1万余人和大批干部分3路向热河、辽宁挺进。西路克复围场、隆化、滦平等县城，与苏军会师于承德；中路北出卡城喜峰口，经凌源抵达平泉、赤峰、建平、新惠、乌丹地区，与苏军会师，解放了热中、热北广大地区；东路攻克抚宁东北的双旺镇、溜阳镇等日军据点后，挺进东北，30日与苏军一起攻克山海关，9月5日与苏军会师于沈阳。冀热辽军区部队分赴东北，接管了几十座城市，为解放区部队和干部大批开赴东北做了必要的准备。

自8月11日至9月2日，晋察冀军区所属部队在大反攻作战中，共歼灭日伪军7万余人，收复了张家口、宣化、承德、秦皇岛等28座大中小城市和察哈尔、热河两省的全部国土，边区发展成为地跨晋、察、冀、热、辽5省的大战略区。

晋冀鲁豫边区部队于8月13日开始，展开了全面大反攻。为了加强晋冀鲁豫地区的军事指挥，中共中央于8月20日决定成立晋冀鲁豫军区，任命刘伯承为司令员、邓小平为政治委员。同时，恢复冀南军区。在新的军区指挥下，各地的反攻更加密切配合和协调一致。太行部队以8个团组成道清支队，向道清路上的新乡、博爱段进攻；8月17日，道清支队全歼博爱守敌日军200余人及伪军600余人；19日收复辉县，切断道清路。由太行区7个团组成的西进部队，与太岳区5个团配合，向平遥、介休地区出击，除一部进攻沁县、段村，控制白晋线，围歼进犯上党的阎军外，其他部队先后收复了大量日伪据点，逼近榆次、太谷；在白晋线上攻克了潞城、襄垣两座城池及许多据点，切断了白晋路；在平汉线两侧，相继攻占昔阳、赞皇两城及沿线日伪重要据点50余处，破坏了平汉线的交通。太岳部队于8月20日进抵平遥，随即向平遥、介休地区之间的日伪军进攻，以策应晋绥军区部队进攻太原，同时切断介休至临汾段的同蒲铁路交通。冀鲁豫部队一部相机进攻开封、新乡、安阳、邯郸，一部配合山东解放区部队进攻济南。冀南部队首先对运河以东的伪军展开进攻，接着攻击临清城，突入城内，并截歼逃敌大部。

从8月11日至9月20日，晋冀鲁豫军区部队共歼灭日伪军5万余人，收复县城59座，攻克据点数百个。太行、太岳、冀鲁豫和冀南4块根据地连成一片，成为一块拥有2400万人口、30万军队和40万民兵的完整的大战略区。

8月11日，山东军区召开高干联席会议，将山东各军主力和基干部队编成5路，共有山东野战兵团8个师、12个旅及一个海军支队共27万人和20万民兵。山东军区部队和民兵，在罗荣桓的统一指挥下，从17日起向济南、青岛、连云港及胶济、津浦、陇海3条铁路沿线及沿海城镇的日军发动大反攻。

在济南地区，鲁中、渤海军区部队与冀鲁豫部队一部，向济南淄博矿区及胶济线西段、津浦路德州至大汶口沿线日军发动猛攻。17日，解放了寿光、高苑等5座城市；23日，又攻占临淄及辛店、淄河等车站，切断了胶济线中段，毙伤日伪军4800余人，从东北方向逼近济南；19日，鲁中部队先后解放了莱芜、益都等6座县城，至月底，俘伪军5000余人，切断胶济线西段，直接威胁济南；胶东及滨海部队向胶济线中段及青岛等沿海城市进攻，8月17日至26日，先后攻克了威海、牟平、胶县、莱阳、烟台等地，突破崂山防线，包围了青岛。鲁南部队向津浦路徐州至兖州段沿线进攻，切断了津浦路，攻克了泗水、曲阜县城，解放了台儿庄，配合淮北、冀鲁豫部队直逼徐州。在此同时，滨海、鲁中部队还于8月17日发动了持续20余天的临沂战役，歼灭伪军2000余人，攻占了临沂县城，使鲁中、鲁南、滨海三区连成一片。9月7日，胶东部队向平度发起攻击，守城日军600余人次日逃跑，而伪华北绥靖第8集团军王铁相部、伪国民自卫军第12师张松山等部共5700余人全部被歼。至此，胶东半岛除青岛、即墨外全部解放。26日，渤海部队向商河城发起攻击，全歼守敌，生俘伪旅长以下4500余人，解放了渤海腹地全部县城。

经过1个多月的反攻作战，山东军民共收复县城108座，歼灭日伪军6万余人，济南、青岛、徐州等城处于解放区的包围之中。

晋绥军区部队在贺龙指挥下，从四面八方向归绥、太原城郊进军。绥蒙军区、雁门军区部队分3路从8月12日起向归绥挺进，17日切断了归绥市东西的铁路交通，并包围了归绥；21日，又先后攻克10余处日伪据点，切断了同蒲路，打通了与晋察冀边区的联系。晋绥军区的其他各军分区也积极出击，攻克日伪据点，解放大片国土。自8月11日至21日，在10天作战中，晋绥军区部队兵围归绥、太原两大中心城市，控制了平绥、同蒲铁路两侧，迫使南北两线日军分别向太原、汾阳和大同一带集中。至8月底，晋绥军区部队共与日伪军作战80余次，收复了9座县城和6处车站，拔除70余处据点，毙伤俘日伪军3500余人，解放了晋北和绥远广大地区。

在华中，当毛泽东的号召和朱总司令的命令到达后，华中局和新四军军部立即一面向各地日伪发出通牒，限期向新四军缴械投降；一面部署反攻，准备夺取南京、上海、徐州、蚌埠、芜湖、武汉等大中城市及宁沪、沪杭、津浦各铁路，并向中共中央作了组织上海人民武装起义的报告，公布了江苏、安徽、浙江、湖北四省主席和上海、南京、武汉等市市长名单，号召解放区全体军民和沦陷区同胞迅速行动起来，为迫使日伪投降，收复华中全部国土而战。

8月22日，中共中央军委根据时局的变化，决定改变军事方针，对于大城市除个别的仍可占领外，一般应以相当兵力威胁大城市及要道，使日伪向大城市及交通要道集中，而以必要兵力着重夺取中、小城市及广大乡村，扩大并巩固解放区。同时，中共中央还重新确定了华中新四军的任务：江南部队就地向周围发展，夺取广大乡村和许多县城，准备反对内战的战场，不作占领大城市的打算；江北部队力争占领津浦路及长江以北、津浦路以东、淮河以南一切城市，消灭日伪军，以有力部队配合八路军占领陇海路，并准备在顽军进攻时进行自卫作战。

根据中共中央的统一部署，在长江以南，苏浙军区主力在地方武装和民兵的配合下，分路发动进攻，先后攻克溧阳、金坛、长兴、镇江、句容、溧水等县城及许多重要市镇，浙东纵队向宁波近郊进攻。在长江以北，苏北部队分别向沭阳、涟水、海州等地进攻；苏中部队分别向宝应、高邮、东台、盐城等地进攻；淮北部队分别向永城、泗县、宿迁、淮阴、淮安等地和津浦铁路徐州至宿县段、五河及临淮关方向进攻；淮南部队分别向定远、蚌埠、滁县、六合等地和津浦路三界镇至乌衣镇段进攻；皖江部队分别向无为、裕溪口等地进攻；皖南部队向繁昌、芜湖方向进攻。新四军第5师等部队分别向京山、汉川、黄陂、竹沟及舞阳方向和平汉路、粤汉路等实施进攻。新四军的全面反攻，直逼南京、上海、武汉等城市，解放了华中地区大片国土。

在华南，从8月14日起，东江纵队、琼崖纵队等集中主力，分别向广（州）九（龙）路沿线、东江西岸、雷州半岛日伪军据点展开猛烈进攻，扩大了解放区，直逼广州、汕头、海口等地。

在八路军、新四军和华南游击队等人民武装的全面反攻中，由于蒋介石的纵容，日伪顽的迅速合流，人民武装军队每收复一座城镇都经过了激烈的战斗，每进占一个阵地，都经过了殊死的拼杀。从8月11日至9月2日，共解放县以上城市146座，破坏和切断了平汉、津浦、正太、同蒲、平绥（东段）、北宁等铁路线，使各大战略区（华南除外）基本连成一片。至 10 月 10 日，在全面反攻中，共毙伤俘日伪军 23 万多人，收复县以上城市 197 座，收复国土 31.52 万平方公里，解放人口 1871.7 万人。但由于日伪军和国民党的阻挠，人民军队未能解放被自己包围的中心城市和一部分交通要道。同时，为避免遭受更大损失，8 月 22 日以后，八路军和新四军还毅然决然地放弃了已夺取的大城市，转而夺取小县城和控制广大农村，扩大和巩固解放区。这就为后来反对蒋介石发动反革命内战，推翻国民党南京反动政府，夺取全国民主革命的伟大胜利奠定了基础。

结　语

中国的抗日战争是世界反法西斯战争的重要组成部分。中国敌后战场为争取中国抗战和世界反法西斯战争的胜利做出了巨大贡献。在长期抗战中，中国敌后战场军民始终牵制和抗击着全部侵华日军的58%至75%（不包括全部为敌后军民所抗击的日本关东军），既钳制了日军使其不能北攻苏联，又大大减轻了对太平洋战场美英等同盟国的压力，支援了同盟国在太平洋战场的作战，在战略上有力地配合和援助了世界各国人民的反法西斯战争。

中国敌后战场还有力地配合了中国正面战场的作战。在8年抗战中，八路军、新四军和华南游击队等人民武装在敌后担负着抗击日本侵略者的任务，国民党负责正面战场。正如毛泽东所指出的，"没有正面主力等的英勇抗战，便无从顺利地开展敌人后方的游击战争"，敌后游击战争又"钳制了大量的敌军，配合了正面主力军的抗战"。在抗战中，正面战场和敌后战场，在战役上的直接配合虽为数不多，但两者在战略上的相辅相成是非常明显的。由于两者的夹击配合，特别是八路军、新四军等人民武装抵抗日本侵略军所起的重大作用，中国人民方能在艰苦的条件下，坚持了持久抗战，使日军陷入人民战争的汪洋大海之中。

中国敌后战场是中国抗日战争的重要战场。日军在占领武汉后即停止对正面战场的战略进攻，加紧对国民党进行政治诱降，同时转移其主要兵力进攻解放区敌后战场。从1938年至1945年8月，敌后军民分别抗击着侵华日军总人数（不含日本关东军）的58.8%、62%、58%、75%、63%、58%、64%、69%，同时还抗击着95%~100%的伪军。在8年抗战中，八路军、新四军、华南游击队等人民武装在敌后战场广大人民群众的支援和密切配合下，与日伪军共作战12.5万余次，歼灭日军52.7万余人，歼灭伪军118.6万余人，解放国土近100万平方公里、人口1.2亿，解放区遍布到19个省区，人民军队总数亦由近6万人发展到120余万人，民兵发展到260余万人。在对敌作战的同时，人民军队还和全国人民一起，打退了国民党顽固派掀起的三次大规模反共摩擦，阻止了妥协、投降和分裂、倒退的逆流，挽救了抗战危局，维护了抗日民族统一战线，坚持全国抗战直到最后胜利。

伟大的抗日战争结束已经70年。对这场日本军国主义强加给中国人民，并使其伤亡3500多万人，财产损失和战争消耗以及间接经济损失达五千亿美元的残酷战争，我们依然记忆犹新。作为炎黄子孙，我们不会忘记日军在中国制造的无数惨案；不会忘记日军制造的一个又一个"万人坑"和"千里无人区"；不会忘记在战争中日军灭绝人性地使用毒气和细菌来杀害成千上万的中国人；不会忘记惨绝人寰、骇人听闻的南京大屠杀；不会忘记在日本铁蹄下丧生的几千万亡魂；更不会忘记日军为了发泄兽性，而在中国开展的杀人竞赛；不会忘记日军为摧毁中国人民的抗战意志，对中国的物质财富进行的疯狂掠夺与破坏，对中国文化遗产进行的罕见摧残与毁灭。……但是世界不能在仇视和战争中生活，饱受战争痛苦的中国人渴望和平、友好与发展。

为了和平、友好，中华民族表现出了巨大的宽容精神。新中国成立以后，在中日两国政府和人民的共同努力下，因日本军国主义造成的中日两国敌对与战争的历史已经结束，和平与友好已成了中日人民和战争幸存者的共同愿望，"中日不再战"、"中日两国人民要世世代代友好下去"的信念已逐渐深入人心。自1972年中日两国实现关系正常化到1978年缔结中日和平友好条约以来，中日两国之间各方面的友好交往有了很大发展。

但是，历史发展的进程是复杂和曲折的，世界上即将灭亡的东西总是要进行垂死挣扎。我们不能不注意到，战后几十年来，尽管日本军国主义发动的那为害亚洲各国的侵略战争早已被钉在历史的耻辱柱上，可是日本国内仍有一部分人硬是不肯接受历史教训。他们不惜公开篡改和歪曲历史，编造谎言，美化侵略，愚弄日本国民，甚至想推卸战争责任，重温"大东亚共荣圈"的旧梦。仅1980年代以来，日本大臣和政治家歪曲历史的言行有记录可查的就有：1982年篡改历史教科书，歪曲历史真相；1985年日本首相中曾根康弘正式亲率阁僚大举参拜祭祀着包括甲级战犯东条英机等14名战争罪犯的靖国神社；1986年文部大臣藤尾正行以及1988年国土厅长官奥野先后发表侵略无罪论。此后，日本细川内阁的防卫厅长官中西启介、羽田内阁的法务大臣永野茂门、村山内阁的环境厅长官樱井新就等也接连公开歪曲日本发动侵略战争的历史事实。其中樱井新就甚至诡称：日本发动太平洋战争"不是以侵略为目的的战争"，战后亚洲各国民族独立和发展，是"战争的结果"。至于此后一些阁僚和议员参拜靖国神社和为侵略战争辩护，一些右翼团体宣称"大东亚战争是解放战争"等为侵略战争翻案，为军国主义分子贴金美化的言辞就更多了。但是，令人愤慨的是进入21世纪以后，日本右翼势力进一步发展。尤其是安倍晋三二次就任日本首相后，鼓吹"侵略定义未定论"，否认慰安妇问题，参拜靖国神社，修改武器三原则，挑起钓鱼岛争端，解禁集体自卫权，否定战争责任，挑战战后国际秩序，为战犯招魂，为复活军国主义呐喊。

历史绝不会简单地重复。今天的日本不是70多年前的日本，经过改革开放的中国，其综合国力已今非昔比，政治腐败、国弱民贫、一盘散沙、备受欺凌的时代已一去不复返。中国人民有能力有信心和日本人民一道为维护东亚和世界和平而斗争，并不断推进中日友好关系。同时，中国人民也有信心和能力回击日本右翼的任何挑衅，维护领土完整与国家安全。

前事不忘，后事之师；以史为鉴，面向未来。只有正视历史事实，认真总结教训，才能建立和巩固真正的友谊，中日两国人民才能世世代代友好下去。"中日不再战"，这不仅符合中日两国人民的根本利益，而且有利于巩固亚洲与世界和平。

中国敌后战场大事记

1931 年

9月18日夜　日军在柳条湖炸毁铁轨,并向中国东北军队发起进攻,"九一八事变"爆发。

9月19日　中共满洲省委召开紧急会议,号召抗日,反对投降主义。

9月20日　中共中央发表《中国共产党为日本帝国主义强暴占领东三省事件宣言》。

9月28日　东北民众抗日救国会发表通电,号召抗日救国。

11月4日　马占山指挥江桥抗战,给予日军沉重打击。

11月22日　邓铁梅指挥攻打凤城县城,消灭伪警400多人,日军30余人。

1932 年

1月28日　日军制造"一·二八事变"。中国第19路军奋起抵抗。

3月9日　溥仪到达长春,在关东军导演下,就任伪满洲国

"执政"。

4月15日　毛泽东以中华苏维埃共和国临时中央政府名义发布《对日战争宣言》。

1933 年

1月3日　日军攻占山海关。

1月26日　中共发出《一·二六指示信》，将东北游击队改组为东北人民革命军。

5月31日　《塘沽协定》签订。

9月18日　东北人民革命军第1军独立第1师成立，杨靖宇任师长兼政委。

1934 年

4月17日　日本外务省情报部长天羽英二发表声明，声称要排挤英美在华势力，独占中国。

10月10日　中央红军主力从江西瑞金出发，开始长征。

11月7日　中国共产党领导的东北人民革命军第一军成立，杨靖宇为军长。

1935 年

6月11日　梅津美治郎就华北问题提出备忘录，7月6日，何应钦复函全部承认日方要求，实际形成《何梅协定》。

6月27日　《秦土协定》签订。

8月1日　中华苏维埃中央政府和中共中央发表《为抗日救国

告全体同胞书》（通称《八一宣言》），呼吁停止内战，一致抗日。

8月5日　日本外相广田弘毅提出对华三原则。

10月19日　红军抵达陕北保安县吴起镇（今吴旗县城），中央红军胜利完成了两万五千里长征。

11月25日　日本策动的"冀东防共自治委员会"成立。

12月9日　北平爆发一二·九抗日爱国运动。

12月25日　中共中央政治局瓦窑堡会议通过《关于目前政治形势与党的任务决议》，确定了抗日民族统一战线的理论和政策。

1936 年

2月26日　日本发生"二·二六事件"，军方影响力大增。

6月1日　两广事变爆发，陈济棠、李宗仁在广州通电抗日反蒋。

9月4日　两广事变和平解决。

10月9日　红四方面军和红一方面军会师于会宁。

10月22日　红二方面军和红一方面军会师于台堡。

11月21日　山城堡战役，红军痛击胡宗南部78师，结束了十年内战。

11月5日　绥远抗战爆发。

11月25日　日德签订《反共产国际协定》。

12月12日　张学良、杨虎城发动西安事变。24日，会谈达成6项协议，西安事变和平解决。

1937 年

2月15日　国民党五届三中全会在南京召开，22日结束。全会通过了实际上接受国共合作的决议。抗日民族统一战线初步形成。

4月16日 日本外、陆、海、藏四相会议决定《对中国实施的策略》和《指导华北方针》。

7月7日 日军发动卢沟桥事变，挑起全面侵华战争。

7月8日 中共中央向全国发出《中国共产党为日军进攻卢沟桥通电》。

7月15日 中共中央向国民党送交《中国共产党为公布国共合作宣言》。

8月13日 日军进攻上海，淞沪抗战爆发。

8月22日—25日 中共中央在洛川召开政治局扩大会议，通过了《中共中央关于目前形势与党的任务的决定》和《抗日救国十大纲领》。25日，中共中央军委发布命令，将中国工农红军改编为国民革命军第八路军。八路军主力在朱德、彭德怀率领下相继挺进华北抗日前线。

9月25日 林彪指挥八路军第115师在平型关一带伏击日军第5师团部分部队，歼敌1000余人。

10月12日 国共两党达成协议，将南方8省14个地区的红军和红军游击队，改编为国民革命军陆军新编第四军，叶挺任军长，项英任副军长。

10月14日 吕正操率领东北军第53军130师691团的一千多位将士，在小樵村完成了改编，宣布脱离国民党军队，加入到共产党的作战序列中。

10月18日 八路军第120师358旅716团贺炳炎部在雁门关一带伏击日军运输部队，全歼日军并烧毁日军运输汽车。

10月19日夜　八路军第129师769团,奇袭阳明堡日军机场,歼灭日军机场守卫部队大部,毁伤20余架日军飞机。

10月27日　晋察冀军区司令部在五台成立。

11月13日　毛泽东做出《关于坚持华北游击战争的指示》,聂荣臻公布《朱德、彭德怀关于成立晋察冀军区的命令》,晋察冀军区建立了完整统一的军事系统。

11月底—12月　日军2万多人分8路围攻晋察冀军区,被粉碎,日军伤亡2000余人。

12月13日　日军占领南京并开始进行大屠杀。

1938年

1月10日　晋察冀边区军政民代表大会开幕,通过了《宣言》和《通电》,宣告晋察冀边区临时行政委员会的成立。

春夏　新四军揭开华中敌后抗战序幕。

2月2日　刘伯承指挥发起长生口战斗,歼灭日军100余人。

2月3日　徐州会战开始。

3月16日　陈赓指挥部队在神头岭与日军展开激战,毙伤俘敌1500余人。

3月31日　徐向前指挥了响堂铺伏击战,歼灭日军400余人,击毁汽车180余辆。

4月　中共广东省委员会成立,张文彬任书记。

4月16日　八路军115师和129师在长乐村与来犯日军激战,是役毙伤日军2200余人。

4月28日　粟裕率领新四军向南京方向迂回,实施战略侦察。

5月　新四军第4支队首战取得蒋家河口伏击战胜利。

5月下旬　120师359旅开辟了桑干河两岸抗日根据地。

5月—6月　新四军第3支队进入皖南前线，开展对敌作战。

6月中旬　新四军第1、2支队挺进到苏南敌后。

6月12日　武汉会战开始。

6月17日　粟裕取得卫岗伏击战胜利。

7月　中共苏南特委成立，初步建立了以茅山为中心的抗日游击根据地。

7月6日　冀东人民武装抗日大起义爆发。

9月　肖华率115师组成的挺进纵队到达山东乐陵，成立冀鲁边军政委员会，组建八路军东进抗日挺进纵队，肖华任司令兼政委。

10月3日　河北阜平东、西庄战斗爆发，战斗持续三天，日军伤亡1300余人，八路军伤亡400余人，700余人中毒。

10月12日　日军在广东大亚湾登陆。

10月24日　中共惠宝工作委员会成立。

10月27日　日军占领武汉三镇。抗日战争转入战略相持阶段。

10月30日至11月1日　皖南新四军第3支队和第1支队一部分在马家园（南陵县境内）与日军作战。

11月　115师344旅688团与第10支队一同创建鲁西北根据地。

11月　新四军参谋长张云逸率军部特务营组建江北游击纵队。

11月25日　中央军委指示集总，令115师343旅迅速进入山东、淮北地区。

9月至12月上旬　120师在大青山地区开辟了绥南、绥中、绥西3块抗日游击根据地。

12月　"八路军山东纵队"编成，张经武为指挥，黎玉为政委。

12月5日　琼崖红军游击队在海南岛琼山县龙圩改编为"广东民众抗日自卫团第14区独立队"。

12月18日　汪精卫自重庆叛逃投敌。

年底至1939年　皖南新四军调至铜陵、繁昌间沿江地区，并取得五次保卫繁昌的胜利。

1939年

1月至6月　中共中央和中原局派李先念率部挺进武汉外围敌后，汇集党的武装力量。鄂中区党委召开养马畈会议，并成立新四军豫鄂独立游击支队。

1月　115师343旅685团与山东挺进纵队合编为八路军苏鲁豫支队。

1月　中共广东省委召开第4次执委扩大会议，并将部分游击队合编为东宝惠边人民抗日游击大队。

2月10日　日军入侵海南，新四军"独立队"奋力抗敌，拉开了海南抗战序幕。3月，"独立队"改编为"独立总队"。

3月　周恩来与皖南新四军军部商定了"向南巩固，向东作战，向北发展"的战略方针。

3月25日　上下鹤山战斗爆发，八路军2分区4团与日军独立混成第4旅展开激战，300余名日军悉数被歼。

4月25日　120师与冀中军民在齐会歼灭战中挫败日军，800余名日军仅剩80余人逃散。

5月　新四军江北指挥部成立。

5月14日　八路军120师359旅与日军109师团、独立混成第3旅团一部在五台地区的上下细腰涧发生激战。此次战斗，日军伤亡500余人，八路军第359旅伤亡316人。

5月20日　八路军第一军分区的部队对保定易县大龙华地区的日军展开攻击，歼敌400余人，缴获日军重要文件50多册。

6月　中共潮汕中心县委组建潮汕青年抗日武装大队。

6月7日　中共中央发出《关于反对投降危险的指示》。

7月　整顿后的新四军第4支队和新成立的第5支队奉命在津浦路两侧开展敌后游击战争。

8月1日　山东八路军第1纵队成立，徐向前任司令员，朱瑞任政治委员。

8月2日　115师在梁山战斗中获胜，长田敏江率领的300余日军除1人逃脱外均被歼灭。

9月　国民党顽固派制造"夏家山事件"。

9月15日　"新编大队"在马栏山伏击日军。

9月23日至29日　120师在陈庄歼灭水源义重率领的日军1200余人，生俘16人。

11月　国民党顽固派制造"竹沟惨案"。

11月　新四军第1、2支队合并组成新四军江南指挥部。

11月　刘少奇到皖东江北指挥部，领导与指挥皖东地区抗日斗争。

11月3日　晋察冀军区第1分区和第3分区部队在宿崖和银坊地区消灭日军辻村宪吉大佐以下600余人。

11月6日　苏北根据地创建。

11月7日　八路军杨成武部在黄土岭地区诱歼日军900多人，日军中将阿部规秀中弹身亡。

12月　"新编大队"在横岗鸡心石伏击日军。

12月3日　阎锡山发动"十二月事变"，派孙楚向共产党抗日根据地发起进攻。

1940年

3月　新四军取得半塔保卫战胜利。

3月5日　共产党军队发起磁武涉林战役，歼灭国民党军队1万余人，巩固了共产党军队在冀南、晋东南的地位。

3月7日—21日　发生三夺白彦战斗，115师击毙日军800余人，缴获350余枪支，鲁南根据地进一步巩固、扩大。

4月　日军分三路对皖南进行大"扫荡"，最终失利。

5月3日　共产党军队129师下发《白晋路北段战役计划》，对白晋铁路展开大规模的破袭战。

6月初　廖承志从香港转来中央书记处5月8日电报，指示曾生、王作尧两部大胆坚持抗战与反摩擦。

6月　新四军取得郭村保卫战胜利。

6月　根据中共中央北方局黎城会议精神，129师将所属各部整编为9个旅，129师主力兼太行军区，386旅兼太岳军区。

夏季　广东省委派谢斌、谢立全到珠江三角洲，将南顺工委改为南右中心县委。

7月　新四军江南指挥部改称苏北指挥部。

7月　120师撤出兴县战斗，日军撤回岚县，共产党军队晋西北反"扫荡"作战胜利结束。

7月8日　粟裕、钟期光率江南指挥部2团、新6团、9团北渡长江，与挺进纵队、苏皖支队在泰州西南吴家地区会师。

7月22日　八路军总司令朱德、副总司令彭德怀、副参谋长左权签署《战役预备命令》。

8月　根据贺龙指示，成立大青山地区统一抗日游击政权——晋绥第二游击区行政公署驻绥远办事处，1941年5月办事处改为绥察行政公署，下辖4个专员公署、10余个县政府。

8月8日　八路军总部下达《战役行动命令》。

8月20日　彭德怀指挥八路军发起百团大战。是役历时三个月，击毙击伤日伪军2.58万人，俘虏敌人1.8万多人。

8月31日　八路军总部签发战役第二阶段作战命令。

9月　山东纵队的主力基干部队编为5个旅，2个支队，共5万余人。

9月16日　八路军总部发布第二阶段作战方针。

9月22日　八路军发起涞（源）灵（丘）战役。

9月23日　八路军发起榆辽战役。

10月　115师编成7个教导旅，共7万余人。

10月　新四军取得黄桥战役胜利。

10月10日　太行地区开始反"扫荡"作战。

10月10日　黄克诚率领八路军和苏北新四军在东台以北白驹和刘庄胜利会师。

10月13日　晋察冀边区开始反"扫荡"作战。

10月下旬　晋西北地区开始反"扫荡"作战。

11月17日　太岳地区开始反"扫荡"作战。

11月以后　苏北新四军、八路军胜利完成中共中央制定的发展华中、开辟苏北的任务。

12月5日　百团大战胜利结束。

12月25日　琼崖顽军向美合根据地发起进攻。

1941年

1月6日　"皖南事变"爆发。

1月20日　中共中央军委发布重建新四军军部命令，任命陈毅为新四军代理军长，刘少奇为政治委员，张云逸为副军长，赖传珠为参谋长，邓子恢为政治部主任。同时，组建新四军7个师，分别任命了7个师的师长和政治委员。

1月25日　新四军新军部在苏北盐城宣布成立。

2月15日　琼崖特委在琼山县中心村召开执委会。

春季　新四军恢复皖东北根据地中心区。

3月—5月　淮南抗日根据地新四军击退日伪两次大规模"扫荡"。

3月　日军蚕食晋察冀边区根据地。

3月　日军在第一次"治安强化运动"中占领了青岛平原游击区。

7月　日军发动对苏北抗日根据地的大"扫荡"。

8月　日军在晋察冀边区发起"百万大战"大"扫荡"。

10月　日军在晋察鲁豫根据地发起"秋季扫荡"。其中，八路军总部最大的兵工厂——黄崖洞兵工厂受到日军攻击。

9月　山东纵队与第115师两个军政委员会合组为山东军政委员

会，罗荣桓任书记。

11月　日军对鲁中抗日根据地和山东抗日根据地发起大"扫荡"。

12月8日　日本偷袭珍珠港，太平洋战争爆发。

12月25日　香港英军向日本投降。

1941年—1942年　日军对晋西北发动两次大"扫荡"。

1942年

1月—6月　香港文化界知名人士和爱国民主人士300多人顺利撤出香港。

1月　广东军政委员会成立。

1月31日—2月3日　日军采取远距离奔袭合击方式，企图消灭八路军120师主力。

2月—9月　在日军的"扫荡"中，八路军副总参谋长左权将军、太行第3军分区司令员郭国言将军、太行第6军分区司令员范子侠将军等壮烈殉国。

春季　日伪军对八路军在海南岛的琼文根据地发动进攻。

4月　日、伪、顽发动联合进攻，占领广东宝安县阳台山区的龙华、乌石岩。

5月　敌军暗杀"广游"2支队司令吴勤。

5月14日　八路军惠阳大队在铜锣径设伏驻横岗日军。

5月—6月　日军在冀中区发起"五一大扫荡"。

6月开始　日军在中国军民的打击下受到重创，转入战略防御阶段。

10月　晋西北军区改为晋绥军区。

10月　日伪军联合"扫荡"琼文根据地。

10月　西海地区形势恶化，南顺中心县委决定将主力转向五桂山。

11月14日　日军对淮北根据地发动空前规模的"大扫荡"。

年底　皖江敌后根据地创建。

是年，浙东游击根据地创建。

1943年

年初　日军发起对盐阜区（中共中央华中局和新四军军部所在地）"扫荡"。在反"扫荡"斗争中，出现了著名的"血战刘老庄"英雄群体。

1月　广东军政委员会在九龙乌蛟腾村召开干部会议。

2月—3月　日军集中兵力重点进攻海南西部各根据地。

4月　日伪将苏中南通、如皋、海门、启东作为"苏北第一期清乡实验区"。

7月19日　太行区八路军发起了蟠（龙）武（乡）战役。

7月30日　冀鲁豫军区发起卫南战役。

8月18日　太行军区主力发起林南战役。

秋季　太岳军区反"扫荡"胜利。

秋季　日军对北岳区发动大规模毁灭性"扫荡"。

9月　中共中央决定将八路军115师与山东纵队合并为山东军区。

10月初　日军对太岳地区进行"铁滚式三层阵地新战法扫荡"。

10月　太行分局与北方局合并，邓小平代理北方局书记。

10月中旬　太岳军区主力奉令向延安开进。

10月24日　太岳军区第2分区司令员王近山取得韩略村伏击战的胜利，击毙包括日军少将旅团长在内的日军"战地观察团"中队以上军官120余人。

11月　日军对鲁中区和清河区相继发起大规模"扫荡"。

12月2日　广东人民抗日游击队东江纵队成立，并发表《东江纵队成立宣言》。

1944 年

年初　苏北军民展开反对日伪"第二期治安肃正"斗争。

1月　"中山人民抗日义勇大队"、"南番中顺游击区武装指挥部"成立。

2月　日伪军对五桂山进行"扫荡"。

春季　琼崖独立总队改编为"广东省琼崖人民抗日游击队独立纵队"。

春季　鲁中区八路军发起第三次讨伐吴化文部战役。

春夏之交　晋冀鲁豫边区开展局部反攻。

5月上旬　鲁南区八路军主力发起讨伐伪军荣子恒战役，改变了鲁南根据地被分割的态势。

5月11日　原冀南区和冀鲁豫区合并组成新的冀鲁豫分局和新的冀鲁豫军区。

7月　八路军打破敌对南番顺根据地"扫荡"。

8月　广东省临委和军政委员会召开土洋会议。

8月中旬　鲁中军区发起沂水战役。

9月　清远县城解放。

9月　东江纵队进行整编。

9月　晋察冀军区设立二级军区，北岳区分为冀晋、冀察两个分区，冀中不变，冀东区改为冀热辽区。

10月　珠江三角洲地区人民抗日武装在内部改称"广东人民抗日游击队中区纵队"。

10月　游击队在沙井、新桥打退伪军三次进攻。

11月　山东军区发起莒县城战役。

12月15日　毛泽东在陕甘宁边区会议发表《1945年的任务》演说。

是年，华北敌后战场中心移至山东地区。

1945年

1月　西进部队和粤中部队合编为"广东（粤中）人民抗日解放军"。

1月至3月　太行军区发动豫北战役。

2月　八路军向顽军发起总攻，白沙县抗日民主政府成立，五指山中心根据地初步建成。

2月　东江纵队帮助组建抗日游击队韩江（上游）纵队。

2月21日　胶东军区发起讨伐伪军赵保元部战役。

2月—4月　开辟了罗浮山抗日根据地。

3月中旬　鲁中军区发起蒙阴战役。

4月24日　新四军发动阜宁战役。

5月中旬　冀晋军发起雁北战役。

5月中旬　冀察军发起察南战役。

5月中旬　冀察军发起平北战役。

6月　八路军发起热辽战役。

6月5日　鲁中军区发起讨伐驻守鲁东的伪"和平救国军"厉文礼部的战役。

6月　新四军发起睢宁战役。

6月30日至7月9日　太行军区发起以肃清安阳城以西外围日、伪军为目标的安阳战役。

夏季　广东西北区人民抗日同盟军宣告成立。

7月6日—22日　广东省临委在罗浮山召开干部扩大会议。

7月中旬　鲁中军区发起临（沂）费（县）战役。

7月中旬　冀鲁豫军区八路军发起阳谷战役，收复巨鹿、广宗、馆陶、冠县、武城等县城。

7月26日　美英中三国发表《波茨坦公告》，敦促日本无条件投降。

8月6日　美国在日本广岛投下原子弹。

8月9日　美国在日本长崎投下原子弹。

8月8日　苏联宣布对日宣战。

8月9日　毛泽东发表《对日寇的最后一战》。

8月10日　日本发出乞降照会。

8月15日　日本宣布投降。

8月20日　中共中央决定成立晋冀鲁豫军区。

9月2日　日本签署投降书，抗日战争取得胜利。

主要参考书目

1.《毛泽东选集》(1—4卷),人民出版社1991年。

2. 中国人民解放军军事科学院编:《毛泽东军事文选》,中国人民解放军战士出版社1981年。

3.《周恩来选集》上卷,人民出版社1980年。

4.《刘少奇选集》上卷,人民出版社1981年。

5.《朱德选集》,人民出版社1983年。

6. 中央档案馆、中共中央文献研究室编:《中共中央文件选集》(8—15卷),人民出版社2013年。

7.《中国人民解放军第一野战军战史》编委会编:《中国人民解放军第一野战军战史》,解放军出版社1995年。

8.《中国人民解放军第二野战军战史》编委会编:《中国人民解放军第二野战军战史》,解放军出版社1990年。

9.《中国人民解放军第三野战军战史》编委会编:《中国人民

解放军第三野战军战史》，解放军出版社 1996 年。

10. 《中国人民解放军第四野战军战史》编委会编：《中国人民解放军第四野战军战史》，解放军出版社 1998 年。

11. 中国人民解放军历史资料丛书编审委员会编：《八路军—综述大事记》，解放军出版社 1988 年。

12. 中国人民解放军历史资料丛书编审委员会编：《八路军—回忆史料》（1—3 卷），解放军出版社 1988 年。

13. 中国人民解放军历史资料丛书编审委员会编：《八路军—参考资料》，解放军出版社 1992 年。

14. 《中国人民解放军第二野战军战史》编委会编：《八路军一二九师战史》，解放军出版社 1991 年。

15. 魏碧海著：《八路军一一五师征战纪实》，解放军文艺出版社 2007 年。

16. 冯捷著：《八路军一二〇师征战纪实》，解放军文艺出版社 2007 年。

17. 胡正著：《八路军抗战秘档全公开：中国抗日战争敌后战场备忘录》，军事科学出版社 2005 年。

18. 王聚英著：《八路军抗战简史》，解放军出版社 2005 年。

19. 平山著：《八路军抗战史》，广东人民出版社 1995 年。

20. 邱一鸣、刘文辉著：《血铸长城：八路军抗战纪实》，国防大学出版社 1995 年。

21. 西北五省区编纂领导小组、中央档案馆编：《陕甘宁边区抗日民主根据地》（文献卷上、下册），中共党史资料出版社 1999 年。

22. 《晋察冀抗日根据地》史料丛书编委会编：《晋察冀抗日根

据地》（1—3 册），中共党史资料出版社 1991 年。

23. 中共河北省委党史研究室编：《北岳抗日根据地》（1937.7—1944.9）（上下册），中共党史出版社 1991 年。

24. 太行革命根据地史总编委会编：《太行革命根据地史稿》（1937—1949），山西人民出版社 1987 年。

25. 中国人民解放军历史资料丛书编审委员会编：《新四军—综述—大事记—表册》，解放军出版社 1993 年。

26. 中国人民解放军历史资料丛书编审委员会编：《新四军—文献》（1—5 卷），解放军出版社 1994—1995 年。

27. 中国人民解放军历史资料丛书编审委员会编：《新四军—参考文献》，解放军出版社 1992 年。

28. 马洪武著：《新四军发展史》，山西人民出版社 1997 年。

29. 马洪武、徐君华等著：《新四军的组建与发展》，军事科学出版社 2001 年。

30. 马洪武、王德宝等编：《新四军征途纪事》，江苏人民出版社 1988 年。

31. 马洪武主编：《新四军与抗日战争》，南京大学出版社 1995 年。

32. 王苏红、王玉彬著：《新四军抗战秘档全公开：中国抗日战争敌后战场备忘录》，军事科学出版社 2005 年。

33. 中共江苏省委党史工作委员会、江苏省档案馆编：《苏南抗日根据地》，中共党史资料出版社 1987 年。

34. 赵定主编：《苏北抗日斗争史稿》，江苏人民出版社 1994 年。

35. 鄂豫边区革命史编辑部：《新四军第五师抗日战争史稿》，湖北人民出版社 1989 年。

36. 《淮南抗日根据地》编审委员会编：《淮南抗日根据地》，中共党史资料出版社1987年。

37. 《皖江抗日根据地》编审委员会编：《皖江抗日根据地》，中共党史资料出版社1987年。

38. 中共江苏省委党史工作委员会、江苏省档案馆编：《苏北抗日根据地》，中共党史资料出版社1989年。

39. 中共江苏省委党史工作委员会、江苏省档案馆编：《苏中抗日根据地》，中共党史资料出版社1990年。

40. 中共安徽省委党史工作委员会编：《淮北抗日根据地》，中共党史资料出版社1991年。

41. 诸葛渔阳著：《浴血奋战在敌后战场》，人民出版社1997年。

42. 马洪武、王德宝主编：《新四军和华中抗日根据地史料选》（1—8辑），上海人民出版社1985—1992年。

43. 马洪武主编：《华中抗日根据地史》，当代中国出版社2003年。

44. 冯白驹、曾生等著：《广东人民抗日游击战争回忆》，华南人民出版社1951年。

45. 中国人民解放军历史资料丛书编审委员会编：《华南抗日游击队》（上下册），解放军出版社2008年。